# 秘密全集

## 世界上神奇的潜能开发训练

### 典藏版

〔美〕拉尔夫·沃尔多·特赖因　华莱士·德洛伊斯·沃特尔斯
查尔斯·弗朗西斯·哈奈尔　著

李中　任剑　赵彩虹　编译

北京大学出版社
PEKING UNIVERSITY PRESS

#### 图书在版编目（CIP）数据

秘密全集：世界上神奇的潜能开发训练：典藏版 /（美）拉尔夫·沃尔多·特赖因，（美）华莱士·德洛伊斯·沃特尔斯，（美）查尔斯·弗朗西斯·哈奈尔著；李中，任剑，赵彩虹编译. —北京：北京大学出版社，2017.5
　　ISBN 978-7-301-28222-9

　　Ⅰ. ①秘⋯ Ⅱ. ①拉⋯ ②华⋯ ③查⋯ ④李⋯ ⑤任⋯ ⑥赵⋯ Ⅲ. ①智力开发–通俗读物 Ⅳ. ① G421-49

中国版本图书馆 CIP 数据核字（2017）第 065903 号

| | |
|---|---|
| **书　　　名** | 秘密全集：世界上神奇的潜能开发训练（典藏版）<br>MIMI QUANJI |
| **著作责任者** | 〔美〕拉尔夫·沃尔多·特赖因　华莱士·德洛伊斯·沃特尔斯<br>查尔斯·弗朗西斯·哈奈尔 著　　李中　任剑　赵彩虹 编译 |
| **责任编辑** | 刘维 |
| **标准书号** | ISBN 978-7-301-28222-9 |
| **出版发行** | 北京大学出版社 |
| **地　　　址** | 北京市海淀区成府路 205 号　　100871 |
| **网　　　址** | http://www.pup.cn　　　　新浪微博：@北京大学出版社 |
| **电子信箱** | yangsxiu@163.com |
| **电　　　话** | 邮购部 62752015　发行部 62750672　编辑部 62764976 |
| **印　刷　者** | 北京鹏润伟业印刷有限公司 |
| **经　销　者** | 新华书店 |
| | 787 毫米 × 1092 毫米　　16 开本　　20 印张　　270 千字<br>2017 年 5 月第 1 版　　2017 年 7 月第 2 次印刷 |
| **定　　　价** | 58.00 元 |

未经许可，不得以任何方式复制或抄袭本书之部分或全部内容。
**版权所有，侵权必究**
举报电话：010-62752024　电子信箱：fd@pup.pku.edu.cn
图书如有印装质量问题，请与出版部联系，电话：010-62756370

# 前 言

## "秘密"背后的秘密

在你手上的,是一个重大的秘密……

一位澳大利亚的电视工作者,有一年,父亲突然身故、工作遭遇瓶颈、家庭关系也陷入僵局。就在人生跌落谷底、生活即将崩溃时,偶然间读到一本百年古书,从中发现了一个生命中的重大秘密,而过去知道这个秘密的,竟然都是历史上的伟大人物:柏拉图、莎士比亚、牛顿、雨果、贝多芬、林肯、爱默生、爱迪生、爱因斯坦……

"带着怀疑,我问自己:'为什么不是每个人都知道呢?'心中充满与世人分享的强烈渴望,我开始寻找当今世上知道这个秘密的人。

"他们一个个地出现了。像个完美的链条,发现一位寻访目标之后,就会连接到下一位。若我偏离了路径,就会有其他事物吸引我的注意,也通过这样的转移,下一位寻访目标又会出现。在网络上找数据时,如果'不经意地'按到某个错误的连接,也会把我带到极重要的关键信息上。短短几个星期内,我回溯数个世纪的史料来追踪这个秘密,并发现了这个秘密的当代实践者。

"于是,将这个秘密用影片的方式传播到全世界,成了我心中的愿景……随着这部片子在全世界的快速传播,奇迹似的故事开始如潮水般回馈给我：有人写信说，长年的病痛、忧郁症等疾病痊愈了；有人在发生意外后，第一次站起来走路。我们收到成千上万的信，诉说着他们运用这个秘密后，带来巨额财富和意外之财的故事。人们利用这个秘密，使他们理想中的房子、人生伴侣、车子、工作和升迁都一一出现。还有许多商场上运用这个秘密才几天，生意就有了转变的事实；也有亲子间的紧张关系，终于恢复融洽的温馨故事。

"有些动人的故事则是来自于孩童，诉说他们如何运用这个秘密，吸引他们所想要的事物——包括获得高分成绩和朋友。医生想把这个秘密分享给病人，各级学校想把它分享给学生，健康俱乐部想把它分享给顾客。全世界还有许多家庭举办聚会，将这个秘密的知识分享给他们的至亲和家人。影片才发行几个月，这些全都发生了。"

这位电视工作者就是朗达·伯恩，她所发现的这个秘密是指一套卓有成效的潜能开发系统，其主旨是通过激发人的精神潜能，由内及外，重塑一个人的习惯、态度和行为，从而帮助人们实现自己的人生目标——幸福、健康和财富！2007年，朗达·伯恩因向世人公开了这个秘密而获选为美国《时代》杂志"全球最有影响力的100人"！

为了让中国的读者全面了解和掌握这套风靡欧美的"秘密"，我们系统整理了相关的资料和著作，从中遴选出三部经典的著作。

《秘密》：本书探讨了生命中的一个巨大"秘密"，即吸引力法则——关注什么就会吸引什么。也就是说，你最关注的事物往往最有可能出现在你的生活中——你想拥有健康的身心，首先就得拥有健康的信念；你想拥有财富，首先就得拥有致富的信念。本书系统介绍了精神力量所具有的巨大潜能，通过开发这种潜能，一个人可以达到前所未有的成功，从而拥有巨大的财富和人生的幸福，并获得身心两方面的健康发展。

《失落的世纪致富经典》：这就是那本改变朗达·伯恩一生的神奇著作。这本诞生于100多年前的奇书，最早向世人系统介绍了"秘密"这套潜能开发系统。它不仅预言了精神力量所能带给人类的巨大潜能，还给出了将精神力量转化为人类行动和行为的具体方法。近年来，美国的每一位成功学大师几乎都深受这本书的影响——拿破仑·希尔、罗伯特·舒勒、安东尼·罗宾、诺曼·文特森·皮尔……

《世界上最神奇的24堂课》：本书是有关"秘密"的书籍中最具操作性，也是最为经典的一部著作。它继往开来的理念和方法，一直受到人们的广泛重视，并得到了美国政商两界精英人物的竭力追捧。人们传言，正是这本书使得年轻的比尔·盖茨萌生辍学创业的念头，并最终创建了享誉世界的微软帝国。其先锋的思想和强调开发内在精神力量的观念，甚至遭到美国教会的严厉批判，并于20世纪30年代被列为禁书。

现在，我们将这三部经典著作合成一本书出版，相信读者一定会非常欢迎，因为想必你们也想知道"秘密"到底是一套什么样的潜能开发训练系统，竟能够帮助那么多的人实现人生理想，并最终使他们成为人类历史上出类拔萃的精英。

愿这套潜能开发系统也能帮助你！

编译者

# 目 录

前言 "秘密"背后的秘密 / 1

卷一 秘密 / 1

作者简介 / 2

卷首语 / 3

一 秘密的发现 / 5

二 吸引力法则 / 12

三 健康的秘密 / 30

四 爱的秘密 / 50

五 智慧的秘密 / 60

六 影响力的秘密 / 74

七 财富的秘密 / 81

八 释放精神潜能,创造生命奇迹 / 88

卷二　失落的世纪致富经典 / 95

作者简介 / 96

卷首语 / 97

一　致富就是遵照"既定的法则"做事 / 99

二　没有人会因财富供应不足而受穷 / 103

三　有关致富的第一真理 / 106

四　你要创造财富，而不是与人竞争 / 110

五　如何将财富吸引到你身边 / 114

六　关注什么就会吸引什么 / 117

七　感恩定律 / 120

八　信念越坚定，致富的速度就越快 / 123

九　致富就是要你"财迷心窍" / 127

十　想要和得到之间，还有一个做到 / 131

十一　精神力量与行动的效率 / 135

十二　发挥特长，还是追求快乐 / 139

十三　让别人感觉到你总在进步 / 143

十四　可以让任何人都致富的法则 / 147

十五　最有价值的致富经验和忠告 / 151

卷三　世界上最神奇的 24 堂课 / 155

作者简介 / 156

卷首语 / 157

一　每个人都蕴藏着巨大的力量 / 160

二　能力的发源地——潜意识 / 166

三　无须向外界求助，你自己已足够强大 / 172

四　我想成为什么样的人，就能成为什么样的人 / 178

五　明天是今天思考的结果 / 184

六　思想分散，力量也会随之分散 / 190

七　让你的目标可视化 / 195

八　丰富的想象力等于美满幸福的生活 / 202

九　改变自己的最好方法 / 208

十　因果法则 / 215

十一　开发自己的推理能力 / 221

十二　集中你的精神，专注你的思考 / 227

十三　做有益的精神付出 / 233

十四　保护你的思想领地 / 239

十五　成为有足够智慧的人 / 244

十六　心灵印记和精神图景 / 250

十七　渴望中诞生希望 / 256

十八　互惠行为 / 263

十九　知识战胜恐惧 / 268

二十　思想主导一切 / 274

二十一　改变人格彻底改变环境 / 281

二十二　健康是过去思维方式的结果 / 287

二十三　将成功发展到极致 / 294

二十四　一切皆在你心中 / 301

# 后记 / 307

卷一 秘密

〔美〕拉尔夫·沃尔多·特赖因 著 李中 编译

# 作者简介

拉尔夫·沃尔多·特赖因（Ralph Waldo Trine，1866—1958），美国著名哲学家、职业教育专家。他先后撰写了多部书籍，是美国"新思想运动"的发起人。

长久以来，《秘密》一直吸引着人们的视线，许多伟人如维多利亚女王、珍妮特·盖纳、亨利·福特等都被它深深吸引。其中最有趣的当属亨利·福特，这位现代汽车行业的先驱者，直言不讳地坦承：没有《秘密》，就没有自己日后的成就。福特不仅自己阅读，还大量订购，并将其免费分发给其客户、朋友、家人和下属。

# 卷 首 语

当我们完全切实地认识到自己是谁、是什么之后,我们才开始构建自己的世界,就如同上帝构建他的世界一样。

我们正处在一个奇特的时代——一个磨砺人心的时代:每个人的心中都充满迷惑与恐惧,各种变数也是如影随形、无处不在。

在这样的一个时代中,人们若要成长为真的猛士都需要得到帮助——现实生活中切切实实的帮助。近来,一位大学同学在几年前所讲的话语总是不时地在我的脑中浮现。"毕竟,"他说道,"一个人在规划自己人生的时候还是要有点哲学知识才好。"这是一位渴求上进的农家男孩,他凭着内心坚定的信念,克服了无数困难和挫折,披荆斩棘进入了大学,毕业后又在大城市中从事着体面的工作,却始终对自己的故乡保有一份谦逊的赤子之心。他的品格对我有很大的启发,他出色地应用了自己所推崇的哲学。

"是啊,"我回答道,"如果哲学知识可以应用于现实中那当然好了。"因为那时我已经阅读了很多当代与早期学者的哲学著作,可由此得出的结论却是:很多哲学知识都不具有什么实际应用价值——它们只是些饶有趣味却没有实际应用价值的文字——原因是其中缺乏应用要素,不能用于解决日常生活中的问题。

除了掌握实用的哲学知识之外,渴望成功的人们还需要具备勇气和深邃的思想!

在过去的两三年中,我经常对朋友与熟人讲,优秀的人也许不需要太多勇气,但他们内心深处却渴求很多勇气——在我看来,勇气是一种有创造性的、积极的精神。它不仅能够推动我们继续前行,还会令我们在人生的旅途上做出更辉煌的成就。

思想就是力量。它敏锐、活跃、具有创造性,可以根据自身的特性持续不断地构建、塑造着我们的生活。生命必定遵循着思维的轨迹,并以这种方式延续下去。

强大的思想使人既能从内部产生力量又能从外部汲取力量。软弱的思想使人内心软弱,他从外部汲取的也只能是软弱的力量。

勇气造就成功,畏惧导致失败。希望与勇气是伟大的缔造者——如果在生活中总是保持内心勇敢与乐观的态度,我们就不会失败;轻言放弃、止步不前的人必会失败。

向希望与勇气敞开自我,始终生活在它的引导下,这就是我们要做的事情。

# 一　秘密的发现

现实生活中的人往往分为两种：乐观者和悲观者。

乐观者有他们乐观的理由，悲观者也有其悲观的缘由。他们之间的区别就如同光明与黑暗——各自所遵循的轨迹虽无交集，却也并不相悖。从他们各自的观点来看，各自都是正确的，而这种看待生活的态度就是他们各自生活的决定性因素：对待生活的态度决定了生活是积极的还是消极的，是平和的还是痛苦的，是成功的还是失败的。

乐观者具备从整体、从正确角度看待问题的能力，悲观者看问题具有局限性且视角单一。前一种人的生活因智慧而光明，后一种人的生活因愚昧而暗淡。每种人都是从内心构建世界，而构建的结果则取决于各自的态度。乐观者凭借自身出众的智慧与见解构建自己的天堂，在他们为自己构建天堂的过程中，也是在帮助构建一个宇宙万物的天堂。悲观者由于自身的局限性，是在构建地狱，在他们为自己构建地狱的过程中，也是在构建一个全人类的地狱。

**天堂是自己构建出来的**

我的一位朋友拥有一个美丽的莲花池。那其实是在他的乡下住宅附近的一片天然洼地。他坚称他在乡间的宅邸为他的农场，水从远处山丘上的蓄水池中流入这片洼地，其间还要通过一个可调节水流大小的阀门开关。

一切是那么的和谐美满。到了夏天，澄澈的水面上就会铺满怒放的莲花，鸟儿们在池中自由嬉戏，从早到晚都能听到它们的歌唱。蜜蜂则在花园中的野花上忙碌不辍。极目远眺，池塘的后面是一片更加美丽的丛林，野生的浆果、灌木、蕨类植物争相生长，热闹极了。

我的朋友原本只是一个凡人，但因有了一颗仁爱之心，让他变成了上帝。在他的领土上，你看不到"私人所有，不得擅入"或"擅入必究"的字样，取而代之的是原野尽头那让人倍感亲切的标语："这里的莲花欢迎你。"他得到了所有人的由衷爱戴，原因很简单，他真诚地爱着所有人，并愿意与他们分享他的一切。

在这里我常能碰到正在玩耍的天真稚子和风尘仆仆、步履蹒跚的旅人，不止一次看到他们离去时脸上那与来时全然不同的神情，仿佛卸下了身上的重负，直到现在我的耳边似乎还能听到他们离去时的低声呢喃——那是旅人们虔诚的祈祷："仁慈的主啊，愿你保护我这位比亲兄弟还要亲的朋友。"有些人甚至把这里称为精神之园。闲暇时，我的朋友也会在此静坐以消长夜。我曾多次看到，当外人离去后，他趁着皎洁的月光在园中往来踱步或坐在老式的木质长椅上，伴着芬馥的野花香喝点什么。他是一个具有一切美好品质的纯真挚子。用他自己的话说，这里是他一生中最伟大、最成功之处，经常带给他莫名的感动。

毗邻的一切生物仿佛也能感受到这里散发出的亲善、友好、宁谧、欢欣的气氛。牛羊们会漫步到树林边古老的石栏下，张望着里面美好的景致，我想它们真的是在跟我们一起共享这份温馨。动物们面带微笑昭示着它们的心满意足和欢欣愉悦——或许这就是主人的心中所求吧，因为每当此际他也会露出会心的微笑，表示他能理解它们的心满意足和欢欣愉悦。

水源的供给原本丰沛，水池的进水阀又总是开到最大，这让水流婉转而下，不仅在栏边驻足的牛羊能饮到甘甜的山泉，邻家的田园亦可受惠。

不久前，我朋友因事不得不离开大约一年的光景，这段时间里他把房子租给了另外一个男人。新租客是位非常"实际"的人，他决不做任何无法给他带来直接利益的事。连接莲花池与蓄水池之间的阀门被关闭了，土地再也得不到泉水的滋润和灌溉；朋友立起的"这里的莲花欢迎你"的标语也被移走；池边再也见不到嬉戏的顽童和欣慰的旅人。总之，这里发生了天翻地覆的变化，再不复往昔林木欣欣向荣、泉水涓涓而流的样子。池里的花朵因失去了赖以生存的水源而日渐凋零，只有伏在池底烂泥上枯萎的花茎还在向人们诉说着往日的热闹。原本在清澈的池水中悠然游动的鱼早已化为枯骨，走近池边便能闻到它们发出的腥臭。岸边没有绽放的鲜花，鸟儿不再停留于此，蜜蜂们已移居它处，园中亦不见蜿蜒的流水，栏外成群的牛羊再也饮不到甘甜的清泉。

如我们所见，今天的莲花池与朋友悉心照料的莲花池有天壤之别。而细究之下，造成这一切差别的原因却十分微不足道，仅仅是因为后者关闭了引水的阀门，阻止了来自山腰的水流。这个貌似简单的举动，掐断了一切生物的生命之源。它不仅毁掉了生机盎然的莲花池，还间接破坏了周围的环境，剥夺了周围邻居们与动物们的幸福。

看了上面的故事，你是否对生命的真谛有了新的感悟？在这个莲花池的故事中，朋友那种博爱的胸怀就是宇宙间最真、最美的东西。

其实，故事里的莲花池跟你我的生命是无法相提并论的，因为它的生命完全掌握在他人之手，只有依赖别人替它打开阀门才能生存下去。相对于莲花池的无助，我们的生命则强势许多，至少我们可以自由地决定从外界汲取的能量及信息，掌握我们自己的思想。

只有你自己能主宰你的人生，你自身的想法决定了你将来的方向！这就是本文要告诉你的秘密。

**释放精神潜能，你将拥有无穷的力量**

几天前，我看到一位女士抓着另一位男士的手臂说："哦，能遇到您真是太好了。过去的几小时中我差不多要绝望了，是您帮我解决了难题。"其实回想一下，在我们的身边便不乏有这样的人，他们虔诚地祝福所有人幸福安宁，他们的出现能让悲伤变为快乐、恐惧变为勇敢、绝望变为希望、软弱变为坚强。

一个对自我有着深刻认知的人，不仅善于发掘自身的潜力，还会向四周放射他们的力量，这样的人无论走到哪里，都会成为人们关注的焦点。他们的魅力来源于内心的宁静。

这种成功地把自己的肉体与灵魂联系在一起的人是宇宙中的强者，他们精力充沛、魅力四射，所有的人都喜欢围绕在他们周围。同时他们还拥有继续吸收能量的能力，所有的一切都可以成为他们的能量之源。从他们内心深处流淌出来的思想意识具有极大的威力。基于吸引力法则的原理，集中在这些人周围的亲友也都不会是泛泛之辈，他们贡献的力量自然不容小觑。

在强者恒强法则的演绎下，他们的激情与力量极大地提高了他们的创造性，使其在各个领域中都有不俗表现，傲人的成绩又为他们吸引了来自各方的支持与辅助。

这样一个人永远也不会感到恐惧，永远不会受任何消极思想的影响；即使有不利的思想妄图入侵，也会立刻被他从脑海中驱逐出去。任何不切实际的思想都不可能迷惑他的心智，只有积极的、有益的思想才能在他的头脑中驻足。恐惧、软弱、犹豫注定与他无缘。

**精神是因，物质是果**

被恐惧或其他消极想法所控制的人不仅会使身心变得软弱无能，而且有可能损伤到与生俱来的先天之气，更有甚者，宇宙中所有与这些消极想法同类的产物都会乘虚而入，对他们产生更大的伤害。此时，软弱、恐惧围绕身边，人已经彻底变成这些想法的牺牲品，成长给他们带来的不再是强大而是软弱。长此以往，即使是积极的想法作用在他们身上也会产生消极的副作用。正应了那句俗话"越怕丢，越丢"，他们不得不为自己怕丢的心理付出代价。

让人变强的积极想法能从身心两方面起作用，同理让你变软弱的消极想法也会同时影响人的身心。勇敢使弱者变强，恐惧使强者变弱；勇敢带来成功，恐惧导致失败。一个意志坚定的人，能从周围环境中获得勇气，让自己变强；相反，一个意志不坚定的人心中不断滋生的恐惧会削弱他的力量，让他变得软弱、迟疑，最终连已经到手的东西也保不住。

有果必有因，而因恰恰掌握在你自己的手中。在物质世界中每个可见的事物背后必定有一个在精神世界中不可见的对映体。前者是果，后者是因。若后者产生了变化，前者必定会随之而变。有了这层认知，你便可以帮助身边那些自以为已经身陷绝境的人重新站起来走向成功，可以帮助久病缠身的人重获健康的体魄，可以帮助心情抑郁的人重获内心的宁静。

当然，即便如此，你身边还会有许多人生活在恐惧中无法自拔。这些人的精神力量虽然并不弱，但由于自身不会运用它们，其外表仍然显得虚弱无力。他们的能量因此而减少，勇气也因此而削弱。恐惧无处不在——恐惧饥饿、恐惧贫穷、恐惧世俗的眼光、恐惧家人的看法、恐惧疾病、恐惧死亡、恐惧今天所拥有的一切会伴随着明天的到来而消失，无孔不入的恐惧感已经深深地融到人类的习性中，难以根除……长年持续生活在恐惧中的人会变得懦弱无力，最终失掉金钱、失掉地位、失掉人类最高的情感——爱。换句话说，你越怕失去的就越容易失去。

恐惧非但不会给你带来任何好处，相反，它会让你失掉所有的一切。"我知道这个道理，"有人会说，"可我就是战胜不了恐惧。恐惧来时是那么的自然，让我情不自禁地感到害怕。""情不自禁"四个字说出了一个你自己可能尚未意识到的事实，那就是在你没有认识到自身的精神潜能，并以正确的方式彻底发挥出它们的潜力之前是没有能力控制自己情绪的，当然也就无法战胜恐惧。但不要以情不自禁为借口，如果你不想办法改变这种状况，你将永远失去战胜恐惧的机会。

所以，如果你学会在头脑中向自己灌输"我能行"的信念，那么你不但可以获得战胜恐惧的机会，还可以借机会实现自己平生的夙愿。弗吉尔（译者注：古罗马诗人）曾描述过这样一个有趣的场景：许多赢得比赛的冠军都曾介绍过自己的心理状况，他们说：时刻想着我能赢，你就真的能赢。换言之，你的情绪会以精神力的形式鼓舞你的身体，使你的力量与耐力在比赛的瞬间爆发出来，从而赢得比赛。

**相信自己，"我能行"**

坚持"我能行"的信念，让它在你的头脑中生根发芽，强化它在你意识中的印象，时间久了，你的各方面能力会逐渐提高，最终它会成为现实。集中精力把头脑中积极主动的力量调动起来，不让精力外泄，同时注意从外部汲取更多的能量。在它们的帮助下，你的精神力量得到提升，变得坚强、勇敢、无畏。此时，思想与肉体之间紧密地联系在一起，恐惧感在瞬间便消失殆尽，取而代之的是满怀的豪情壮志。你不再是高压环境下的一个傀儡，相反，你是天地间强势的主人。

悲观使人软弱，乐观使人坚强。胸中有正气，任他泰山压顶，我只当清风拂面，任他狂风暴雨，我自笑看风云。我们相信自己的生命中蕴含着永远也用不完的力量，只要把这些力量挖掘出来则事无不成。此时，外界所有的一切对你都只有奉献，你只要做好接收的准备就可以了。还有比这个更简单的事儿吗？

到了这一步，人生的真谛已经与我们的生命彻底融为一体，事情的结果究竟如何反而并不重要。大彻大悟之后带来的是心境的宁和、悠远，这种真正的宁静，是建立在无欲无求的基础之上的宁静。在这片宁静之下隐藏着足以惊天动地的力量——无论面对何种困境，力量的拥有者都能应对自如。

明白了欲速则不达的道理，
会让你更好地掌握前进的节拍。
我站在一条没有尽头的大路中央，
脸上的表情反映着我的心情，
醒后眠，眠后醒，醒后再眠又醒。
我在寻找的人也正在找寻着我。
清风吹不走我心底的迷惘，
也改变不了前生注定的命数，
如同飞溅的水滴，无论它飞得多高，
都不能改变水往低处走的命运。
百川总会归海，
因为它们有着同样的灵魂要遵循同样的规律。
日月更替，
潮汐涨落，
万法自然不可更改，
灵魂永远与你同在，
因为离开了你的躯体，它将无所遁形。

## 二　吸引力法则

吸引力法则可简单定义为：关注什么就会吸引什么。也就是说，你最关注的事物往往最有可能出现在你的生活中。这个法则似乎不合常理——这世上的每个人都会希望自己拥有健康、财富及充实的生活，那么他们都能过上幸福生活吗？

事实肯定不是这样的，但这不能说吸引力法则失效了。相反，如果我们真的专注于某事，那它发生的概率一定会大大提高。很多人之所以没有过上他们"希望"的美好生活，恰恰是因为他们通常并没有专注于拥有这些事物！

这从另一个角度证明了吸引力法则的正确性——关注什么就会吸引什么。如果你能始终专注于自己如何获得健康，如何获得富裕，如何获得快乐，你猜吸引力法则会给予你什么？猜对了——你的生活将充满希望——拥有一切的希望。

如果你渴望获得什么，那么请首先想象获得它之后的感受，这是你吸引它们的唯一途径。然后，你要让自己相信，你一定能拥有这一切，你也值得拥有这一切。最后，你要时刻都专注于上述积极的想法和感受。

这个方法是否太简单，不像真的？我想要拥有一辆新车，就会真的拥有它；只是想象自己在工作中得到了提拔，这好事就会真的发生。这令人很难相信，但就是真的：如果你能积极面对自己的生活，令人满意的生活就会真的降临你的身上。

反之，如果你认为获得汽车、升职和令人满意的生活都是不可能的，根据吸引力法则，想想你会得到什么样的结果？完全正确——你就是得不到它们。

为了充分适应吸引力法则，以获得积极的结果，你必须将渴望的东西具体化，之后就要想象你拥有它之后的喜悦，并坚信你一定会得到它。就是这么简单。可是，我们活了几十岁，一直被教导"为我们的理想而努力"，我们无法相信除了努力工作，还有如此简单的办法能够将理想变为现实。

当然，不要误会。吸引力法则不是"魔法"。你不能妄想仅仅通过幻想就可以获得物质财富和个人成就，你还需要其他的方法，这些方法会帮助你获得你想要的。但是，如果你不清楚自己想要什么，或者不能始终专注在你想要的事物上，再努力工作也不能给你带来幸福的生活。

因此，重要的是你要保持清醒——清楚自己想要的是什么。当你能始终向外界释放积极情绪时，你就能获得积极的反馈。当然，做到这一点需要训练。但是，如果你不够专心，当机遇来敲你的门时，你也会错失良机。

总之，吸引力法则不是什么神秘的巫术，而是一种科学的现象。为了获得美好的生活，你必须了解如何使用这门学问。

## 改变命运的法则（一）

我们的现实生活实际上都是我们思想的体现。我们生活中的每件事情都起源于一个想法。我们的想法形成感受，产生了行动，导致结果，最终成为我们经验的现实生活。

如下所示：

想法→感受→行动→结果→现实

我们应当了解，想法包含两个部分：意识与潜意识。意识是为我们所知的，是我们有意识的想法。潜意识则是无意识的想法，我们大部分的日常行为都受潜意识的控制。

**你正如你所想**

我们就是自己希望的样子。也许这听起来很难理解，因为你对此完全没有意识到！想想你的日常活动以及你在一天里所做的每件事。你对于自己所做的每件事情都有清醒的感知吗？你的许多渴望、心愿、需求、愿望往往来自于你自己都意识不到的想法。事实上你有时都会不知道你的这些渴望、心愿等来自于哪里。其实，它们正是来源于你的潜意识。

现实生活中很多想法来源于潜意识。那么，你怎么才能控制那些想法，进而指导你的行动，并最终把握你的现实生活呢？

你的有意识思维就如同潜意识的过滤网，只有那些对于你很重要的想法才能由此通过并进入你的潜意识。作为忠诚的仆人，潜意识不会质疑这些想法究竟是对是错，是不是符合道德伦理，是真是假。只要我们的意识认为它们是对的，是符合道德伦理的，是真实的，那么潜意识就认为它是足够好的。我们也正是这样接受我们所面对的现实的。所以，对于我们唯一重要的现实就是由我们的想法决定的现实，即使它与事实上的现实完全不同也没有关系。如果你能够控制你的有意识的想法，那么你就能控制你的潜意识的想法，这样你将能够持久有效地改变你的生活。

记住，想法形成感受，感受指导行动，行动导致结果，并最终展示为你的现实生活。知道自己必须控制想法以控制行动并改变现实是一回事，真正能够做到就是另外一回事了。

下一小节，你将开始学习如何控制并形成你的有意识的想法，使得这些想法最终能够实现。

在开始下一小节前，请做这个简短的练习。尽量关注你一天时间内的每个念头。不必试图过滤、判断或改变你的想法，只做你的思想的随意观察者。如果你在接近一天结束的时候看到这里，或者你快要睡觉了，那么就在明天起床以后开始这个练习，坚持做，直到开始下个练习之前。

我们将在下一小节中讨论你在自己的想法中发现了什么？我想你们一定会对于自己的发现感到惊讶的！

**改变命运的法则（二）**

在上一小节的学习中，我以一个简单的练习做了结尾。练习对于一天之中的想法进行即时跟踪。这个意思就是只是做思想的观察者，而不试图以任何方式影响或者改变你的想法。

当你观察你的思想的过程中，你注意到思想产生的方式了吗？你产生的积极想法多还是消极想法多？你比其他人更消极吗？我愿意打赌，你产生的消极想法一定远多于积极想法。你会思考过去或是未来吗？当你想到过去时，你想到了什么？当你想到未来时，又想到了什么？

我一直惊讶于我们在一天时间内所产生的想法的范围是如此之广，但我们想法中的大多数是根本无法实现的。

**我们正如我们所想**

我们经常忽略的一个真理是：无论我们的想法是什么，大都倾向于使之成为现实。

换句话来说，你想得最多的事情通常会最终发生在你的生活中。想要例证吗？想想有什么事情让你晚上睡不着觉？如果没有事情让你睡不着觉，那么就想想什么事情总是让你担忧？如果你做到了如上一小节要求的监控自己在一天内的想法，你会注意到有些事情也许已经发生了。通过观察，关注你的想法使你的现实生活变得更好了，还是更糟了；它是否有助于解决问题，还是只是把问题留在那儿。

如果你能把自己的思想都控制在积极的层面，那么机会就来了，你的生活将随之变得非常美好。但是，如果你将大量时间用于担忧、憎恨、恐惧、嫉妒、贪婪或其他负面想法，那么降临在你的现实中的事情可能就不是你想要或者希望发生的。不过，即使这样也算一件好事，因为你现在知道了自己还有拓展的空间。你一定要从内心里坚信这一点：为自己的困难处境而去抱怨老板、伴侣、亲人、朋友或者隔壁的邻居，都是毫无意义的。你掌握着自己的命运，你的快乐就在你自己手中，更确切地说是在你的想法里。当你开始意识到这个真理的时刻就是你开始掌握自己命运的时刻，而不是命运在掌握你。

**你的想法**

你要看到这样一个事实：我们的行动时时刻刻都在实现着自己的想法。外在的行动并不在意这些想法是积极的还是消极的，是赋予我们能量的还是减损能量的。我们只是得到我们想要的，因此你一定要清楚想要什么，因为你最终通常会得到它们——无论好的还是坏的。

**认真地选择你的想法**

你应该总是关注那些能够赋予你积极一面的事物。

不幸的是，我们中的多数人在大部分时候做的刚好相反，他们总是关注那些自己不想要、不能拥有或者不能做到的想法和事情。下一次你再遇到这样的人——他好像总是抱怨什么人或者某件事，而且总是消极对待生活——注意观察他的生活是怎么样的。机遇也许被他们所讨厌的工作困住了，很容易就失去了，以致他们总是疑惑为什么"糟糕的"事情经常发生在他们身上。事实是，他们在潜意识中吸引了这些消极的事物，而他们对此却一无所知。

上一小节中我们谈到，我们有意识的想法最终会被过滤后进入我们的潜意识。潜意识并不关心那些想法是什么，如何影响你的生活。但是，我们意识不到的这些潜意识却在我们的行动中发挥了主要的作用，而这些行动将最终决定我们的现实。

重新回忆一下从产生想法到实现它们的过程：

$$想法 \to 感受 \to 行动 \to 结果 \to 现实$$

注意观察那些成功人士，你就会发现有一件事情他们永远都不会做。你知道那是什么事吗？你说对了！他们永远都不会关注生活中的困难和障碍。相反的，他们总是关注解决方案。他们总是从积极的角度思考，他们能够实现什么，以及什么是能够做到的。一个成功人士关注于全景，以及什么对于他们是最重要的，而不在细枝末节上耗费精力。失败者通常关注的是困难，是他们不能做到和无法实现的事情。

你看到区别了吗？成功人士和那些失败者的想法就是不同。成功人士控制自己的想法，因为他们知道想法会决定现实。

我们可以进一步做下面的练习：你在观察自己的想法时，每当一个不能赋予你积极力量的想法潜入你的思维时，马上就提醒你自己，将你的想法转移到使你感觉良好或者充满能量的事情上去。尽可能长时间地保持好的想法。你想些什么并不重要，只要你想到它感觉良好就好。它可以是一个人、一个地点或者一件事物。我们这么做的目的就是开始练习观察你的想法，并学会将你的思维从那些不能赋予你能量的想法上及时转换回来，专注于能够给你能量或者至少使你感觉良好的想法。

你需要时间与实践来掌握这个方法，但它绝对值得你为之付出努力和实践。

**改变命运的法则（三）**

目前，你也许惊讶于每一时刻你头脑中所产生想法的跨度是如此之广。实际上，这些想法中的很大一部分都与你渴望的生活目标没有关系，也不能赋予你能量。

当你进行转移想法的练习时，可能感觉有点别扭甚至很怪异——每当我们脱离了自己的舒适区域的时候，我们就会觉得不自在——这很正常。学会接受这种感觉，因为那意味你在成长。你正在学习一些新的东西，只有脱离你的舒适区域，你才能向更高等级的理解力和存在状态进步。

实际上，你正在做的就是学习"存在于此刻"，以此改变你的想法。

**存在于此刻**

如果要了解"此刻"的意义，我们需要首先了解什么是"存在于此刻"。我将通过以下实例加以说明。

当你正在做某事的时候是什么时候？你是此刻正在做着。

当你正在回想过去的时候是什么时候？就是此刻。

当你正在畅想未来的时候是什么时候？当然也是此刻。

何时你在为明天的计划做准备？你此刻正在做准备。不相信我吗？什么时候才能让明天的事情发生？就在此刻。不可能是吗？

明天终将成为今天，当你真正落实做某事的时候是什么时候？当然只有此刻。

请跟紧我的思路，在我们接下来的分析推理中结论将逐渐明朗。但首先，我此刻（无双关语义）将告诉你们的事情或许会令你们的思维瘫痪！

我将告诉你的是：没有过去也没有未来，所有一切只是一种幻象！你会怎么想？

你也许认为我失去理智了。不，我没有。爱因斯坦就是建立此理论的第一人，他指出我们所认为的过去、现在和将来都只不过是同一时空连续统一体上不同的点。时间是无疆界的。只有当我们观察时间，并且赋予它意义的时候，时间才存在。爱因斯坦的时间理论通过现代量子物理学获得了佐证——但那已经超出了我们的讨论范围——这已足够说明：对于我们来说，最重要的、我们唯一应当关注的就是此刻发生在这里的事情。

我希望大家从以上信息了解到的主要思想和观念就是：我们可以影响我们想法的唯一时刻就是此刻。我们能够改变行动，影响未来并且实现理想的唯一时机，就是在此刻改变我们的想法，或者就是存在于此刻。

**过去只是过去**

对于过去发生的事情我们无能为力。至于未来，它还没有发生，我们一切关于未来的想法只是我们自己一种单纯的设想，它也许会发生，或者根本没有可能。实际上未来可能以一种超乎我们想象的方式发生，经常会是这样的。量子物理学定律说明，任何当下特定行为都存在无限种可能的结果。如果是这样的话，为什么要浪费时间和精力去思考所有可能发生的事情呢？我们的时间和精力最好用在关注于此刻发生的事情上，因为此刻就是我们可以控制自己想法的唯一时刻，也是我们实现我们所渴望生活的最好机会。

**一切从此刻开始**

你是否开始理解为什么思考过去和将来对你都没有益处呢？因为"存在于此刻"使你控制你的想法。通过控制想法，你就能够为自己赋予能量，开始改变并塑造你的现实生活，并最终掌握你的命运。

**到做练习的时间了**

继续观察你的想法，一旦发现你转向不好的想法时要及时转变思维。

我知道持续地监控自己的想法并且转换思维并不是很容易操作，甚至不太现实。整体来看，就是尽可能经常保持这样做。持续一段时间之后，它就会成为一种自然而然和不因主观而改变的行为了。如果你形成了这个习惯，你会发现一些影响重大的事件和变化将出现在你的生活中。

**精神力量是发挥魔力的关键因素**

我们如何才能使吸引力法则在生活中发挥更强大的作用呢？如何才能拓展自身的能力呢？那就是我们的精神力量。精神的力量决定了个人的能量。

有一个典型事例，可以体现强烈精神力量的巨大能量。为了解救自己被压在车下面的孩子，一位100磅重的妇女抬起了一辆4000磅重的汽车。如果我们的信念如同这位母亲救出自己孩子的信念一样坚定，我们的实力和才干就会成几何数级地增长，我们将无往而不胜。

你知道你是一个拥有无穷潜能的人吗？你是否意识到整个世界都可以为你服务？你是世界的主人，完全有能力按照自己的想法和意愿去创造生活。那么，有什么东西可以激发你的这些能力呢？那就是强烈的信念。

通过激发精神的能量，形成充满激情的渴望，明确目标并像激光束一样专注地传递一个信号，你就更有可能实现你渴望的目标。当我们把全部的精神都倾注于我们的目标时，我们就能吸引来实现目标所希望的资源和机遇。所以，你要学会同你的渴望协同共振，并设想出你所渴望的场景，然后品味你身处其中的快乐美好。

一旦你开始期待美好的事物，这种期待将发挥出强大的吸引力，为你的生活吸引来更多美好的事物。你要充满激情地、明确并坚定不移地关注你的渴望，为它赋予能量。满怀信心地宣布：我很健康！我很富裕！人们都爱我！我总是如此幸运！每件事情对我来说都很容易！最重要的是，要真心实意地宣告——我一直处于人生的最佳状态，我值得获得我所想要的一切。

带着强烈的情感集中精神，你的吸引力将被扩大。下面有一些很棒的方法可以拓展你的能力：

集中精力，引导你的思想去感受美好未来；

持续保持你的这种感受；

下定决心，设定梦想目标；

想象并关注；

相信并期待；

为你的渴望注入激情。

精神力量是发挥魔力的因素，可以使吸引力法则在生活中发挥更强大的作用。充满情感，明确目标，集中精神，当你做到这些，你就如一个强有力的磁铁，将吸引任何你渴望的事物。

**让你的精神力量发挥作用**

我们要实现所想，就要在行动与想法之间寻找一种平衡。富有灵感的行动与正确的想法是使不可能变为现实的重要因素。

我们中许多人倾向于依赖二者之一来实现自己的理想。我的客户中大约三分之一的人主要依靠思维创新来实现他们的理想，而另外三分之二则倾向于通过行动来实现。无论你倾向哪种方式，如果你在两者之间失去平衡，你的实现效果就不会完美。

**什么是富有灵感的行动？**

简单来说，富有灵感的行动就是令你感觉良好的行动，它是提升你能量的一个步骤。它可能是访问一个新的网络链接，买到一本你所关注的新书，参加一个有趣的培训，或只是小睡一觉。

**什么是正确的想法？**

正确的想法就是同你的渴望密切相关的想法。它们会对应于你渴望的结果，并与之产生一种共鸣。正确的想法是好的，它将指引你走向正确的方向，并支持富有灵感的行动。

你怎么才能知道自己是否对两者进行了很好的平衡呢？你的生活会为你证明。事情是否按照你希望的方式发生？或者你还在为实现你的理想而挣扎着？如果你没有在实现目标的进程中取得进步，就该判断你是否忽略了富有灵感的行动或者正确的思考。

对所忽略的给予增强，结果是不可思议的！行动与思考的平衡将加速你的成功！

**如果缺少行动**

如果你认为你的想法与渴望是紧密联系的，但在现实世界中，你并没有采取有效的行动去实现它。这里有些建议可以帮助你开始富有灵感的行动。

无论你的目标或意图是怎样的，让自己的行事如同你已得到所求，即好像你已经实现了目标那样去行动。

举例来说，如果你渴望减掉几磅体重，你应该表现得好像你就是那么瘦。今天一个更苗条的人会穿什么？瘦女孩早餐会吃些什么？一个有理想体重的男孩是怎样接电话的？他晚上会做些什么娱乐？……

**如果缺少正确的思考**

如果你已经采取了大量有效的行动而你的思想却很混乱，那么就试试下面这个办法吧！想象你渴望获得的结果并将自己置于成功的场景之中。问问自己是什么信念促使你创造了这个成功？是什么样的方式使你实现了这个成就？

假设经济富足是你的目标。当你想象你的富裕生活时，你还要思考是什么帮助你获得了财富？在达到最终目标之前，要做到哪些事情？怎样一个个地实现它们？

无论你决定以何种方式来实现这种想象的现实，现在就将它们运用于你的日常生活。

总之，获得我们所求并非如我们通常想象的那么困难。富有灵感的行动与正确的想法的结合将帮助我们创造奇迹。快乐即将实现！

**找到你的动力**

作为开始，你需要回答一个简单但很重要的问题，然后你才能够合理运用吸引力法则。这个问题简单来说就是："你想要的是什么？"

人生就像一张空白的支票，你可随意填写你想要的数目。但是你很可能不知道或不确切知道——你想要的是什么。没有任何培训或者金钱能够帮助你得到答案。你必须首先问自己你想要的究竟是什么，而且要深入探寻你为什么渴望得到它。

"我们想要的是什么"是吸引力法则中最重要的因素，也是最容易被忽略的因素。不能清楚地确定自己想要什么，是很多人不快乐的最主要的原因之一。

找到你的动力，就是找到你生活的真正目的。如果你的生活真正充满了动力，你就会找到力量和方法，完成你想做的任何事情。从另一方面来看，如果你对于自己想要获得某物的原因不明确，那么你的动力就是最小的，你为了实现目标所付出的努力也将是最少的。

如果你对于吸引力法则很熟悉，你应该知道它的基础原理——当你将想法和感受专注于你想要的，它就会在你的生活中出现。此原理可应用于物质愿望，如汽车和房子，也适用于非物质愿望，如令人愉快的、稳定的人际关系，内心的平和，减掉体重，等等。

为了在生活中实现这些目标，你只需要关注你想得到它们的理由，并且相信你终会得到。

想象你拥有一部漂亮的汽车、一座大房子、一个你梦寐以求的理想伴侣，或者只是拥有足够的钱可以享受生活都是十分惬意的事情。可是，你也可以想象你没有这一切时生活将会是什么样子的，这种想法同样影响强大。我不是要求你关注你没有这一切的消极现实——那很明显是违背"基础原理"的。但是，为了给自己找到努力的动因，应该想想如果没有这一切你的生活将会是怎样的。

你的车是不是又旧又破，还经常出毛病，你是否常为在公共场合被人看到开着这样的车子而感到羞愧？你是否因为房子陈旧，面积太小，或者在一个不好的城区，还要在家里招待朋友而感到尴尬？你是否经常想着你怎么就找不到完美的女孩或者理想的男孩呢？你是否已经厌倦了债权人和收账者的拜访？或者你发现自己的钱几乎不够花，只是在对付混日子罢了？

尽管你在大部分时间里都应当去关注那些你所渴望的事物，但在开始的时候，你还是应该想想如果你没有这一切，你将会多么的不快乐。

如果你只能开你那辆老旧的破车，无法拥有漂亮的跑车，你的感受如何？如果你的后半生只能生活在一间小房子里，看到别人的豪宅并清楚自己永远没有机会住进这样的好房子了，你的感受又如何？如果你生命中每一段人际关系最后都变成一种"次要"关系，你永远都找不到你的"梦中情人"，你会做何想？想象一下你的余生都在竭力避开收账人，不能旅行，没钱买漂亮东西，无法过幸福与富足的生活，那将是怎样一种境况？

到现在为止，你应该开始看到这个练习的要点了。为了找到动力促进自己运用吸引力法则创造理想生活，你只需要设想一下，如果失去一切你想要的，你以后的生活将会是多么的可怕，那么，你的热情就会被燃烧，你就会积极地去创造美好的人生。运用吸引力法则将你渴望的一切直接带入你的生活吧！相信我，每次努力，都会成功。

就在今天，找到你的动力。当你真正理解你渴望什么以及为何渴望时，相信你将拥有你所求，它终将实现。一定是这样的！

**让你的感觉指引你做每件事情**

**明确你想要的是什么**

吸引力法则是一条宇宙法则，它说明你能吸引你所关注的任何事物进入你的生活。运用吸引力法则的首要步骤是确定什么是你想要的。

决定什么是你想要的最好办法就是体会你的感受。经常问自己一个问题——"你感觉如何？"体会你的感受并做最后的决定。让你的感觉指引你做每件事情。

体会感受的第一步是认清什么是你不想要的。这个结果可以使你更清楚什么是你真正想要的。根据吸引力法则，浪费大量时间关注于不想要的事物不是一个好主意。但是它能够帮助我们排除不想要的，明确什么是我们想要的。

第二步是不要设定限制。你的决定应当仅取决于你对于一个特定经验的感受，而不依赖于其他条件，诸如你认为自己是否值得获得，你是否支付得起，或者事情是否能够解决。你是唯一的决策者，决定事情是否能够解决，不是吗？这一点至关重要。你是自己生活的决策者。要坚定地坚持你的权力，选择并推进感觉对你有益的事情。

第三步是抛开应该要的和假定要的事物。渴望你真正想要的，不去理会你应该要的和假定要的。后两者通常与他人对你的期望有关，而你的渴望应当坚定地取决于你自己的感觉。关键是要意识到你才是掌控者，不是命运，也不是环境，更不是其他任何人——只是你！

### 充分发挥你的想象

如你梦想的一样，当你设想理想的生活，特别是当你的想象抛开一切约束时，你想要的将变得愈加清晰。如果你发现自己正想着"我想得到这个"，但是——那是不切实际的／我的爱人是不会支持我的／我没有足够的时间——抛开"但是"之后的所有约束吧，回归至"我想得到这个"。释放你的想象，坚持想要得到的想法——我想住进普罗旺斯的城堡／我想在世界职业棒球大赛上唱国歌／我想休假一年去环球旅行。

充分发挥你的想象，抛开约束、限制还有外界的期待，去体会那无上的美妙、自由、成长、快乐的感受吧！

### 跟从幸福的指引

在电影《音乐之声》中，当玛利亚爱上上校时，打乱了她渴望做一个修女的计划。修女院的院长的建议是很中肯的——跟从幸福的指引。生活在不断地变化，我们也在不断地成长，因此随时注意自己的感受并且做出适时的决定。体会你的感受。你越是跟随幸福的指引，总是保持开放的心胸，你的生活就会变得更加富有和充实。

体会你的感受，随时准备着下一次伟大的冒险，翻越每一座山峰吧！

## 为什么我没有获得我所追求的

根据吸引力法则，你关注什么，你将吸引什么——无论你是否喜欢，我们可以做到并拥有我们所想要的一切。那么，为什么你还会拥有不幸的婚姻？令人痛苦的身体状况？透支了的银行账户？

### 害怕无法拥有

你是否曾充满热情地渴望却并最终无法获得？你深深地渴望，集中精力为它祈祷，你也采取了行动，但毫无进展。秘密在哪里？那只是意味着，尽管你真实地渴望，你仍然停留在不能拥有它的感觉之中。你一直关注于缺失感，关注于没有它你是多么难过。在你的内心，潜伏着恐惧，害怕无法拥有。因而，你发出的信息实际上是——"我全心全意地渴望这件事物，但我知道我不能拥有它。"

**去除过多的"但是"**

另一个我们不能获得所求的原因就是过多的"但是"综合征——我渴望它，但是……这种综合征形成矛盾的想法——诸如怀疑、忧虑、焦躁、优柔寡断以及恐惧——这些都阻碍并拖延了渴望的实现。顺便说明，这些"但是"都是谎言，地地道道的谎言。它们都是些讨厌的想法，都是虚假的。下面列举一些"但是"综合征的例子：

我想要那个，但是：我不是一个好人，我不值得拥有它，我从未得到过我想要的，我总是不得不安于现状，我有很大的压力，我支付不起，我的命不好，我太年轻／太老／太瘦／太高／太矮小／太富有／太贫穷了，我吃了太多的碳水化合物。

**事情悬在那儿——还没解决**

谁没有经历过理想落空的痛苦？那伤痛使人失望，但我给你的建议是不要放弃你的理想。如果你坚信在下一个转角就会柳暗花明，那么你总会等到好消息的。

玛格丽特曾经在一次工作申请中遭到淘汰。令人印象深刻的是，她一点都没有陷入失望。她坚持一个信念，总会有好的工作在等着她的，这还不是最终结果。两周后，她在相同的单位获得了一个更好的工作——这是一个崭新的职位，在她申请上一个职位时还没有设立。很显然，她是通过坚持信念才得到这个好工作的。持续地期待它，她得到了。

我有一段相似的经历。我想买一个梳妆台和一面镜子装点我那位于乡下的法式别墅。在一家家具店里，我选到了合适的梳妆台和镜子，但是卖家坚持它们要和床与床头柜成套出售，而后两样我已经有了。事情并未就此了结，因为两天后有个客人想买所有的东西却不想要梳妆台和镜子。于是卖家打电话对我说，你太幸运了！

所以，无论如何，要放宽心。期待你想要的生活在最适宜的时间、最适当的场所，用最适合的方式呈现给你。请记住，每件事都会有一个完美结局！

## 我要的并不是这个

吸引力法则表明，你关注什么，你的生活中将出现什么——无论你是否想要。因此尽管你也许没得到你现在想要的，但你得到的一定是你曾经要求过的。

### 你所得到的总是你想要的

如果服务员给了你一些你非常不喜欢的东西，请记住人生的餐馆从不会记错订单。你得到的一定是你所要求的，不会误将别人的订单给了你。

问题：服务员，我讨厌甘蓝。为什么你总是给我这个？回答：年轻人，我总是给你甘蓝，正是因为你总是关注这个。

问题：服务员，我明明是点的烤鸭，而你却给了我一个热狗。回答：是的，先生。可你不是用文字来预订的，你是通过下意识的动作来预订的。如果你想要烤鸭，你必须做出想要烤鸭的举动。

问题：服务员，我点的是法国蜗牛，为什么你给我上了一盘素菜？回答：是这样的，女士。尽管你说想要一份法国蜗牛，但你的动作是不一样的，你的动作明确表明你要的是素菜。

那么当你得到你不想要的东西时，该怎么办呢？你可以重新预订。重新预订你想要的东西，明确具体地投注你所有的情感，专注于你想要的。

**重下订单**

比如说你得到了先前设想的工作，后来得知这份工作需要大量出差，这将为你平衡生活中的其他方面带来不方便。没关系，现在你更清楚你想要的是什么了。重新预订，集中精力于没有出差或出差较少的工作上。当你关注于这个渴望，你目前工作的出差需求会变少或者你将吸引另外一份出差适量的工作。持续关注你的渴望，不要动摇，这样你就会发出一个明确的信号而不是模糊的暗示了。

当被解雇时，马克斯感到很惊讶。经过认真反思才知道，几个月以前，他曾宣称："我讨厌我的工作，我要去做自己喜欢的工作。"他并没有立即理解解雇正是自己内心所关注的外在反映，以致有些时日他感觉颇受打击。然而，他很快认识到自己现在自由了，可以去选择更理想的工作了。他没有理会自己内心消极的自言自语，也战胜了家人总是要他无论如何尽快找份工作的压力，他坚持下来，最终真正找到了自己热爱的工作。

你要责怪谁呢？如果你没有理解正是你的想法和感受创造了你生命中不必要的境遇，你也许还会为此找很多借口。你会搞出因果理论，责备你的母亲，或者诅咒你的倒霉运气。当你意识到正因为你的想法才造成你现在的生活——没有其他原因——那么你也可以通过掌握这种能力来设计你的命运。

当你运用吸引力法则并专注而明确地预订时，人生餐馆将为你提供你能够想象的最美味的生活！

## 三　健康的秘密

所有的生命都拥有一个外表，让我们从外向内地认识一下躯体的生命吧。内在决定外在，即有其因必有其果。换言之，各种内在的想法、精神状态、情绪等都会对外在的躯体造成一定的影响。

**病由心生**

当你突然听到一个令你吃惊的消息时，你会不会面色苍白、颤抖不已，甚至晕倒？其实，这一切都是那则消息通过头脑传递给你躯体的反应。再比如，你与朋友进餐时，他突然说出一句令人不快的话，虽然你仍会继续用餐，但却变得没有胃口，食不知味，这就是言语通过精神给你造成的影响。

看！那边的人年纪虽轻却步履蹒跚，即使道路只是稍有不平也能让他花上好大的力气。缘何如此？无他，心老矣。换言之，崩溃的心理必将带来崩溃的身体。心底笃实自然步履从容，心浮气躁则脚下无根。

又或突然有紧急事件发生，你可能会因恐惧而站立不稳、虚弱至极。为何会举步维艰？为何会抖动不止？若你仍认为情绪对躯体的影响不大，那么回想一下，当你发怒之后，会不会在数小时后都觉得头痛不已？现在你应该开始明白想法和情绪对躯体是有影响的。

几天前，与朋友闲聊时谈及焦虑。朋友说："家父患有焦虑症。"我说：

"令尊的身体想必不太好，他的身体不够强壮，也不够健康，没有精神，缺乏活力。"接下来我滔滔不绝地谈起了他父亲的身体状况及经常困扰他的不适。朋友一脸惊讶地看着我，说道："你怎么会知道这些？你不认识家父呀！""是的，我的确不认识令尊。"我回答道。"那你怎么能如此准确地说出他的症状？""这是因为你告诉我他患有焦虑症，这才是他真正的病根呀。我所描述的不过是焦虑症的常见症状而已。"

焦虑和恐惧会使人身体上的气机关闭，导致生命力流通不畅；欢欣和宁静则恰好相反，它们使气机开放，生命力在四周流淌形成气场，疾病便无法靠近。

不久前，曾有位妇人向我的朋友倾诉自己身体状况极差，凑巧的是我的这位朋友与她稔熟，了解她与亲妹妹之间的恩怨。因此，我的朋友听完她的倾诉后只是安静地看着她，用平静但却坚定的语气告诉她："宽恕你的妹妹吧。"该妇人吃惊地看着他说："我无法原谅她。""那么，"他回答，"继续与您的关节炎和风湿病做斗争吧。"

几周之后，他与她再次相遇。她迈着轻快的步伐向他走来，告诉他："我接受了您的建议，去看望了我的妹妹并与她和解了。现在我们又是好姐妹，我也不知道是什么原因，总之从那天起我的身体一点点地变好了，原先的顽疾已经消失得干干净净，一点痕迹也没有留下。现在我妹妹和我的关系极为融洽，我俩好得形影不离，你现在很难看到我们两个单独行动了。"

我们还可以举出几个已经证实了的例子。一位正在哺乳的母亲因为某件事而大发雷霆，孩子喝了怒火中烧的母亲的母乳后在数小时内竟然死去。原来发怒这种情绪居然会使母体分泌出有毒的物质，这些毒物通过母体转移到婴儿体内，导致了婴儿的死亡。这是一个比较极端的例子，此外还有好多与此类似的情况，如引起某些重度疾病或痉挛等。

有位著名的美国作家，毕业于一所很棒的医学院校，他对维持机体的力量做了深入研究后，总结道："精神其实是躯体的保护者……每种想法都希望能占据上风，因而它们总在不断地自我复制。对身体无益的场景如疾病、纵欲，以及各种噪音会造成精神压抑，在灵魂上引发结核、麻风等疾病，若此种状况一直持续，这些疾病就会转移到人的躯体上从而表现出来。发怒会使唾液中分泌出对人体有害的化学物质。研究证明，因突发激烈情绪而释放出的化学物质会使人的心脏衰弱，效果可持续数小时之久，有时还会引起疾病和精神错乱。"

科学家们发现情绪正常的人和怀有深深内疚感的人所排出的汗液在化学成分上是有差别的。据此，对罪犯的汗液进行化学分析便能得知他的精神状态——通常此类人的汗液与硒酸接触后会呈现明显的粉红色印记。

著名驯马师雷耶（译者注：此人以擅长驯服烈马而著称）曾说过，盛怒之下的一句话可能会让马的脉搏在一分钟内多跳十次。如果真是这样的话，那么试问普通的人或者弱小的婴儿如何能抵挡怒火的进攻？

精神过于紧张会引发呕吐，极度愤怒或惊骇会引发黄疸，情绪的突然发作极易导致中风或猝死——在实际生活中，因情绪波动而引发的夜间猝死已经屡见不鲜，长期处于悲痛、嫉妒、小心翼翼或焦虑之中的人极易变得精神错乱……这些病态的情绪正是滋生疾病的土壤。

时至今日，我们已经能够用科学的方法来系统地解释精神状态对身体的特殊影响，体内的各种情绪应该达到平衡状态，无论哪一种情绪过于膨胀都容易引发疾病，有些甚至会带来慢性疾病，迁延不愈。

关于情绪的调控方式不是三言两语能说明白的。如果一个人一时失控，比如说他突然变得怒火中烧，那么他的身体就会经历一场狂风暴雨般的洗礼，原本正常健康的分泌物中会含有腐蚀性或酸性的物质，此时的分泌物不但没正常的生理功能反而对身体有害。长此以往，日积月累之后便形成了显性的疾病，若仍无改观则会形成慢性疾病，长年不愈。能让人产生愉悦之情的情绪，比如仁爱慈和、敦厚善良，则会产生有利于身体健康的作用，使机体分泌物变得更纯、更健康，身体与外界的交流也能得到加强。此时，身体上的所有通道好像都是自由开放的，生命力在四周环绕着拱卫身体。它们除了能强身健体之外，还有祛病扶正的功效，能抵消不良情绪带来的毒副作用。

一位高明的医师，在诊治患者时往往善于捕捉到环境诱因对疾病的影响，从而做到让对方不药而愈。他给患者带来的是精神和肉体两方面的健康，他用智慧解开患者的心结，让希望永驻他的心田。实际上，这些细枝末节看似意义不大，却能够影响到患者的思维方式。洗脑后的患者会觉得体内的混沌之气已被荡涤一空，调节后的情绪开始重新掌管身体，这就是所谓的精神治疗法，有不少患者就是因此而痊愈的。

记住，宁静和快乐能带给你健康的精神，
健康的精神能带来健康的身体。
因此，希望是人生中最重要的东西，
有了希望生命才能得以延续。

我们时常会听到某个身体状况不好的人会向另一人说："很高兴见到你，每次见到你，我都觉得身体会好一些。"其实，在此种现象之后隐藏着很深奥的科学原理。"金玉良言，字字药石。"心理暗示的力量究竟有多大一直以来都是科学家们最感兴趣的问题之一。言语的力量是无法形容也无法估量的，它能成药物所不能成之事。

一位世界级的顶尖解剖学家曾公开承认，经过他在实验室的多年观察，他发现人体的全副骨骼框架是可以完全改变的，即我们常说的脱胎换骨、易筋洗髓，而所需的时间很可能不到一年。若只是某些局部发生变化则只需数周时间即可。"你的意思是说，"我听后问道，"完全依靠心理上的力量就可以将一副久病之躯转变为一个健康的躯体？""当然可以了，而且这还是一种纯天然的方法，对人体的损伤极小，相比之下，药物、理疗等方法不过是后天的人工手段，根本无法与之相媲美。道理很简单，药物等外在疗法无非是驱除阻碍气机运行的障碍，而患者本身的气机依然羸弱，心理上的调节则从根本上起到了增强气机的作用，是治本的不二法门。"他答道。

一位享誉世界的医生，就他在医学方面的成就发表了下述言论："对于我们这代人来说，最大的贡献就是学会用营养学的手段来调理机体，让它能自然治愈，但这是不够的。在今后的治疗领域中还有许多未知因素需要我们来探寻，比如，大多数情况下都被排除在研究范围之外的心理因素和性格因素。"

只重视外部方法而忽略内在调理的现状对医学发展是极为不利的。还好自19世纪以来，这种情况已经略有改观，随着人类的发展，原本隐藏的精神力量开始逐渐显现出来。越来越多的医生开始学习心理学，并开始尝试精神治疗法。

我亲身经历了许多病例，都是在经过了短期的治疗后，精神潜能得到充分调整，进而彻底痊愈的。他们中的有些人后来终生都不再需要服用药物或接受治疗。这种病例真是数不胜数。

无论救治者为患者做了多少事，真正起作用的还是对患者的心理暗示，医生需要患者的合作。若某人身体虚弱或者神经衰弱，又或因疾病的原因而心情压抑，那么他应该找个知心的人帮他解开心结，方能痊愈。如果他的知心人还能帮他认识到体内潜在的无所不能的力量，那就功德无量了。

**求医不如求己**

别人只能治标，只有自己方能治本。虽说有高人指点迷津可以令你茅塞顿开、意识到自身的力量，但若想彻底治好身体疾病还需自己努力。

世上有无数病患皆因不曾拥有一颗积极之心，如果他们能乐观向上便有可能重得健康之身。譬如一个水槽，里面流淌着满是泥沙的污水，随着泥沙在两侧和底部的沉积，水槽里的水流越来越慢，沉积物也越来越多，最终它会完全被堵塞而失去功能。这时，倘若你能把水槽拿到激流中用清澈的水流冲洗掉沉积的泥沙废物，它便会恢复本来面目，从一个又脏又破的水槽重新变成干净漂亮的水槽。更重要的是，它作为一个水槽的功能也恢复了，潺潺流水又可以重新流过这里了。同理，人若能恢复活力，也会变得健康、强壮。

是的，只有你清楚地了解精神所代表的真正含义，才能发挥出体内的潜力，化腐朽为神奇，变不和谐为和谐，去除疾病，重铸健康的体魄。只有当意识上升到这个层次的时候，你才能对自身的实力有着全面的认识，才能拥有强健的体魄。记住，健康和疾病一样都有传播的能力，此时此刻的你已经成为传播快乐和健康的源头，周围的人可以从你身上汲取健康向上的力量，让他们也变得强壮。

我曾听到有人问，到底要怎样做才能达到上面所述的境界呢？真的只要将自己的心态调整好就能获得健康，或者即使得了疾病也能不药而愈？我的回答是"是"，要想达到这种境界最关键的一点就是，明白天助自助者的道理；换言之，只有依靠自己的努力，你才能获得健康。

每个能令人产生求生欲望的因素都会刺激人的大脑产生对健康有益的想法，而这些想法就会对人体健康产生一定影响。说得再直白一些，"天助自助者"这条道理本身也需要人在实践中反复体验才能彻底弄懂。纸上得来终觉浅，绝知此事要躬行。自己从实践中领悟的道理才是最真实的。

人在彻底醒悟之后会发生脱胎换骨的巨变，身体上的沉疴会一朝治愈且永不再犯。随着岁月的沉淀，体内的气息会变得越发深厚，它们是一种平和而深沉的力量，其中不会含有任何恐惧、混乱或者意外的东西。当然这个世界上有许多人已经达到了这个境界，另外一些人若能有下面所说的认识也会得到彻底治愈：保持平和的心态，以仁爱慈和之心宽容待人，认真挖掘自身的精神潜能，树立信心……人的本质是精神，在这个本质的层次上，人是百病不侵的。即使我现在病体缠身，只要能敞开自己接受天地正气，让它们在体内涤荡，一样能很快自愈。

如果你能静下心神冥想、反思，有意识地进行自我治疗，或者采取其他一些适合你的治疗方法，那么每当此时，你的身体就会提升到与精神相同的较高层次，体内的潜力便能发挥出它们的功效。

如果你不想让全身都处于开放状态，而只想针对身体上的某个部位进行治疗，那可能会有些困难。你必须把全部的意识都集中在那个部位上，而且你只能依靠大脑对意识的控制来完成这一切。这样做当然会对你的身体带来益处，但要想彻底治愈永不再犯则需要找出病因将其除去方才可以。换言之，恶因一日不除，恶果一日不消。

## 只有你自己才能打败自己

古今历来不乏完全不依靠外界力量单凭自己的内在意志治愈疾病的例子。虽然他们用的方法不一，宗教信仰也各不相同，但其基本原理却是大同小异、殊途同归，直至今日依然如此。

那么，为什么今天我们不能像那些人一样具有超凡的能力呢？是因为规则改变了吗？当然不是，它在那里始终没有改变。那么究竟是为什么呢？答案很简单，因为现代人只是从字面上肤浅地了解了规则的意义，并没有把它们同现实中的精神和力量联系在一起。字是死的，而字里行间蕴藏的意义却是充满活力的。只有打破字面上这些条条框框的限制，与真实的精神融合在一起才能获得超凡的能力。所有的人都是沿着这条道路前进的，但是有些人在他们前进的过程中还会自发地影响其他人，达到这个境界的人，前进的速度会更快一些，说话也更具权威性。

今天我们发现新事物的速度已经大大加快。随着时间的推移，我们发现的东西也越来越多，人们差不多掌握了所有因不正当的精神状态和情绪所引发的疾病。我们的处世态度直接决定了外界对我们影响力的大小。若我们怀有抵触或恐惧的心理，那么邪气或病魔侵入的可能性就会大大增加。只有主动克服自己心理上的这些障碍，人才能与周围的环境达到完美和谐。到了这个层次之后，人的躯体将拥有崇高的精神力量，不再害怕受到伤害。

只有你自己才能打败自己，若你的心理没障碍，任何疾病都不能进入躯体之中对你造成伤害。同理，若你平日立身处事光明正大、中正公允，自然是邪不胜正、外邪不侵；反之若心怀不轨，自然容易滋生心魔而坠入魔道。因此我们要尽快地学会如何从内部清楚地审视自己，只有这样才能尽快完成脱胎换骨的步骤，让身体拥有自动区分正邪的能力。

上面所说的道理如果只是通过学习而掌握了字面上的含义还是远远不够的，如果不将它们用于实践并从中得到切实的体会，那么就不会有真正的意义。因为即使我们通过学习认识到了自身所蕴含的力量，但能否操控它们却仍是未知之数，有的人成功地支配着自己体内的能量，另一些人则恰好相反受到反噬，成为欲望的奴隶。精神法则与自然界的法则是完全一致的，内在决定了外在，外在吸引着同类。

生命中的一切都是因果循环，没有找不到因的果，也没有不结果的因。我们对自己的生命可曾感到满足？若有不满，则应努力筹谋，多种善因，以求善果，切不可怨天尤人一味推搪。

**洗涤一下你的灵魂之窗**

　　生命中除了躯体这个真实存在之外，还有许许多多可以影响生命质量的内外因素。福祸无门，唯人自招，有意也罢，无意也罢，加诸你身上的东西绝对与你的行为有关。这听起来似乎难以理解，特别是有些因果之间的联系似乎极不易理解，更让人难以领会。但是你若能静下心来，开诚布公地剖析一下自己的内心，那么无所不能的精神就会帮你捋顺头绪、抽丝剥茧找出真正的因果关系，此时回头再看便不难理解了。

　　此外，事情的结果如何与当事人的心态也有极大地关系。所有人想必都遇到过令自己心烦的事情吧。其实，真正令你心烦的不是事情本身，而是在它的诱使下你失去了对自己心态、情绪的控制。人生之初，对自己的心意是可以完全控制的，随着年龄的增长，阅历不断增加，患得患失之心渐起，再不复当年赤子之心，才会让烦恼有机可乘。其实天道酬勤，付出总有回报，一时得失当不介于怀，学会控制自己吧，这样烦恼与忧愁将远离你。

　　要想做到心如止水，首先要在心底为自己建立一个牢靠而坚定的中心。以后的一切都围绕着这个中心展开。若环境与你的心意不符，那么就试着做出努力改变环境，让它变得称心如意。找到你心目中的中心点，把自己的灵魂寄居到那里。保护好它，绝不向任何人或任何事物投降。达到这个境界后，你会发现自己的内心变得越来越坚强。

　　但是若你一时大意，失去了对内心的控制而做出令你感到烦扰，甚或给别人带来不幸的事，那么不要慌张，放下屠刀，立地成佛，只要你有心悔改，还是能走回正途的。

我发誓人类是完美的，

那么他这个人亦是完美的；

人类是有缺陷的，

那么他这个人亦是有缺陷的。

若你的灵魂之窗已经蒙尘，那么你眼中的世界便是一片狼藉、混乱不已。不要再悲观，也不要再抱怨"可怜的我、不幸的我"，好好地剖析一下自己吧，你便会发现问题的症结所在，让自己尽快变强。如果还是做不到，那么没关系，看看周围的朋友吧，他们中总有心怀坦荡之人，在他们的身边你能感受到一个完全不同的新世界，这里的一切都是透明的，都生活在阳光下。

那么，接下来，洗涤一下你的灵魂之窗吧，不要让它蒙蔽了你的眼睛，看不到世间美好的景物。

让自己在精神上变得坚强——告别恐惧。

## 在诗人的眼中

草莓树比草莓更值得歌颂。

在莎士比亚的心目中，

熙熙攘攘的街道不过是一场化装舞会。

莎士比亚一生写下了无数脍炙人口的名言警句，下面这句话便出自他的笔下，"亲爱的布鲁图，造成这个过错的不是我们的命运，而是我们自己"。莎翁本人那无数的经典力作更是他参透人生的最好佐证。通过他的作品，这位伟大的戏剧家向后人传递着他的思想：

疑心是人类最大的敌人，

它能让你因恐惧尝试，

而坐失良机。

在这个世界上没有什么比恐惧更令人绝望的，当我们彻底了解之后，自会克服恐惧心理、无惧无畏、逍遥人间。下面让我们看一则古老的法国谚语：

有些伤痛是可以治愈的，

即使是最深的伤痕也有愈合的一天；

然而精神上的烙印，

却永远无法抹平。

恐惧与缺乏自信往往结伴而行、相互滋生。告诉我你有多恐惧，我就能说出你有多么不自信。快乐是恐惧和焦虑的天敌，没有人愿意拿恐惧当消遣。恐惧欺软怕硬，你越是惧怕它，它就离你越近。你若调整情绪无惧无畏，它反而不敢靠近。一旦让恐惧之情占据上风，它会使你全身门户洞开，更多令你心生恐惧的东西则会趁机而入，进一步加重你的恐惧感。

"使君何往？"一位西方的朝圣者路遇瘟神时问道。"上巴格达城索命五千。"瘟神答道。数日后，二者重逢。"使君前日言索命五千，奈何巴格达城中竟有五万人殒命？""实杀五千，余者皆恐惧而亡也。"

恐惧能使身体肌肉麻痹，能影响血液流动，所有正常而健康的生命活动都会或多或少受此影响。陷入恐惧后，人的四肢僵硬无力，不良于行。

我们不仅害怕自己恐惧的事物，还容易受他人影响而对他人恐惧之物亦心生畏惧。所以必须加强锻炼，让自己在精神上变得坚强一些。

一位朋友向我讲述了他的一段与此有关的经历。当时他与一位年轻的女士缔结了婚约，双方约定待他通过认证考试便可成婚。从那时起，他的母亲与未婚妻对他的学业便异常关心，这使他变得格外敏感，她们的关心让他觉得压力很大，负面效应越积越多。直到现在他还能准确地叙述出当时复杂的矛盾心情。他越来越恐惧，不禁想象失败的后果，她们殷切的问候、质疑的目光让他的信心一点点地消失，学习能力直线下降。所有的关怀鼓励带来的效果全部适得其反，不但没有激发他学习的积极性，反而削弱了他的斗志，让他充满了对失败的恐惧，险些酿成大祸。

这两位女士都是他最亲近的人，为了让他能学业有成，她们煞费苦心，做了一切应该做的事情。可是由此带来的潜在的压力却差点让他变得崩溃，可怜的家伙不得不同时面对亲人、爱人和学业的三重压力。

恐惧和焦虑是一对近亲，无论男女老幼都对它们敬而远之，却又难以彻底摆脱。恐惧占主导地位时，人会觉得四肢无力、难以行动，焦虑则让人忧思难忘、损伤脏器，它们对人的机体只有坏处、没有益处。此外，长期处于悲伤状态亦很伤身。每种情绪都有对应的器官或部位。贪婪、吝啬等不良情绪也有类似的作用。愤怒、妒忌、长年情绪不佳、放荡等也能引发诸如虚弱、易哭之类的特殊表现。

## 让自己在精神上变得坚强——发现快乐

我们会发现行正义之事带来的快乐与富足才是真正的幸福，遵天地之正道行事方能如意圆转、身心康健。伟大的希伯来先贤曾阐述过生命之妙："生命本身是正义的产物，你若用它去追求邪恶，那换来的只能是生命的终结。"换个方式来说："生命之路，本无尽头，只是人们因步入歧途而提早到达终点。"相信总有一天世人终会明白这些道理。

人生总是煎熬不断，承受着来自各方面的压力，年复一年，差不多绝大多数人都在以一种失重倾斜的方式生存着。外表美妙绝伦的庙宇并不能代表里面供奉的是真主，无知、粗鲁、浅薄都可能把真理拒之门外，此时的宇宙不过是个没有生命的房屋，迟早会走向衰败！

一个善于察言观色且有机会在近距离进行观察的研究者，很快便能从对方的一言一行和面部表情中发觉何种情绪正在对方体内占据上风。或者，反过来说，如果你告诉他对方的情绪如何，他亦能描述出对方此时的言行细节和面部表情。总而言之，每种情绪都有其特定的外在表现形式。

权威人士对人体的结构进行了长时间的研究，并与其他动物的结构及寿命进行对比后得出结论，人的自然寿命应该在100至200岁之间，要远远高于我们今天的人均寿命。然而，人类为何会如此短命？我们的躯体为何如此容易衰老、虚弱、受伤？要怎么样做才能保证人的身体能长期处于健康、强壮、精力旺盛的状态？不过，既然所有人的自然寿命都有所减少，且减少的比例也极为相近，那么我们是不是也可以把这看作一种自然现象？

其实并不是这样的。原因在于很多人到了一定的年龄后就开始出现衰老的表现，可以明显地观察到人们的身体每况愈下。这可不是一个好现象，因为当你看到周边与你同龄的人开始衰老，即使你的躯体依然年轻，可是心理上也会受到他人的影响而产生衰老的心理暗示，结果就是，你的身体也同他们一样开始出现变化，也因此很少有人能活到100至120岁的自然年龄，反而大家都在一个比较接近的年龄范围内相继去世。所以我们有必要让人们明白，其实他们是可以活得更久的，只有树立起这样的信心才能真的延长人们的寿命。

说到这里我不由得想起了我的一位朋友，她是一位年过八旬的女士。

很多人听到这里脑海里一定会闪现过"老妪"这个词,但是如果把这位女士称为老妪,则不免有黑白颠倒之嫌。她看起来就像一个25岁的小女人,甚至更年轻一些。我很荣幸地,哦,或者说我很遗憾地说,我认为许多这个年龄的女人,看起来还不如她青春靓丽。她是一个善于发现美的天才,无论何时何地,面对何人何物,她都能挖掘出美。不但如此,她还善于展现美,在她身边总有如沐春风、如饮醇酿之感,人人皆为她的美而倾倒。

这些年来已经有无数的人从她身上感受到了光明、希望、力量,很明显,这种美好的感觉还会持续很多年,因为她就是美和光明的化身。

在她的灵魂里没有恐惧、焦虑、憎恨、妒忌、悲哀、委屈、贪婪和肮脏,她对这些无益身心的东西是完全免疫的。因此,从她的身上你看不到拥有这些阴暗心理的人经常带有的外在表现。相反绝大多数人都摆脱不了这些思维的控制,所以在你眼前这些有心理问题的人反而比较正常,这位真正正常的人就被惊为不食人间烟火的天人了。她并非生活在单纯的温室中,其实她的经历也蛮丰富的,跟我们一样有机会接触到这样或那样的诱惑,但她有足够的能力抵御这些诱惑——绝不是因为她生来比较白痴。

相反,她是个极聪慧的可人儿,她的高明之处在于她拥有极为坚强的思想,在自己的思维空间中她是唯一的绝对的主宰,只有她才能决定一切。所以展现在你面前的就是一个整天忙忙碌碌、东奔西走的小妇人,你总能看到她轻盈的步伐,听到她爽朗的笑声。这绝不是天方夜谭,事实上伟大的莎士比亚也早就认识到了这一切,所以他才会写下"头脑使身体变得充实"的句子。

很高兴前些日子在路上与她偶遇,当时她正在街上漫步。我们驻足街头略谈数语后,她与街边嬉戏的一群顽童一起做了一会儿游戏,然后又加快脚步赶上一位篮子里装着衣服的洗衣妇与其交谈数语,接下来是停下脚步与一位手拿晚餐用罐头正在下班返家途中的男士交谈,间或还与一位坐在车中的女士简短地打了个招呼,她毫不介意与所有熟识的人分享着她的快乐与幸福。

仿佛是为了证实上天是多么眷顾她，这时有一位上了年纪的老妇人从她身边经过，看得出此人的外貌的确显得很老，可能要比本人的实际年龄还要老上十几岁。而且，从她吃力的动作上看，她的关节肌肉已经僵硬了。看到她佝偻的样子，你心里会没来由地生出一种揪心的压抑感。她穿着一身黑色的衣服，深色的帽子下面还带有重重的面纱，使整个人看起来更加阴暗。她那身近乎原始的打扮，再加上本人的情绪和表情，简直在向整个世界宣布一件事：她现在非常的悲伤和哀痛，除此之外任何情绪都不能在她心底泛起波澜。

她用疾病、悲哀和伤痛把自己包裹起来，把快乐、希望、勇气以及所有对人体有益的情绪阻挡在外面，她与它们擦肩而过，却拒绝接受它们。像她这样的人在日常生活中倒并不少见，这提示我们平日要注重加强心理锻炼。她在经过我朋友身边的时候，情绪上明显产生了波动，似乎在暗示，像您这个年龄的女士穿着这样的服装和做出这样的举动是不合适的……

你希望永葆青春吗？你在经历了荣辱沉浮之后还能够保持一个纯真的赤子之心吗？其实这里我们关心的实质问题只有一个，你在思想的世界里该以何种方式生存。以佛陀为代表的佛门观点鼓励人们进行思考："思想决定你的人生。"罗斯金等人的观点则认为："既然人之初并不知晓哪个是对，哪个是错，也不知道自己的真正喜好，那么只要想些让自己开心的事情就好。"不过既然你希望自己的躯体永远强壮、美丽、富有弹性，那么把这些东西统统放到你的脑袋里，用它们把那些你不喜欢的东西驱走，这样你的躯体就会变得和你的想象一个样子。到了这个境界后，你的躯体在思想的带动下将永葆青春。此时身体的青春反过来会帮助你提高自信心，让心理能力更上一层，二者相辅相成，形成良性循环。

**皈返童真**

其实你一直都在试图让自己的身体发生改变，让它变得与你心目中所喜欢的形象越来越接近。推动变化的动力不仅来自于内心的渴望，还有对周围欣赏之人的观摩和学习。缠绕在心头的想法决定了变化的方向——如果你心中充满了光明、希望、快乐的感觉，那你极易把自己与自然界联系在一起，心胸也变得更宽广；反之，若是充满了恐惧、沮丧和悲伤之情，那只会让你变得更加自闭、心胸狭窄。

如果上面的话切中了你的要害，让你在潜意识里感同身受，那么你需要采取一点措施了。快快回想一下自己小时候那天真烂漫的样子吧，尽力感受一下那时的欢乐和愉悦，因为小孩子在和同伴玩耍时所产生的快乐之情很容易引导身体向有益的方向发展。不过若是把他从同伴中分离出来，孤孤单单的一个人，那么他再也难以产生类似的情感，书面语称之为"离群的孤雁"。

你需要想方设法让这种久违了的童真之趣重新回到你的身上，因为成长的岁月在你的身体里留下了太多的痕迹和苦难，它让你习惯了在尔虞我诈的环境下苦中作乐，不过这样的欢乐不是真的欢乐。其实，若你能摒弃对钱和权的渴望以平常心来对待事业，往往会在事业上取得更大的成就。只要你有心，世界上没有化解不开的结，悲伤不会永驻心田。倘若你能展颜，一生自会常欢喜。

长到19或20岁的时候，你会觉得自己以前的行为过于天真，甚至有点可笑，你开始对生活中残酷的一面有所了解，你有了想建功立业的想法，你知道了担心、困惑、责任的含义。或者说，作为一个成年人，你已经进入了随时准备应对危机、解决麻烦的时期。你的时间大多用在掌握谋生技能上，已经不能像以前那样随心所欲地游戏玩乐了。更有甚者，你对年长的人怀有盲目的信心，一心只想着从他们那里获取经验和捷径，却无暇考虑他们的思想或者想法是否真的正确。

你开始不知不觉地陷入世俗的迷惘中，变得忧心忡忡、难以自拔。很快这些想法开始在你的肉体和血流中有所体现，这是因为不可见的情感因素直接在身体里沉淀、结晶而造成的，头脑中因不愉快而产生的垃圾代谢物顺着血流向下抵达身体各处。若干年后，你开始发觉自己的肌肉变得僵硬，骨骼上长出骨赘，行动开始不便。而这一切与你的实际年龄无关，即使你只有14岁也有可能爬不上一棵小树。只要情绪得不到改善，你的大脑就会时刻不停地向全身传送着这些有害于身体的物质，你的健康自然是每况愈下……

要想改变这种状况，就必须驱走你头脑中的那些无益身心的糟粕思想，腾出空间让有益的思想占据主流，身心会逐渐返回平衡状态，身边重新出现保护机体的气场，这样你的体格才会渐渐恢复，走上健康之路……

人，随着年岁日长，身体会一日不停地逐渐衰弱。但是提高精神力却可以帮助你了解产生衰老的真正原因，同时它还会向你展现如何利用自身的力量去延缓衰老。此时你将掌握正确运用力量的技巧，不会再像以前那样使用蛮力直至让身体变得虚弱易老为止。

## 灵肉合一的养生之道

真正的医生就像老师一样向患者指出真正的病因，然后教给他们如何治愈自己的正确方法，而不是简单地头痛医头、脚痛医脚，那样只能治病却不能除病。一个达到灵肉合一、内外和谐的人，对于精神力量有极强的运用能力，这样的人看似极不注意自己的身体，而身体的状态却比整日保养的人还要好上许多。

像这种从不考虑身体却身体强健的人在今天并不少见。通常，越是这样的人往往身体越健康。原因很简单，他们的思想很单纯，身体没有因为受到邪恶思想的困扰而变差。

养生之道重在平日，有营养的食物、体育运动、新鲜的空气、充足的日光、干净的生活环境、多做少思都对人的健康有益。想做就做，不思不悔，无惧无畏，自然会远离病痛、永葆青春。你若口出秽语不但会伤害自身还会累及无辜听众，反之讲一些你爱听的好话不但会让自己心怀愉悦，还会让身边的人如沐春风、分享快乐。所以多行善事、存善念，这样你不但救了自己还能帮周围的人驱走病痛，使其变得健康强壮。

负面情绪会损害身体健康这是毋庸置疑的事实，而且这条理论不仅适用于人的身体，还适用于其他多个方面。下面这些文字是一位受过专门训练的医师，在对人的内在潜力进行大量观察研究后写下的，对我们的研究很有意义。

一个总想着找出缺点的人是不可能达到完美的，一个总想着理清混乱的人是不可能构建和谐的，一个心里总想着疾病的人是不可能健康的。因此我们的头脑中应该时刻想着健康、和谐这类美好的内容……

不要总想着那些你害怕染上的疾病，不要执着于身体的不适，不要一味研究自己的症状。要明白你的身体只能由你来决定，其他的任何事物都不能改变它。意志完全可以战胜疾病，精神潜能是为你服务的仆人，而你只能是它的主人……在孩子们还很小的时候我就教会他们如何树立起正确而坚强的思想，净化生命，从而远离疾病的攻击。我教导他们要从脑袋里把关于死亡的想法、关于疾病的影像以及所有与不良情绪（如憎恨、怨怼、复仇、嫉妒、淫荡）有关的东西全部抹掉。终于他们对于邪恶有了一定的抵抗能力。

接下来，我将教导他们，坏掉的食物、饮品或污浊的空气会使血液变坏，坏掉的血液又会使组织、肌肉变坏，而坏掉的身体则会给人的精神带来打击。我将教导他们，纯洁的思想会使生命得到净化，健康的思想则会让身体变得健康。我将教导他们如何培养自己的能力，并运用这些能力来以各种方式对抗侵犯生命的敌人。我会给病患带来希望、自信和快乐。我们可以做到任何事情，唯一能对我们产生限制的就是思想的禁锢。没有人能在不自信的条件下获得成功和健康，我们通常都是因为不自信而作茧自缚。

宇宙万物都在不断地复制衍生，憎恨、怨怼、复仇、嫉妒、淫荡这些不良情绪亦是如此。它们彼此孕育，代代相传，甚至还有自我复制的能力，大有不达目的不罢休的势头。所以好的医生和神父救治病患并不仅仅依靠药石的力量，更多的是借助心理暗示来消除病因。聪慧的母亲会教给孩子如何舒缓情绪，自我化解憎恨、怨怼、复仇、嫉妒带来的影响，让孩子了解爱才是这个世界上万试万灵的万能药物。有智有谋的医生会引导他的患者，让他们明白如何酝酿善意、快乐的情绪，高尚的心灵和行为才是世间最好的滋补品。

快乐的心情是世界上最好的药物！

## 吸引力法则与健康饮食

一天，我在一个女友家吃午饭，女友的邻居也在，她们因推崇各自的饮食理念而争论起来，吵到完全失去风度。

莎莉是高蛋白食物狂热忠实的拥趸，而黛博拉则是食物多样性的推崇者。很显然，她们都曾经是辩论冠军，因此任何一方都不肯服输，直到用自己的方法证明对方是错误的。

### 矛盾信息

事实上，我们经常面对大量矛盾信息，当提及富含营养、低脂肪、无脂肪、优质脂肪、高蛋白、素食主义、无糖分、低碳水化合物、优质碳水化合物、流质食物节食、纯素食、食物多样化、未加工食物等时，可选择食物的清单即使对于一个已具备相应知识的人也是劳心费神的。著名节目主持人约翰·斯托瑟曾经说过，即使像一天喝八杯水这种健康习惯都是没有科学依据的。

更加令人迷惑的是，我们无法从实验之中获得一致的结果。一个人对于阿特金斯饮食法感觉很棒，它却使另一个人感觉疲倦。一个人吃素会感觉精力旺盛，而其他人则可能产生强烈的饥饿感并感觉能量不足。一个聪明的人在面对如此繁杂的矛盾信息时应该怎样做呢？

**什么是真正重要的**

这比看起来的要简单。从某种意义上说，决定我们身体好坏的往往是我们的信念、意愿和感受，而不是其他什么东西。

如果你期待着一个特定的饮食计划能帮助你减肥并感觉良好，那不过是你的一厢情愿。如果你本身就能够感觉良好并同时期待一个理想的结果，你就已经获得成功了——但那并不意味着你的姐妹们也会有同样的体验。

**按你的喜好控制食量**

吸引力法则为"什么食物是最好的"这个问题提供了答案。结论是，食物往往并不是主要的——你如何感受食物才是主要的。总的说来，你对于食物计划所抱有的信念以及你所期望获得的结果决定了你是否能够达到理想的身体状态。

例如，在减肥过程中最大的障碍就是不能专注于最终的结果上。总有一些人认为她们浪费了时间，又习惯性地关注于她们不想要的结果，而忘记了她们的最终目标。改变这种观点就是实现健康体魄和理想体重的关键所在。

## 四　爱的秘密

是爱支撑着生命。在我们认识到这一点时，浑身上下都充满了爱的力量，眼中的一切事物都是那么的美好。而且，当人类认识到爱能让人类永生后，便会自觉地彼此相亲相爱，不做任何伤害其他人或物的事情。每个人都好似人间这个大身体的一部分，试问身体的各个部分之间又怎能彼此伤害呢？

只有对这个寄居在所有生命中的伟大情感有了充分的认识，你才能与大家一起分享快乐，才能一视同仁地对待每个生命，让偏见走开，让憎恨停止。爱会在你心底渐渐长大，直至取得主导地位。那时，无论你走到哪里，在你眼中只有他人的长处，没有他们的短处，这样的善行最终一定会得到回报。

我们感觉到爱的力量那一刻，很快就能发现周围谁对我们充满敌意，因为他们心中的敌意会让身边的气氛发生明显的改变，有着明显的恨意——一旦遇到高明的敌手，这些心中有恨的人就会受到自身敌意反噬的迫害。

**若要世人爱你，你当先爱世人**

一旦我们认识到自私是一切罪孽的根源，而无知又是自私的根源时，便能放开怀抱用仁爱、怜悯之心去看待一切。唯其无知，才会贪得无厌；唯其无知，才会滋生私心。真正的智者是永远不会有私心的；他明白同舟共济、一荣俱荣、一损俱损的道理。

自私是一切罪孽的根源，而无知又是自私的根源，每种恶劣的情绪都与无知有关。若我们的个人品质能有所提升，就会在与他人接触时谦虚地找寻对方的长处，并以此激励对方。彼此之间善与善的对话，结果自然也是善的，反之亦然。

我时常会听人说："我觉得那家伙一无是处！"这是不正确的，它只能说明你还不是一个智者。只要你深入细致地观察，定会发觉每个人的灵魂中都有闪光之处。人若过分自大，习惯以自我为中心，就永远无法感觉到自身真正的优点。当然，他们更是做梦也想不到贩夫走卒和罪人身上也会蕴藏着伟大的力量。

若你能从某人身上发现错误或邪恶，那也是因为你错误或邪恶的暗示而引发的。一个优柔寡断缺乏自信的人，极易受他人情绪的支配。对于这种人只要稍加暗示便可诱其犯罪，然而你亦难逃帮凶之罪。同理，仍是此人，你若用光明正大、坦荡磊落的情绪引导他，那么你会给他的生活和行为带来莫大的益处。

若你能用仁爱慈和之心真诚对待每位与你接触的人，那你将从对方真正得到丰厚的回报、尊重、关爱。下面这条谚语背后同样有着深刻的科学根据：若要世人爱你，你当先爱世人。

我们付出爱的同时，也会享受到别人的爱。思想和情绪的确具有影响力，但它们带给你的是福是祸就只能看你的本意是善是恶了。

即使心底最隐秘的想法亦应该不存杂念，
因为它对你的人生很重要。
它能决定你的言行，铸就你的命运，
这就是天道的复杂之处。

在我所知晓的方法中，朋友的自我暗示法最令我欣赏。每次在思考事情之前，他都会默默地对自己说："亲爱的人们，我爱你们。"现在当我们明白了思想的影响，以及无论其作用大小、完成与否都会得到反馈的原理后，便不难理解为何他不只向与他有过接触的人送上诚挚的祈祷，甚至还要用博爱之心为所有的世人祝福。这就是爱的逻辑，付出越多，得到越多。

即使是动物也能感觉到这些力量的影响。有些动物的器官甚至比人还敏感，也因此它们对我们的思想、精神状态和情绪的反应速度也更快。所以，当我们遇到动物时也可以尝试着向他们传递爱的信息：它们会感觉到，我们是真心对待它们还是仅仅取乐而已。仔细观察动物的反应速度，对爱意的明显反馈，以及对我们的态度是非常有趣的。

这种爱的意识贯注全身并向四周洋溢，身边的人就能感受到你带来的浓浓暖意和生命的活力。他们亦会投桃报李，向你反馈同样的信任。结果反倒成了我们在向四周吸取爱。告诉我，有多少你爱的人，我便能算出你遇到了多少贵人；告诉我，他们的爱有多强烈，我便能告诉你他们离神有多近；告诉我，他们的爱有多广大，我便能告知你天堂——和谐之堂有多大。

爱是世间至高无上的法则。

## 爱生爱，恨生恨

> 因果循环，报应不爽；
> 既种恶因，必有恶果。
> 怒火灼灼，伤痕累累；
> 唯其此伤，永生难愈。

每种情绪都会释放出相应的能量，同时亦会带来相同的反作用，这是一个颠扑不破的真理。每种思想都会在你的身体上留下痕迹，爱及其同类情感带来的是正常与自然，它们符合宇宙恒久不变的真理——它们让你的身体变得健康而富有活力，让你的面貌变得姣好，让你的声音变得甜美，让你的魅力得到提升，总之你现在是人见人爱、车见车载。你以仁爱慈和之心待人，人必报以同样的情怀。精神的愉悦自然会转为身体的康健。身体凭空注入生命力的感觉是很舒爽的。此后只要坚持不懈，身心便会持续受益，生命也更精彩。

憎恨及其同类情感带来的是不正常、不自然、有害无益的影响，与宇宙至理相互冲突。如果说爱是至高法则，那么恨就是对法则的暴力侵犯。当然世上没有人愿意用自己的痛苦和疾病来故意挑衅法则，他们只是挣脱不开仇恨的束缚罢了。

那么，这种反天道的后果会是什么呢？当愤怒、嫉妒、指责、轻蔑等情绪影响你时，脑组织中会释放出有害物质，这些物质向下分布到整个躯体，使其免疫力下降，招来病痛。这些情绪除了在你的头脑中肆虐之外，还会影响到其他人的情绪。其他人对你的反噬进一步加重了你所要承受的伤害。

爱生爱，恨生恨。爱与善刺激机体生长，恨与恶腐蚀伤害机体。爱是生命对生命的呼唤，恨是死亡对死亡的牵绊。

你有忠诚的心灵、勇敢的精神，
你有纯洁真诚的灵魂。
把你最美好的一切献给世界，
世界亦将还你一片精彩。
献出爱，爱会注满你的心田。
你的言行充满自信，
你的心意天地可鉴，
你的力量将不断壮大。

我经常听人说道："如何与一个举止粗鲁又心怀恨意的人相处呢？虽然我并没有得罪他，但他却拿我当敌人看。如何才能改变这种窘境？"减少无谓树敌的秘诀在于，自己的心中不可对对方抱有先入为主的成见，这样方可创造出化敌为友的机会。若对方表现的敌意不甚强烈，且错不在你，那么自始至终保持仁和之心便可。这样做至少可以削弱他的恨意，让他不生伤你之意。爱是正义的力量，邪不胜正，爱终胜恨。

反之，若以怨报怨则只能使矛盾升级，此举无异于火上浇油，把自己推入万劫不复的深渊。不但一无所获，反而会失去原有的一切。以德报怨不但可以削弱怨气，还会让对方不再向你展现敌意。此外，不时向对方示好亦有助于化敌为友。以怨报怨是把自己降低到等同于对方的级别上，以德报怨则是把双方的等级同时升上去，孰优孰劣，不言自明。

波斯人有句老话："宽和能克制暴躁，友爱能克制孤僻。温暖的手能用头发牵着大象走。你得用仁爱去面对仇敌，因为破坏和平是有罪的。"佛经也有云，"若有人因无知的恨而害我，我将用无私的爱来度他"，"施加于对手的恶意越多，反噬到自身的恶意越大"。中国的谚语说："智者以德报怨。"印度教也有相似的教义："以善迎恶，以爱化怒，爱能克恨，恨只能生恨。"

因此，智者心中没有永远的敌人。我们偶尔会听到这样的话语："你等着！我会回来报仇的。"问题是你真的能来报复吗？要如何报复？像古人说的那样以其人之道，还治其人之身吗？你只有两条路可以选择：其一，以怨报怨，在你的脑海里无数次地想着对方羞辱你的情景，然后加倍奉还之，若你这样做便把自己贬低到同对方一样的境界，两个人都要因他的过错而受罪；其二，以德报怨，用仁爱帮他认识并克服错误，这样他的等级被提升后，你俩的过节也就烟消云散了。

记住，帮助别人不是做无用功，早晚会得到回报。你的帮助越无私，得到的回报也越大，一般来说，回报都会大于付出。若你为人刻薄寡恩、睚眦必报，那换来的只能是一生的痛苦和疾病。任劳任怨是最聪明的做法，在助人的过程中你亦可达成自己的目标，既能利己又能利人，何乐而不为？

此时此刻，你便是此人的救世主，在你的感召下，他又会成为别人的救世主，结果就是大家一起从错误的泥潭中走出来。当然其中的困难程度是我们所无法揣测的，我们能做的只是让生命中拥有更多的仁爱、同情和怜悯就够了，上不怨天，下不尤人，永远怀有一颗感恩之心。有诗为证：

试着让别人去快乐吧！
人生的旅途单调无味，
行走的步履艰难沉重，
旅人的心境忧伤哀恸。
当他发觉无人关怀时，
身上的负担会更加沉重。
看到这样的他，你的快乐也会消失一半。
试着让别人快乐吧！
旅途单调，我们手拉手，
步履艰辛，我们心贴心。
绽放你的热情吧！
不要拒人千里之外，
温和的话语是上苍赐给我们的玛娜（译者注：《圣经》故事所述，古以色列人经过荒野所得的天赐食物）。

当我们彻底认清无知是一切邪念、错误和罪恶的根源时，那么无论它怎样变幻，我们都能看透，若我们心中充满同情和怜悯，那么对方亦会对我们抱以同样的情怀。同情能让他感觉到爱，爱会引导他们做出善行。这才是真正的王道。不在对方虚弱时打击他们，甚至再踏上一脚，反而上前扶他站起，让他变强。

**要主动爱别人不要被动接受**

所有生命的生长都是自内而外的，一个人只有在意识上完全明了自身潜藏的力量并将其与天地之道结合起来，才能成为自己真正的主宰。而让我们能做到这一切最有效的方法就是好好生活，认真对待每一天，除此之外，别无捷径。

要主动出击，不要被动接受；要真实生活，不要虚假布道；要勤奋工作，不要口头表示；要顺其自然的生活，不要武断地决定人生。生活对生命的影响是巨大而深远的。种瓜得瓜，种豆得豆，每件事都有它必然的因果。我们直接伤害了某个人的某种情怀时，会同时扼杀了与此相类似的一系列情感。这种行为，不但伤人，更加伤己。人身体的病气其实是被你伤害之人的戾气聚集而成的。恨把世界变成悲惨的地狱，爱则让它成为美丽的天堂。

一个没有爱的躯体只是一具行尸走肉。一个向世人播散爱的人，他的生命是丰富多彩的，他的能力会得到不断的提升，他的生命中积攒了各种华丽的乐章，他的影响力变得越来越大，最终他将成为一个真正的强者。他越强大，得到的爱和友谊也越多。相反一个精神上的侏儒为了掩饰他的孱弱不得不摆出一副坚强的外表，结果反而使他变得更加孤立无援。显然，这样做绝非明智之举。得道多助，失道寡助，福祸无门，唯人自招。

一个过于高傲的人往往是精神上的弱者，他过于以自我为中心，对自己的利益斤斤计较，相反一个真正胸襟宽广的人是绝对不会这样做的。心胸狭窄的人总认为命运亏待了他，因此他不停地和命运做斗争，其结果却往往适得其反；一个气度恢宏的人则乐观知命，总生活在满足中。有的人终日奔波希望得到世人的承认却知者寥寥，有的人足不出户却闻达天下。有的人只关爱自己，有的人则兼爱天下，当然他自己也包含在这份博爱之中。

认识到自身的力量之后，我们就很容易摆正自己的位置，与周围的人和睦相处，与天地之道融为一体，懂得了"人人为我、我为人人"的道理。在这个基础上，我们能够把所有人的生命看作一个整体，个体的生命不过是这个整体的一小部分而已。你在为他人谋福利的同时，也在为自己积福。

你在伤害他人的同时，也在谋害自己的生命。一个人越是孤僻、自私，就越难以和大家融合在一起，无法成为生命整体的一部分，这样的人将丧失幸福的机会。相反，一个无私忘我、一心只为大家服务的人，大家也不会忘记他，此时生命不再只属于他个人，而是属于所有人，他的灵魂将与大家一起得到永生。

**助人为乐的最高境界**

这里有一则关于助人的故事：

一日，彼得和约翰结伴去寺庙，进入山门后一个可怜的跛脚人向他们寻求帮助。他们没有随随便便地打发他，相反很认真地帮助这位可怜人转移到一个适合他生活的环境中，使他以后的日子变得方便。

这才是真正的帮助，非解一时之急难，而求永远的解脱。金子和银子只能解一时的困难，并不能带来一劳永逸的结果。所以，助人的最高境界就是让被帮助者学会自助。有时看似必要的直接帮助，实际上的意义并不大，其结果如何要视具体环境方能确定。但让人学会自助却是绝对正确的做法，所以请尝试用鼓励的方法吧，因为它能让受助者自身变得强大。

让受助者学会自助最好的方法莫过于先让他们真切地了解自身，要了解自身最好的方法则莫过于唤醒他们灵魂深处中熟睡的潜力，让它发挥出应有的作用。当这一切都变成在意识控制下的自主行为后，此人对于精神的力量就有了切实的认识。有了这层认识，他的心灵不再封闭，他和世界终于结成一体。

此事说易行难，尤其在现今的社会中要想做到这些是非常困难的，但舍此之外实无良策，因此必须克服困难帮助受助者认清自己。

**吸引力法则与美满爱情**

吸引力法则可以帮助你获得美满的爱情。用于获得美满爱情的技巧包括：经常的观察想象，收集图像或者创造一个想象画板，使理想可见。为我们生命中的新伴侣留出一些空间，勾勒出他／她的形象，就好像他／她们真的存在这里。

上述技巧可以帮助我们将理想的爱情变为现实。当然，使你的理想爱人出现还需要其他步骤。如果你真诚地渴望获得理想的爱情生活，请遵从以下六条建议：

（1）明确你想要的是什么。在你设想美满的夫妻关系之前，你应当知道这对你意味着什么。有时，人们会错误地定义他们理想的对象就是一个特别的人，而忽略了他们所渴望的生活的真实本质。把你想要的进一步明确起来——感受和体验，然后画出那张"脸"。

（2）如果你目前处于不满意的爱情关系之中，别再空谈你的伴侣了。当我们对于当前的关系感觉不快乐时，我们通常没有意识到我们将自己的伴侣限定了。我们总是想着他们从前是什么样子，而没有为他们可能改变的形象留有思维空间。

一旦我们在头脑中设定了对一个人的印象，他们就会总是以那个形象出现。我们应该对他们抱有更好的想法和期许，给他们空间，他们能够做得更好。别人是因为我们的期待才变好或变糟的。

（3）放开心胸。随时触摸你内在的想法（你的情感、内在感受、直觉），并尊重它的指引。它不会误导你的。

（4）用你希望被爱的方式爱自己。其实，我们生命中最重要的关系是如何与自己相处，我们生命中其他的所有关系都是我们如何对待自我的一个反映。因此，按照你希望的方式好好对待自己，为自己说些或做些美好的事情。当你善待自己时，别人也会善待你！

（5）用你希望被爱的方式去爱别人。要想为你渴望的爱情关系创造一个坚固的基础，就用你喜欢被爱的方式去爱别人吧。没有条件，毫无保留，敞开心扉——无论你多么渴望得到爱——你都应该付出你的爱。这是获得美满爱情的另外一个有效办法，试试看——感觉也不错！

（6）最后一点，放弃没有意义的事物。为了迎接好的事物（比如获得你想要的爱情生活），你一定要抛开使你情绪低落的事物，不再忍受让你压抑的事物。无论那是一份工作、坏习惯、一间公寓，或是一个伴侣——所有感觉不好的都要抛弃。创造生命中的一个"真空"，让生活为你带来一些更好的事物。

这个行动条款可以为你打开一扇窗子，给你机会去接纳好的事情，它们会接踵而至的。

你会发现这些建议有一个共同点：都专注于你理想中的爱情关系——因为"关注什么就会吸引什么"。遵从这些步骤，吸引力法则将帮你获得理想的爱情生活！

## 五　智慧的秘密

人类精神中蕴藏的大智慧让我们能对自己的内心进行深刻的剖析，有了它我们能够分析宇宙中的每一个心灵，找出大多数人心灵中隐藏的小秘密，并在智慧之光的照耀下，让所有自欺欺人的心思都变得无所遁形。

要想获得这无上的大智慧，首先要相信自己，不得心存妄念，更不可错信他人误入歧途。既然生命的动力就在你我身上，为什么还会有人舍近求远、明珠暗投去向别人索取智慧？为什么我们要从别人那里接受二手的智慧？为什么我们要做这种注定是徒劳无益的事情？为什么我们不可以凭自己的力量获得成功？

**智慧永远只在你的内心中**

当我们直接从自身找原因，激发潜在的慧根获取智慧后，便得到了彻底的解脱，不再成为他人、机构或书本的奴隶。当然我们也不会故步自封，还是会虚心地从这些渠道获取信息的。但仅此而已，它们不过是工具，只能辅助我们却不能替我们做主。我们再不会把它们当作主人，只是当作教师就好。勃朗宁的诗句一针见血地指出：

真理永远只在你的内心中，
外界的事物并不能真的左右你的信念。

所有的人心底都有一个神秘的中心，

所有的真理就寄居在这里。

"忠于自身"是世界上最重要的法则，也是寓意最深远的话语。说得更浅白一些，为人必须要忠实于自己的灵魂。灵魂是你的生命之光，它为每个人带来一片光明的世界。"忠于自身"是你要恪守的信条，是你的道德，是你的灵魂之声。"你能听到你灵魂发出的声音：这条路是正确的，沿着它坚定地走下去吧！"

当然，若我们能听到这种声音并据此行事则万事和谐。我有一位朋友，他的直觉是十分敏锐而准确的。他的生命绝对服从直觉的指引，所以他总是在正确的时候用正确的方法做正确的事。他始终都知道应该何时去做和怎样去做，他的灵魂与肉体永远不会分离开来。

但有人还是心存质疑："倘若我们的直觉有误可能会伤害自己或累及无辜，那又该如何是好？"这种事情是不会发生的，不必为此担心，因为我们的直觉是不会伤害到任何人的。依此行事，自会公正谦和、绝无偏差。

当我们了解了这一切，并开始主动获取人生的智慧时，我们接受的教育才能发挥出正确的作用，以前因封闭而觉得神秘的事物变得清晰异常。所以说，拥有智慧是进行教育的基础，是人类进步的基础。

如果我们能够倾听到内心发出的声音，那么所有的事情就会带有新的意义。我们自身也差不多达到了智者的境界，有能力探寻出所有事物的真正核心。通过这种方式，我们不再迷惑于事物的表象，能够直接认清它们的本质，我们的内心终于可以获得真正的宁静。一直挡住我们视线的窗户纸终于被戳破了，我们感兴趣的东西开始呈现在眼前。因为我们拥有了真正的大智慧。

**别让你的知识蒙蔽你的智慧**

　　智慧来源于知识，又高于知识，它引导直觉的能力超强。知识则如同银行里储蓄的钱财，在我们需要的时候可以用它来购买智慧。但智慧的作用却远远高于知识，知识只是智慧的一个特例而已。

　　一个想要进入智慧殿堂的人首先要学会放弃骄傲，他要像孩子一样，不带一丝成见，因为任何偏见都会妨碍我们获取智慧。自作聪明的结果就是搬起石头砸自己的脚，它们封锁了通向真理的道路。这样的例子太多了，在宗教界、科学界、政治界，无数精英人才就是因为过于相信自己的智力，结果推迟了发现真相的时间而坐失良机。他们错过了通向正确道路的出口，无法发展壮大自己，只能变得卑微弱小，被动地接受别人找出的真相。他们的行为非但没有推进历史的发展，反而成为时代进步的绊脚石。当然他们终究阻挡不了车轮的前进，只能被车轮碾压成泥化作土。

　　当蒸汽机还在实验阶段不能投入到实践应用的时候，有一位在科学界极为著名的科学家曾写下这样的言论：用蒸汽机作为动力来进行远洋航行是不可能实现的，因为没有一艘船可以装载足够的燃煤。具有讽刺意味的是，第一艘蒸汽机船的航行便是从英国到美洲，而且在船上装载的货物中居然有他写的一本书的精装本。

　　这里似乎蕴藏着一个有趣的事实：有些人似乎在面对真相的时候有意识地把自己封闭起来拒绝了解真相，他们宁愿活在自己的想象中，这无关乎传统、宗教信仰或者接受信息的渠道，它可能完全或部分是由于骨子里的逆反心理作祟。

　　多打开几扇你心灵中的窗户吧！
　　让更多的宇宙之光照射进来，
　　这样你看到的不再是一个个方块的影像，而是整片美丽的天地。

小小的阴霾只能阻挡片刻光阴，它遮不住无数光源发出的光亮。

撕开迷信的眼罩，

让光明注入心房，让你的心像外面的世界一样宽广，

那么天堂就在你的心里。

支起你的耳朵，

倾听天籁之音，

倾听自然之音，

倾听你心底的声音，

此时此刻，真理真爱重入你身。

向着阳光敞开心怀吧！

千万只看不见的手在把你托向和平安乐的天堂，

来自天国的力量会让你变得更强。

不要惧怕，一知半解只会给你带来刺痛，

掌握所有才能带给你幸福。

对真相的追求过程中有一条极为重要的法则：无论何时，一个人若由于骄傲、妄想或其他什么原因而使自己封闭起来拒绝接受真相，那么他将失去所有接受真相的来源，反之若他肯敞开心怀去了解真相，那么所有消息来源都足以让他了解真相。所以，能否接受真相的决定权完全掌握在他自己的手中，与真相本身反而并无关系。

当真相无法进驻到人心中时，衰老、疾病、死亡开始乘虚而入，从身体上、精神上和智力上损害着人的健康。人也因此而变得麻木不仁，失去了探索真相的能力，非但如此，他还会千方百计地阻挠他人了解真相。这样的人会让其他人心生厌恶，见之唯恐避而不及，长此以往就会形成恶性循环，他本人受到的伤害越来越重，表现也越来越差，泥足深陷，难以自拔。

其实，现实中许多人都在充当着为他人授业解惑的角色，他们的作用并不是像翻译那样把事实翻译出来即可，他们的真正任务是激发其他人内在的潜能，让他们能运用自身的力量来获取必要的知识，然后完成自己为自己翻译的任务。然而，很多人喜欢为了自己的利益而随便地扭曲、夸大事实，而且他们会把那些实事求是的人看作是傻瓜、蠢货甚或流氓。

在东方流传着一则关于青蛙的寓言故事。一只青蛙坐在水井中，除了井眼上的景观外，这只青蛙再也看不到其他的东西。一日，另一只家居海滨的青蛙路过此地。二蛙结识之余开始攀谈。井底之蛙对海滨之蛙甚感好奇，遂问道："汝乃何人？家居何处？""我是某某蛙，家居海之滨。""海为何物？居于何方？""夫海者，茫茫天水，无边无际。""然则，海有多大？""非常大。"井底之蛙指邻近一小石曰："如此这般大小？""不，比它大得多。"又指二蛙所坐之井栏曰："如此这般大小？""不，比它大得多。""它到底有多大？""海比你的整个井还要大上许多，纵使你有百万口水井，海亦能容之。""不可能，不可能，尔乃妄言。嗟，出去，吾当不复见汝。"

你了解真相后，真相会让你得到解脱，你若封闭自己就只能生活在自己的臆想之中，过着自欺欺人的生活，造成这一切恶果的根源就是在于对自己的过度自信，高估了自己的智慧。这种白痴的行为对精神成长极为不利。它让人变得不愿意仔细探究事情的真相，而是以偏概全盲目地相信一个人、一本书或某个机构的言论，放弃了亲自求证的好习惯。尽信书不如无书，纸上得来终是浅，万事还需靠躬行。

从这一刻开始放纵自己的思维和想象吧！
把一切掌控在自己手中，想上哪儿就上哪儿吧！

倾听别人的话语，但要三思。

停顿一下，探索一下，接受信息、思筹谋划，

慢慢地抽丝剥茧，

在找出真相的那一刻，你将会破茧成蝶。

## 蒙骗我们的，就是我们自己

关于引导我们进行日常生活的智慧，它最大的作用就是能让我们对未知事物的发展规律做出比较正确的预测，并以正确的方式支配事物的发展。这样一来，我们在甫一接触任何事物的时候，就有能力迅速找出其中的关键所在，控制住整个形势。

我认为这是天地间恒久不变的真理，

没有任何灵魂能使它产生摇摆或动摇，

我们只要依此行事，

所有的愿望必会成真。

如果随着时间的流逝，你还是搞不清追求的目标，不晓得发展的方向，那么错误一定在你自己身上。若果真如此，能纠正这个错误的也只有你自己。其实，只要时刻保持清醒的头脑，让你的智慧和能力发挥正常的作用，就绝不会陷入这般尴尬的窘境。阳光永远都是那么明媚的，只要我们找出阻挡在我们与阳光之间的东西并把它搬走，就可以看到阳光普照的美丽光景。"你是生命的基础，生命因你的照耀而辉煌。"

在我认识的人中有一位了不起的人物，他就像一盏明灯，只要待在他的身边你就不会感觉到黑暗，他永远都知道应该在何时用何种方法去做事，他永远不会手足无措、不知所云。让我们听听他是怎么说的吧："当你心生

困扰，无法确定自己的目标时，不要急着向周围的人求救，试着剖析一下自己的内心，倾听一下自己的心声，你会在平静之中重新找回自己，确立奋斗的新方向，赶走所有的质问和怀疑……"

当你身处混沌的状态时，当务之急便是要找寻出一个便捷而正确的行动方向。

我有位直觉特别灵敏的朋友，他与其他几位同事在同一间办公室内工作，另外几人在商量生意的时候经常会大声喧哗。可是，无论他们搞出的噪音有多大，都无法影响他分毫，因为他的自制力极强，整个人被封闭在一个完整的自我空间中，所以如果他不想的话，任何外来的东西都无法进入其中给他带来困扰。但对于他所感兴趣的内容，他就会打开封闭的空间走出来和大家在一起，劲头十足地讨论着，不达目的绝不罢休。其结果就是他数年如一日地做着自己的工作，从来没有人能影响或误导他偏离自己的目标。

人对于事物所产生的直觉，就如同每日进餐一样，是长年累月所养成的习惯。它就像荒漠里的玛娜，日日都有，供应充足，但绝不超量。它的出现极为迅速却又带着一层晦暗不明的味道。由于我们的错误理解而形成的错觉越多，掩盖在帷幕下的世俗欲望与道德幻想间的冲突就越激烈。

我们所有人都需循天道而行善事。因此要摒弃所有私欲，沿着这条路走下去，你会发现，其实愿望和欲望就像是一对恩爱夫妻，没有人能把它们清清楚楚地分割开。心底无私天底宽，就这样走下去吧，原本隐藏在暗夜中的幽径已经变成青天白日下的坦途。

**精神靠什么来调养？**

身体的控制权其实是掌握在自己手中的，所以我们必须加强对精神和意志力的锻炼，把身体的状态从浑浑噩噩中调整到最佳状态。既然精神可以调整身体，那么精神又靠什么来调节呢？

　　吃吃喝喝的东西显然起不到这种作用。心病还需心药医，精神上的问题也只能从精神上进行疏导。鲜美的肉食、可口的酒精饮料固然对人的身体很重要，但这些都无法减轻人所承受的精神压力。它们只能刺激人的肉体，不能起到"动心忍性，曾益其所不能"的作用。只有祛除了心理压力的人才能保持顺畅的新陈代谢，表现出神清气爽、神采飞扬的外表。

　　但是，肉体和精神毕竟是相辅相依的关系。如果一个人的肉体发展良好，也会反过来对精神的成长有所裨益，让它们达到更高的境界。二者之间的关系相辅相成。很明显勃朗宁夫人也持有同样的观点，所以她才会在诗中写道：

让我尽情地哭泣吧！
这会让我好过一些，
现在肉体对精神的帮助要大于精神对肉体的帮助。

　　不过，调节精神的更好方式是睡眠。实质上，只要少许高质量的睡眠便能达到这样的效果。但是，人的心理状态不同，睡眠的质量便各不相同，效果自然无法一样。

**从睡眠中收获智慧**

　　我有一位做资深记者的朋友，她曾在报纸上写过不少文章清晰而完整地介绍了"从睡眠中收获智慧"这种工作方式。她本人就经常利用这种方式来工作。一天晚上，她接到通知要编辑一篇第二天早上就要用的文章，这篇文章很重要而且需要不少相关的专业知识，而她对这方面几乎是一无所知，她想了不少办法去获取专业信息却基本上徒劳无功。

尽管她的工作态度极为认真，但以她的能力而论这项工作难度颇大。差不多已经陷入绝境的她决定就寝，把所有的麻烦都抛诸脑后美美地睡上一觉。她一觉睡到天亮，醒来后想到的第一件事就是前一天晚上留下的工作。她安静地躺了几分钟，在她静卧的时间里，脑海中仿佛出现了已经完成的文章，她跳起来跑到书桌前衣服也没换就开始奋笔疾书，脑海中思绪绵绵不绝，从写字的速度看，她根本就是在抄写。

精神有着固有的活动轨迹，只有在其他思维对其产生影响后才有可能发生改变，进入另一条轨迹。既然熟睡中的人身体是不动的，而精神却是活动的，那么当人进入睡眠状态后，它们必定会有某个固定的活动方向。若能找到它们的活动轨迹并将意识也纳入其中，就能反映出它们的活动成果。有些悟性高的人可能很快便可以做到，有些人则很久也做不到这一点。无论如何不要心急、不要灰心，只要你坚持总会有效果的。

既然精神是永远活动的，而且还具有超凡的能力，那么我们要想办法在睡眠时把精神集中在睡前正在思考却悬而未决的问题上。这样做可以选择性地决定潜意识的工作内容，把睡眠时的收获提升到最大。很多时候睡眠状态比清醒状态更能发挥出人内在的潜力，接收事物的能力也更强。因此我们有必要多练习，掌握在睡眠状态下控制精神活动的方法，让它们依令行事，这样才可以说我们已经彻底掌握了自己的生命。

同理，当我们处于睡眠状态时，我们身体上的感官已经全部关闭，无法再与物质世界取得联系，但我们精神上的感官却变得更加敏感，能够感受到比清醒时更多的东西。许多人或多或少都会有下面描述的感觉：当你渴望完成的事情正沿着你预想的方向发展时，你感觉到的信息会给你带来满足感和成就感，休息时你的头脑就比较容易处于宁静的状态。

你休息的时候越平静、安宁、祥和，越有利于你对精神的控制，越容易获取你渴望得到的信息。把恐惧或不良的预感从脑中驱走，因为"宁静和自信会让你变得强大"。

把你的渴望或者愿望深深地刻在精神上，那么当你醒来的时候就会美梦成真。在你醒来的那一刻，残留在意识中的内容并不会马上消失，抓紧时间把它们记录下来，这可是你的精神在睡眠期间的劳动成果。它们清楚地记录并见证你的精神活动。养成每天醒来后都回忆一下精神活动的习惯吧，日积月累，随着你能力的增强，精神活动的成果会越来越丰硕。

不要对自己的渴望之情心生恐惧，试着运用你的意念力从多个方向解决问题，不要把压力都集中在一点上。把体内所有的力量都激活并融合在一起，让它们帮助你实现愿望吧。只要你真心诚意行事，就不会遗漏掉任何捕捉美好事物的机会。有智有谋、有理有力，则事无不成。

睡眠能让你心境宁和，使身、心、神三方面的力量都得到恢复，当你进入睡眠状态时，向外散发的就只有仁爱、良善、宁静、和谐的气息。由此一来，你可以同宇宙中所有同类的气机联系在一起，达到水乳交融的境地。

一位因研究人类学而闻名于世的朋友曾告诉我，他不止一次经历过午夜梦中猛然醒来时，头脑里会出现许多研究内容或冒出奇特灵感的事情。而且他躺下的时候心底越是宁静，醒后的效果越佳，得到的收获越大。许多出彩的计划都是这样产生出来的，可以说没有睡眠中的思考就没有他今天的成就。至于为何会如此，却无从考究，其实直到今天这依然是个谜一样的问题。

他是一个身体反应极为敏捷的人，他的生命与天道完全契合，他所从事的工作也都是堂堂正正的正当行业。虽然目前还无法解释这种奇特的现象，但凡事有果必有因，相信背后定会有相应的科学理论根据。而且，现在我们已知此法是可行的，至少它可以让我们能更好地融入周围的环境中去，因此还是要加紧锻炼这方面的能力。

最高级的想象力与灵感能帮助我们获取更多的资料。一位正在研究这方面内容的专家曾说过:"在睡眠状态中接受精神方面的教育是一种完全正常、合理的方式,该理论适用于所有生命。如果我们能对自身内在的精神力给予更多的关注,那么对外界的欲求便会大大减少……"

无论现在还是将来,思维能力对我们来说都是很重要的,而且一般来说人的夜间思维要比白天活跃。这是因为,当我们进入睡眠状态后会完全关闭对外界的感官能力,所有的精神都集中在内部的思维中。由于无法从外部获取信息和指令,所有的一切都只能依靠从内部感觉通道中传来的指令进行操作。当你明白这些原理及其作用后,就不难理解为何当人们遇到极大的压力时会选择睡上一觉舒缓情绪,往往睡醒之后问题便迎刃而解了。但若不经锻炼,不是人人都能从睡眠中得到益处的,对于法老和他手下的管家、仆役们来说,睡眠就只是睡眠而已,而对于约瑟(译者注:雅各最宠爱的儿子,因受其弟兄嫉妒,将他卖给埃及人为奴隶,后成为埃及的长官)这类具有天才的圣贤来说,睡眠时也是他们解析问题的时刻。

为何在法老的梦中不会出现有益的精神活动?而在约瑟之类的圣贤梦中便会出现呢?为何他一边做梦,另一边还有能力解析困扰自己的问题呢?原因很简单,二者的生命从本质上说是完全不同的,一方是为了活着而活着,生活是生命的最高目标,而另一方则是没有为自己做过多的考虑,一心为更好地造福世人而生活,二者思想境界之高下简直判若云泥。因此,若你一心向往天堂,那你只要忠实于本心,踏踏实实地做事情,日后宇宙中最崇高的力量也会为你所用。

## 每天,都让自己有一个全新的开始

当人从睡眠中清醒过来到重获意识的片刻之间有一个比较特殊的敏感时期。在这段时期中,人与物质世界间的所有关系都会在意识中消失,思维处在一片空白的自然状态,但大脑的反应能力和组织能力却异常敏锐,原本存在意识中的模糊印象此时正似离非离，这就是为什么人在清晨醒来的时候脑袋中会有许多清晰且真实的印象。在开始每日的正常活动而引起精力分散之前，这些印象差不多可以存留数个小时。也因此有许多人在上午的几个小时中工作效率最高。

一日之计在于晨，因为清晨的大脑犹如一张白纸是完全空白的，可以用来制定每日的工作流程。所以我们要好好利用在睡梦中获得的意识，回想一下梦中所思之事，就能想清楚眼下自己最渴望做的是哪件事，从而合理地安排好整日的工作和活动。

每天清晨醒来迎接你的都是崭新的一天，对我们来说都是一次新生的机会。我们要牢牢把握机遇，把今天掌握在自己手中。弃我去者，昨日之日不可留，我们从清晨开始不要再虚度今日。要知道，昨日的所作所为虽然会对今日有所影响，但过去毕竟已经过了；而明天始终是明天，今天的所作所为将会对明天、一片空白的明天产生影响，所以不论以前如何，从今天起，从现在起，做你应该做的事吧。

每一天都是一个新的开始，
每天清晨都会迎来一个新的世界。
如果你厌倦了过去的悲哀和罪恶，
那么它会给你带来美丽的希望。
你的希望，我的希望，
让希望驱走所有的过往。
擦干眼泪，负起责任，
昨日的错误已随昨日而去。
经过一夜的治疗，
昨日那流血刺痛的伤口已渐渐愈合。
既然往事不可追，那就让我们大步向前走。

有些事情虽然不可重来，不可弥补，

但他们若真心悔悟，仁慈的上帝必会宽宥他们。

属于我们的只有那全新的日子。

今天就是今天，它掌握在我们手中。

看天空，天高云淡；

看大地，万物复苏。

疲劳的肢体已恢复活力，

面向朝阳迎接晨曦，

在黎明朝露的伴随下，

又迎来一个崭新的开始。

听，那是我的灵魂在快乐地歌唱。

扔掉所有的不快和过去的罪孽，

不去想令人迷惘的困惑和恼人的伤痛，

用心去感受新的一天，新的开始。

  清晨的几个小时是最美好的时光，它不但拥有美丽的景观还给你带来重新选择生活方式的机会，它让你忘掉过往，决定未来，它让你重塑人格，它让你用最质朴的方向去重新审视什么是你人生的最高境界。清晨能带给你的东西是别的时刻无法替代的，人在清晨所产生的构思是最有价值，也是最宝贵的。

  清晨带来的新生感，让你觉得天下无不可成之事。无论何人，只要他有心，一个小时便足以令他脱胎换骨改变人生。即使是只肯在自己感兴趣的方面下工夫的人，在兴趣的引导下也能成就一番事业。人不能立长志，可以常立志，哪怕每次立志的有效时间以小时计，一小时一小时地计算下去，每多坚持一个小时，成功的胜算便大一分。坚持的日子久了，便可以由常立志改为立长志。

我们用这种方法让自己变得敬天法祖、仁爱慈和，根据吸引力法则的原理，这样的人围绕在他身边的只有真、善、美。这就是为什么有些人会事事处处遇贵人，做事情永远都一帆风顺，真正帮助他们的还是他们自己。

## 六　影响力的秘密

　　所有在肉体世界中无法完成的事情在精神世界中都可以做到。人对自身精神力的认知程度与他们的生命力是成正比的。当这种认知达到一定的程度后，他的生命便超越了普通的物质范畴，由此引发的后果便被世人称作奇迹。

　　说到这里可能有人要问，什么是奇迹？它是一种超自然的现象吗？其实所谓的超自然只是人对在日常生活不曾出现过的事物的一种感觉而已。可以说一个人真正认清自身内在本质这一行为本身就是创造了一个奇迹。由此获得的智慧与力量让他的能力超越常人，所以他的行为看起来就有些奇迹的意味。其本质不过是人类突破自身极限后的正常行为，但是由于能突破的人太少，所以被称为奇迹，而这种人也被称作超人。超人和他们的超凡业绩虽然有违常理，但却绝对没有超出天地正道的范畴，任何人经过努力取得自身的突破后就有可能完成同样的任务。

　　让我们铭记先人们创造的奇迹吧，虽然在今天来说它们可能算不上奇迹，但正是它们的存在推动了人类社会由低层次向高层次，由物质向精神的进步。同理，今天的奇迹也会成为明天的平凡，但它们同样值得纪念。

**自信给你力量**

　　那些鹤立鸡群的英雄和圣人，他们的成功源自于对自身力量的挖掘。

人的灵魂本身没有高下，一个灵魂可以做到的事情，另一个灵魂也一定可以做到。因此生命是平等的，每个生命都必须遵循同样的法则。

我们可能属于强势群体，也可能属于弱势群体。无论你身处哪个阵营，在领悟了人生真谛的那一瞬间，你的生命将得到升华，所有的禁锢将不复存在，因为你已经认识到正是你自己的无知才带来了这些可恶的禁锢。是金子在哪里都会发光，因为发光是金子的特性。

我们经常会听到人们谈论自己所处的"环境"。说到环境我们必须明确一点，不是时势造英雄，而是英雄造时势。相信你已经发觉了很多时候很多事情并不需要特定的环境，因为我们的行为本身会对周围的环境带来改变，使其向着有利或不利于事态发展的方向变化。所以，最初的条件固然重要，但绝非不可缺少的。我们的能力敢教日月换新天。同理，那些所谓的遗传因素、先天条件也都是可以通过后天努力而得到改变的。

我们经常会听到这样的问题："能赢得了他们吗？"只有那些极度不了解自身状况的人才会问出这样的问题。如果你在自己的头脑中先入为主地灌输了他们不可战胜的思想，那么你就永远失去了获胜的机会。直到你真正认清自我，找到体内潜在的巨大力量之后才有可能克服这个障碍。此时，遗传中某些不良因素或影响也会逐渐减弱，直至彻底消失为止，你的认识越彻底，他们消失的速度越快。

世上没有克服不了的困难。
向困难低头是你遗传中的邪恶思想在作祟，
或者是某些与生俱来的东西让你学会了遗弃生命，
它们会给你招来惩罚。
健康、美丽和可爱，
是你的祖先和你的父母留给你的最宝贵的东西。
试着撬动成功的杠杆吧！

人生来无分贵贱，只要努力就能爬上顶峰。
如果不幸失败了，那么不要害怕、也不要气馁，
上苍会在后面保护你、支持你。
虽然大地和灵魂知道你也是永生之源的一部分，
但是它们既不能言又不能语，一切要靠你自己揣摩。
面对精神的力量谁也不能阻挡你前进，
而这就是造物主给予人的最好的财富。

现实中仍然会有许多人无法发挥出他们真正的实力，这是因为他们不够自信，总把自己的命运掌握在别人手中。你想成为这个世界的强者吗？其实他就是你。不要人云亦云地忙着给自己定位。先要找寻一个灵魂深处中蕴藏的力量，它会让你明白这个世界生存的法则，任何风俗、习惯都不是一成不变的，除了自己之外，没有人能决定你的命运。只要你在任何时候都能诚实正直地生活，你便不会遭逢厄运。

**个性是发挥魅力的最佳工具**

千万不要随波逐流放弃你的个性，它是你发挥力量的最佳工具。让那些风俗、习惯见鬼去吧，它们只能束缚那些没有力量保护个性的人。在现代社会中，"忍"已经成了生存的至上法门，人们为了逃避不相干之人的言论，不惜忍痛放弃自己的个性。如果你真的这样做了，那只会使事情变得更糟。作为代价，迷失了自我的你也会沦为奴隶，因为不敢努力争取而放弃尝试的机会，那么幸运女神永远也不会垂青于你。

如果你能不畏人言仍然特立独行，那你才算得上是真正的自主，若在此基础上仍能行事谨慎守理，你的力量和影响力将给你带来更高级、更美丽、更健康的世界。而且，所有的人将会唯你马首是瞻，将会以结识你为

荣。此时，原本容易遭人诟病的缺点，反而有可能变成人人效仿的优点。社会各阶层的人都会感受到你的影响力，"英雄的行为方式对各个阶层的人都有吸引力，说得夸张一点，就连每条狗都信仰他"。

对于英雄来说，这就是他生命的价值所在，是唯一能令他满足的东西。有人会说："偶尔受周围人的影响或许也不坏。"可我们要说："能够做到自始至终坚持信念方为大丈夫所为。"

真我高于一切。
无论白天还是黑夜，我就是我；
无论面对何人，我就是我。

**心灵越纯洁，力量就越强大**

若人有质朴美好的心灵，那他必定具有强大的人格魅力，这种魅力将伴随他一生不离不弃。终其一生，都不会表现出懦弱、阴暗的一面。他所有的努力都是光明正大的，都是在为自己的理想而奋斗。这就好比一个人骑了一匹秃尾巴马，这件事本身无可厚非，但却会引人遐思，认为是他残忍地剪断了马尾。有些心志不坚的人则会因此而心生畏惧，尽量避免骑这样的马，以免遭人非议。

其实，这种胡乱猜测的行为比那些行为本身更不堪。真正的智者会透过现象看本质，找出行为背后的真实动机。他无论做什么事都自然无比，绝不会引起不必要的误会，所以他是真正的人物。

精神潜能真正觉醒的人，由于他通达事理，做事往往四两拨千斤。他们的起点较高，而且在工作过程中时刻保持与精神潜能间的联系，有了这股力量的协助，往往能事半功倍。他们的人生天真烂漫，他们的生活无忧无虑。

英雄人物的神秘之处在于它显威于外界，其根却源于内在。在你打开心扉注入英雄人物的情怀之后，你个人也将从平凡变成伟大，光是这样还不够，还要把它融入你的精神中，那样效果才持久。

你是一名演说家吗？当你与精神潜能融为一体、互助协作时，你的演讲将变得娓娓动听、引人入胜。相反，若你只用肢体来演讲，那你只能算个蹩脚的政客，根本无法打动听众的心。所以你必须真心诚意，让内在之音从你的口中传出，再加上肢体语言的配合，才是一个演说家应有的风范。因此，你的开放程度与演说的成功与否有直接的关系。

你是一个歌者吗？那么敞开心扉吧，你将咏唱出灵魂之声。你将发现这样做的效果比你千辛万苦的训练还要强上好多倍，虽然在其他方面仍属平常，但你的歌声却成为充满魅力的天籁之音。听者无不为之动容。

你还记得桑奇第一次演唱《九十九羊》（*The Ninety and Nine*）时的场景吗？一位记者朋友回忆道："桑奇在最近举行的一次大型教友会之前即席创作了这首《九十九羊》。"正是这首歌曲为他带来了日后的殊荣。当时他正与摩迪先生坐在从格拉斯哥到爱丁堡的火车上，手里拿了份一便士一张的宗教小报，无聊中他下意识地看着手中的报纸，发现角落里不起眼处有首小诗。看过之后他转头对摩迪说："我发现了一首赞美诗。"摩迪正在忙着什么，根本没听到他在说话。桑奇来不及谱曲，只得匆忙地将诗记录在他的歌本上。

某天，爱丁堡举行了一场让人永生难忘的教友会，会上博纳博士极力鼓吹他的"我是好牧人"（译者注：该典故出自《约翰福音》第十章）。演讲结束后，摩迪先生邀请他的伙伴演唱，当时他的脑袋里除了二十三行诗之外没有其他的赞美诗了，但二十三行诗他已经演唱过太多次了。他的第二个念头就是在报纸上看到的小诗，但第三个念头告诉他，这首诗尚未谱曲，不过转过来的第四个念头却是既然没有谱曲，那就怎么唱都不错了。他把诗句摆在眼前，按下管风琴的键，张嘴唱了起来。直到此时他仿佛仍未想到接下来应该怎么做。唱完第一段后，他停了一下做了个深呼吸，考虑是否要用同样的曲调唱第二段。他试着又唱了一遍，这次唱得顺利多了。当演唱结束后，整个会场沸腾了。人们尖声狂叫为他喝彩。桑奇说那是他一生中最辉煌的时刻。摩迪则说他从未听过如此动听的音乐。此后这首歌成为教友会每会必唱的保留曲目，很快便唱响世界。

你是一名作家吗？那么你应当知晓一条至理名言：言为心声，书是作者心血的结晶。"真诚地无畏地对待一切，让自己的灵魂得到升华。"记住，作者永远写不出他本人不理解的内容。要想多写，必须多知。他其实是记录自己灵魂的抄写员，把内心的感受用文字的形式录入到书中。所以，心中想不到的内容是不可能写出来的。

如果作者是一个了不起的人物，性格沉毅，目标明确，那么他的字里行间便会多出一些东西，一些让读者感受到生命活力的东西，欣赏一本这样的好书便如同与作者的灵魂进行了一次畅谈。写出文字中隐藏的情感要比写下这些文字困难得多。是作者的灵魂给作品带来了震撼人心的力量。读者人数超过正常水平的百分之二十五到百分之三十即可称为优秀，更高者即为超级，若能达到超级则此书已经获得了成功。不过百分之九十九的图书再版后的成绩都不及第一版。

一个出类拔萃的作者把他的精神力量灌注在作品中，推动了作品在读者圈中传阅的速度，因为一本书能否流行主要取决于它在读者中的口碑。经常会有某位读者因为读后心生感慨而一举买下多本赠送亲友的事情出现。因此，爱默生说："一首好诗，仅凭读者的喜爱便可以走遍世界。因为一个有头脑的人阅读过后会忍不住向他亲近的人分享他的快感。所以只要你用灵魂来写书就能引起读者的共鸣，让他们认同你的思想，这些心有戚戚的读者便是最好的图书推销商。"

有一类作者虽然他们的作品从文学上讲诟病颇多，但它们的主题却能打动人心，让人从中领悟到生命的价值，联想到生活的酸、甜、苦、辣；在这些书的指引下，人们开始反思如何能让生命更上一层楼，获得更强的力量和更多的乐趣。这样的例子比比皆是，他们用曲折的情节捉住了读者的心，让读者自行探寻结果，效果反而比直接给出要好很多。

　　因此，不要害怕袒露心事，不要因使用花哨的语言技巧而害羞，能吸引读者的就是好书。"皓首穷经读死书的人是不值得尊敬的，因为他们根本就不了解今天的社会状况，当然也就无法做出有益于社会的事情。"

　　当莎士比亚受到指控时，兰道曾说过："他的作品比原著更像原著。是他让原本已经成为死人的作品复活了。"有一种人不能让世界因他而改变，只能让自己随世界而变化。他们不是上帝之音的抄录者，他们只是在清规戒律和批评家的口水下苟延残喘而已。

**认识自身的力量**

　　无论你从事哪个行当，画家、演说家、音乐家、作家、宗教教师，抑或其他什么职业，都必须努力工作力争让自己变强，其实所谓的变强就是设法把自己与这种精神的力量联系在一起。如果你做不到，那将会一事无成。如果你做不到，你只能做个三、四流的角色，最多也只能达到二流，永远不能晋身一流，也绝对不可能变成一个能够掌控人生的强者。

　　你在内心中对自己实力的评估将直接决定你日后所走的路线。只要你一天还停留在物质世界的层次，你就一天无法挣脱限制你发展的束缚。但是，如果你能认识到自身的力量，你会发现生命已经进入了一个全新的阶段，只要你活一天，你的力量就变强一分。而且，你的心灵越纯洁，你的力量就越强大。

# 七　财富的秘密

充分释放精神潜能之后，我们的物质也将极大丰富，因为精神潜能能帮我们从物质世界中获取一切所需的能源。一个人在充分释放自身的精神潜能后，他就会像一块磁石，向所有渴望的东西发出吸引力。

如果一个人总在抱怨他是如何的贫困，那么他注定要穷一辈子了，而且即使机遇降临，他也抓不住。如果一个人无论面对什么样的环境都能泰然处之，始终怀有感恩满足的心态，那他早晚会成为一个富人。精神的力量是人类生命的本质，一旦释放了它，那么理所当然你对天下万物都会有吸引力，现在选择权完全在你的手中，只看你想不想要而已。凭借着释放的力量，你要风得风，要雨得雨，世间万物任你求索。

## 每个人都拥有致富的潜能

你是否对身边的环境不满？或者说害怕找不到另一个更好的环境，又或者要等很久才能转换环境，又或者转换之后依然穷困如昔。无论如何你要确立信心，你是有能力和力量的，只要运用得宜，便能创出一番新天地。不要害怕今天可能会失掉一些东西，不破不立，先破后立，立在其中，等你有了新天地之后回首前尘，可能还会为当初的失去感到庆幸。

其实，掌管宇宙万物运行的力量就在你的体内，一旦感应到它的存在，你便拥有了无穷无尽的整个宇宙空间。把你的精神释放出去，精神就是力量。如果选对了方向、用对了方法，精神就能发挥出神奇的作用。在正确的场所，正确的事情上释放你的精神，那么精神的力量将在正确的时间以正确的方式回报你一个正确的结果。因此，时刻注意加强精神的力度，不要让它变弱，时刻注意接收新的思想，不要让你的精神变得落伍。

依此行事，你将在精神世界和物质世界中独树一帜，你的精神不仅在地球上循行，还将在整个宇宙中穿梭。这面旗帜虽然张扬，但它带来的效果却极佳，是任何物质世界的广告所不能比拟的。无论他们把那些广告吹嘘得多么了不起，其影响力也要落在你的后面。因为此时你已经进入了天人合一的境界，物质世界的东西根本无法和你相提并论。

同理，如果你想在报纸上登广告，那么就全心全意地思考一下吧：如果你是读者，在你拿起报纸的一刻，你会觉得哪个位置的广告最能吸引你的注意，方便你回应？只消片刻，你便能做出正确的选择。记住，一定要专心，因为人在专心的时候直觉是最准确的，这时的直觉其实是灵魂之音的代言人。决定之后便当坐言起行，决不稍负初愿，不稍改初志。

如果你本人也懵懵懂懂搞不清自己究竟想要什么，又或者你认为眼前的处境只是暂时之举，日后当以此为跳板改换环境，那么我劝你还是什么也不要做，静观其变为好。万事求稳，谋定后动，不出手则已，出手必中。如果没有这种作为，那么眼前的处境不但不会把你送到高处，反而会让你陷入深渊。相反，若能正心诚意、审时度势，快乐与幸福很快便会重回你身边，昔日失去的今朝必定加倍奉还。

这就是致富的法则：眼光要远，不可贪图眼前的蝇头小利，美好的前景正在前方等待你。把握住自己，默默地运用你的感觉、力量，那些看似遥远的梦想，很快就会在现实社会中得到实现。同时也要树立正确的理想，因为它能让你在正确的时间做出正确的选择，从而推动物质世界的改造进程。

**不要忘记时刻给自己呐喊加油**

　　不要去嫉妒别人的命有多好，只要用心在做，你的梦想终会实现。告诉自己你会成为富翁，你将生活在富裕的环境中。确立这样的信心吧，冷静、坚定、自信地守护着你的理想，只要你相信它，它就能实现。不要忘记时刻给自己呐喊加油，很快你就会发现原本可望而不可即的东西已经变得唾手可得。

　　不要羞于说出自己的理想，只有反复强调它们，它们才能从精神力量变成实实在在的物质，成为你用来征服困难的工具。如果你能认定某件物事是正义而善良的，而且它对你的生命有益，那么就好好筹划一下，在正确的时间，用正确的方式和正确的工具来得到它。

　　人生中的许多个瞬间都是智慧和力量的结晶。实践已经证明，如果你想要某个东西，那么不要主动伸手去抓它，要静静地等它落在你面前，然后立刻出手，抓住第一个落下来的果实。怎样觉得顺手，就怎样做。如果现在的工作不能完全满足你的需要，那么不要着急，耐心地等等吧，世界会给你安排一个更适合的工作。但前提是，你要提升自身的素质，配得上高层次的工作才可以。所以你要时刻提醒自己，你还有远大的目标，或者说还有理想没有实现。其实，所谓的理想也是由不可见元素构成的，它们本居于你的头脑之中，逐渐开始向四周分散。从此后，你再也不会浪费时间对自己的理想苦思、渴望或者抱怨，相反你要坚守信念尽力让自己变强，早日迎来成功的一刻。不要羡慕别人手中的银币，其实你手中的锡板加工后也会变成银币。成长的过程就是个从精神银行不断提取金钱的过程。

　　一位了解精神潜能的人，他的一举一动都会受到精神潜能的指引。如果你能认清自己的能力，那么你就能把不利变为有利，笑着迎接幸福。若你不能冷静地抓住机遇,那么遗憾、恐惧、悲哀的情绪将会迅速控制住你,同时它们将驱走你体内的正气,让你彻底沦陷。

忠诚、绝对的忠诚是走向成功的唯一法则。我们发现一个人成功与否与他所处的外界环境其实关系并不大,因为光凭我们自身的力量就可以使环境向着有利于我们的方向迅速变化。当我们有了这些高层次的认识,就能发现体内寄居的力量,并使它觉醒。觉醒的力量一旦释放出来,便会势不可挡,此时,获得成功是水到渠成的事儿,只要向前走上一步便会迎来广阔天地。所以,要想变强不必东奔西走,因为你要找寻的东西就在你的身体里。有了精神的力量,即使待在家里也能改变生存的环境。若能继续努力,建立起坚不可摧的内心城堡,那么一切事情就会按我们指定的轨道运行。

**内在的财富才是永远的财富**

现代社会的大多数人所追求的不过是平日生活中常用的东西罢了。如果你能仔细地研究的话,你一定可以得出这样的结果,这些看似普通的事物,不但是我们的最佳选择,而且是唯一选择。

经常有些人在鼓吹自己与众不同,已经超越了现实;但他们其实是现实社会中最普通不过的平庸之辈。另一方面,那些让他们引以为傲的所谓超现实的成果,不过是他们实践过程中得出的最差结果而已。它们的与众不同,其实是别人不屑为伍的结果。说得现实一点,他们不过是演出了一场不现实的荒唐闹剧罢了。

天下熙熙皆为利来,天下攘攘皆为利往。说得俗一点,即使是从精神上已经掌握了整个世界的人,依然会有物质需求,所以说自己从不追求利益就是不现实的。我们的身边有各种各样的人,他们试图标新立异,然而实际上却是根本不通晓事理,连为人的基本准则都知之甚少。当然彻底沦为金钱的奴隶也是不可取的，看似你在占有财富，其实却是财富控制了你。只有采取中庸之道的人才能在世界上逍遥自在地生活。一个人只有真正参透人生的真谛，不再贪恋红尘中的臭皮囊——人与物质世界联系的纽带——才能真正地摆脱穷困感，做到无欲无求。此时他的心中犹如明镜台，因无一物，故而不惹尘埃。

亲善的行为、高尚的品质、觉醒的灵魂、无欲无求的人生态度，这些才是我们真正的永远的财富。回想一下你的人生，若没有这些，那你的一生便是可怜的一生，或许，比可怜更甚，应该说是可悲的。其实这些人的本质与我们是一样的，虽然人的性格或者习惯一旦形成要想改变是十分困难的，但却绝非不可能。如果你发现体内某种情愫有过激的嫌疑，那么努力地克制一下吧，尽量让自己变得平和完美。众生平等，既种因，必有果，撒下种子，便要收获，不只人的生命如此，所有的生灵亦如是。

一个沉溺于追求物质享受的人很自然地便会担忧自己的生命，以便于他延长享受时间，以此类推，他的渴求是无穷无尽的，永远得不到满足。惯性使然，他会对自身的缺点视而不见，一味舍本逐末，追求身外之物。永远无法满足的欲望，将给他带来双重折磨。恐惧感在心中不断堆积，在人生的最后一刻或许他会觉得不应该费尽力气去追逐财富，可是他再也没有机会来管理他的财富了。

把物质财富仅仅当作个人财富的想法是十分愚蠢的。物质世界的东西都是生不带来、死不带去的，要想把它们永远留在手上是痴人说梦、不切实际。还是省点力气好好生活吧。既然上苍让这些财富从我们的手中经过是供我们使用的，那就好好地享用吧。我们只是物质财富的管家，作为管家只要做到物尽其用就好了。因为如果不让它们发挥作用，那么它们就会白白从你手上流过，不给你留下一点痕迹。虽然我们不能让所有的人都认同我们的观点，但至少得让自己清醒一点。

一个认清生命本质的人是不可能热衷于囤积财富的，对他来说工作的目的只是为了有所建树而已。这样的人知道内在的财富才是永远的财富，外在的财富在他们眼中根本不值一提。他们认为精神潜能才是实现愿望的根本动力——只要这股力量存在，任何时刻，只要你愿意，你的愿望便能实现。有巨大的力量支持着你，物质方面的需要已不再成为负担，不必在此浪费时间和精力。换句话说，精神王国的大门一经打开，你就会进入一片崭新的天地，生活方式自然随之而变。

《圣经》上说，让富人上天堂难于让骆驼穿过针鼻。一个人若是太过于看重物质财富，将所有的精力都用在财富的积累上，自然无暇进行内心的修炼，当然更不可能发现内心中蕴藏的五彩斑斓的世界。精神与物质二者孰重孰轻？是追求万贯家财还是寻求内心的宁静？只有参透人生的人才能给出正确的答案。其实根本不必为物质担心，物质方面只要够用就好，多了反而无益。

进入了精神殿堂的人不会再对物质世界的东西感到渴望，事实上他们对此避之尚且唯恐不及。因此，当我们进入这种高级状态后，就会静下心来，抽出更多的时间来思考人生的真谛，为了财富而浪费时间和精力对人生没有好处、只有坏处。这才是人生最根本的解决之道，它适用于人生的各个时期。

超出某个限值后的财富是你人生中无法使用的财富，而这些无法享用的财富非但不会对你有所帮助，反而有"匹夫无罪，怀璧其罪"的危害。许多人明明可以拥有快乐而美妙的人生，却往往过得并不如意，究其原因就是他们把太多的时间放在财富的积累上，白白浪费了生命。

还有人以为终其一生的积累若能为后人留下笔财富也是一项不错的善举，斯人何其短视也！用这种借口来过一生实属可悲。因为我不认为将一双穿得破旧不堪的鞋子送给一个需要鞋子的人是善行。如果你一心行善，那么请你在冬季向一个尽管工作努力但因为要养家糊口而没有鞋子穿的人送上一双能够保暖的新鞋子，这才是真正的善行。

对于真正的智者来说，他们看重的是获取鞋子的能力，而不是鞋子本身，所以他会教人获取财富的方法而不是简单地留下财富。只有这样才能保证后人同样能过上幸福、富裕的生活。将来的社会风气定会扭转，人们不再以留下多少财富来衡量你的人生价值。

## 八　释放精神潜能，创造生命奇迹

经常有人问：要用什么样的具体方法来释放精神潜能？实际上为此而奋斗的过程非常美妙。

如果我们在心理上不把这种方法看得太困难，那么它就真的不会太困难。千言万语汇成一个词——开放。这就好比你打开水阀后，流水会自动灌溉田地一样，这是由水自身的性质所决定的，而你要做的只是打开阀门。

**开放自己的身心和灵魂**

要想实现自己的目标其实并不难，关键在于对自身的调控。首先，要让自己的身心和灵魂全部处于开放的接收状态，然后要表达出对实现目标的强烈愿望和渴望。

每天抽出点时间让自己静下心来冥思片刻会给你的身心带来益处，此时你将进入精神的殿堂。这里没有令人烦心的琐事，你的感官可以在林荫道上信步徜徉。在一片宁和中，你的灵魂得到了喘息的时间，让你可以好好地审视一下它。此时你的感官特别灵敏，能感受到身体每个部分的状况。在彻底打开自己的一瞬间，宁静平和的气息进入体内，点燃你体内的生命之灯，身、心、灵魂与外界的一切进入了大和谐的境界。大地在你脚下，心灵之音在你的耳边响起，接下来你只要按内心的指示去做就能实现你的目标。生活中如果你能在清醒时、工作时、思考时、行走时、睡眠时都以这种方式与心灵取得联系，虽然你不能总站在高山之巅，但同样会感受到那种睥睨天下的感觉。

此外，当你身处闹市或公务繁忙的时候，你也可以用思想为自己搭建一个宁静的空间，在这里与自己的灵魂进行交流。你会得到生命的活力、友爱、智慧、平和的心情以及无所不能的力量，它们会伴随你、保护你、指引你一路前行。

如果今天我们能找对前进的方向，那么目标的彻底实现便指日可待。只要我们愿意，每一天、每一分、每一秒我们都有可能实现我们的目标。因为只要你向着山顶的方向而行，那么无论快走还是慢行，早晚都会到达顶峰的。但是若方向错了，那你就永远也无法登顶。歌德说过：

你是真心想成就事业的吗？那么抓紧每秒的时间吧！
想到什么或者梦到什么了吗？如果有，那么放手去做吧！
勇敢是由天赋、力量和魔力构成的。
只有勤劳的工作才会激发头脑中的热情。
只要你肯迈出第一步，成功是早晚的事情。

就个人而言，我认为仅仅与内在的力量建立联系还不够，还要向它彻底敞开心扉接受它的引导才能进入到成功的王国。这一类的例子太多，举不胜举，不只是日常生活中可以看到这样的人，就是文献中亦有不少相关细节的描述。

其实步骤很简单，先与自身内在的力量建立联系，然后利用它与周围的一切达到和谐的境界，如此坚持下去便可进入精神的天堂。那里物质极大丰富，你需要多少便提供给你多少，无须担心自己应该做些什么或者要如何做。

我们不应该再受肉体感官的束缚和奴役，因为肉体要服从心理的领导，而心理因素则一直由人的精神状态来决定。生命不再是单薄的、可怜的存在，它是立体的活生生的灵魂，它能给人带来美感和快感，它能帮人蓄积能量。因此，在对待生命的问题上，我们应该采取中庸之道，既不放纵自己耽于逸乐，也不强迫自己过苦行僧般的生活。世间万物皆可为吾所用，但只有用过的东西才是真正属于你的东西。

当我们释放出精神的力量后，仍不可忽视感官的作用，因为它可以使我们的人生更加完美。因为现在我们的身体已经不需要再背负沉重的负担，从内到外经过脱胎换骨的洗礼后，感官变得更加敏锐，以前无法感觉到的东西开始逐渐有了感觉。而且这种变化是自然而然地一点点地出现的，有了这种超能力的帮助，我们找寻事情的真相和背后的法则就更便捷了。当我们进入到一个崭新的领域后，不需要判断别人告诉我们的是真是假，因为我们可以凭自己的直觉得出正确的结果。任何人的言行都不能蛊惑我们的心灵，因为我们知道自己在说什么，我们可以直接和权威对话。

一个彻底觉醒的人，无论他们走到哪里，都能很快与人们打成一片，和睦相处。他们就像火种，很快便能点燃聚集在周围的同类人的心灵之灯。我们受到影响后，也会和他们一样把这种影响向更广阔的地方发散开来。

玫瑰向空气中散发出芬馥的幽香，人走近它便有神清气爽、精神振奋的感觉；有毒的野草散发出令人厌恶的臭气，人走近它当然找不到神清气爽、精神振奋的感觉，待的时间过久还会心情烦躁或者生出疾病。高级的生命永不停歇地向人间散发出振奋人心的气息。低等的生命则永不停歇地向周围散发着对人有害的影响。所有与之相接触的人或多或少都会受到些影响，而后这些受到影响的人便会把这些影响继续扩散到四周。

有位水手告诉我，他在印度洋上航行时曾数次经过几个小岛，每当你看到小岛的身影，便能闻到那泥土深处散发的清香。如果你不上岛去亲身探寻当然无从知晓为何会有此现象，但只要你能感受到它传递给你的力量就足够了；以后你会带着这份深情，让它飘洒在你走过的每一寸土地；以后你的亲朋好友会说，你会给他们的家中带来宁静平和的气息，欢迎你常来。即使你在街道上走得又累又乏，心中有罪恶感的人也会从你身上获得新生的渴望。这是人类灵魂中潜在的力量所展现出的力量。当你知道我们的生活可以变得这样美好后，是不是有种兴奋莫名，有想引吭高歌的感觉？其实当生命进入到这种境界后，你的灵魂已经在歌唱了。

……
我吃着天堂中的玛娜，
我饮着天堂中的美酒。
在美丽的彩虹中，
有视我为珍宝的上帝。
我凝视着那五彩斑斓的天空，
金色、蓝色和红色交织在一起。
所有的鸟儿在引吭高歌，
所有的花儿在争相怒放，
它们用香气邀请我，
它们的祝福发出甜美的气息。
哦！我的灵魂，
陶醉在清晨美丽的帐篷中，
陶醉在夜晚美丽的暮霭中，
哦！我已经完全失去了感觉的能力。

当我们与精神力量建立起联系，并一直以这种方式生存下去后，身边的人便会主动围绕在我们的身边跟随我们。这是因为精神潜能所带来的壮丽、秀美、快乐的人生深深地吸引了他们。此时你的人在地上行走，但却可以拥有丰厚的宝藏。

**别再无动于衷，行动起来吧**

你是否感到奇怪，为什么伟大的事情会发生在别人身上，你却从没赶上过？

你是否读到过有些人尝试这种或那种产品获得非常奇妙的结果，但当你体验的时候却没什么感受？

没有事物能对你发挥作用，你是否成了这样一个人？

让我们看看你是如何达到这个境地的，这些事情又是如何发生的。

首先，在某种情况下，你尝试过某事——或者基于一个建议，一本你读到的推荐书，或者其他某种原因。你主要是基于他人好的经验才去尝试的。

可是，由于你没有获得一样的结果，因而你做出一个假定结论就是它对你没有作用。但这个结论的真实性如何呢？经常——相当经常——事物对不同的人发挥不同的作用，因此同其他人进行比较并以此判断生活是错误的。也许你只是需要再多一点的时间。

也许你的环境完全不同于别人！这个暂且不提。但是，你在那一时刻却为自己创造了一个事实——"它对我没有作用"。不过请记住，那个事实只是基于你同其他人的表相比较而已，它实际上与你没什么关系。

你所看到的对应于他人的那些结果就是在那一时刻最适合于他们的结果，那并不意味着现在轮到你了——发生在他们身上的结果也将会发生在你的身上。

从那时起，每当你尝试做其他事情时，就会试图与第一次的经验相比较。你的头脑里会产生这样一种想法：好吧，上一次它没发生作用——让我们看看这次的结果如何。因此，你就会陷落于比较之中——而不是真正而纯粹地体验它自身的优点，因为你带有了先入为主的概念和判断。你已经与自己的初衷背道而驰了！

你越是用这种思维定式去体验，就愈加强化你的这种思维定式——它变成一种自我实现的预言——"任何事物对我都没有作用"。在你意识到之前，你就已经是那个样子了。当你准备实现特定的目标或者尝试这种或那种产品或技术时，你就是想着"它对其他人起作用对我却无效"。当你达到这个境地，它的无用当然变成你的事实了。

那么你该怎么做呢？你要如何打破这种思维方式？首先，对于你如何达到这个状态进行反省。然后为自己创造一个新想法——给自己机会去体验成功，不要去听从别人或者其他人的期待来判断即将发生的事情。

一旦你相信你值得获得成功，那么你就能够成功，并且你将会成功。你的生命将发生改变，你尝试什么都会成功，因为你明确了发挥作用的不是别人！你设定了自己的时间表，你毫无拘束，并且不带有判断性。你所表现出来的极大的耐性与不带预见性将对你产生强大的影响，你将重新掌控自己的命运。

# 卷二 失落的世纪致富经典

〔美〕华莱士·德洛伊斯·沃特尔斯 著  任剑 编译

# 作者简介

华莱士·德洛伊斯·沃特尔斯（Wallace Delios Wattles，1860—1911），被誉为世界"成功励志学"鼻祖。他一生创作出了许多极具影响力的作品，包括《失落的世纪致富经典》和《健康的秘密》等。这些著作对后来的励志学著作以及励志学大师产生了深远的影响，其中包括著名的"思考致富学"大师拿破仑·希尔、安东尼·罗宾斯和罗伯特·舒勒。

# 卷 首 语

读者朋友们，千万别把本卷当作哲学读物来阅读，因为它实际上是一本实用的致富指南。在本卷中，我不会和你讨论抽象的理论，而是为那些渴望着致富或对财富有执着追求的人指出一条准确的致富之路。对于那些眼下没时间、没门路，也不想去深入研究高深学问，却想去挣大钱的人们来说，这本书再实用不过。

我希望读者朋友在阅读本卷的时候，一定要怀着一个虔诚的心，没有任何怀疑地接受我的观点和方法，并且能够毫不犹豫、无所畏惧地实践这些观点和方法。

我坚信，任何人，只要他能真正接受我的观点，并付诸实践，就一定能致富。因为我所总结的致富方法是一门人人都可以掌握的精准学问，只要你肯努力，你就一定能够将自己的财富梦想变为现实。

另外，我所总结的致富观点和方法都有很深的思想渊源和理论根基，绝对不是我个人的异想天开。下面，我对相关的一些思想做一下简单介绍。

对我影响最大的是"宇宙一元论"。宇宙一元论的观点认为："一生万物，万物归一。"也就是说，世间的一切事物都源自一种元物质，不同物质是元物质的不同表现。这种哲学观点源自东方，在过去的200年间它逐渐被西方思想界所接受。宇宙一元论不仅是东方哲学的思想基础，同时也是笛卡尔、斯宾诺莎、莱布尼茨、叔本华、黑格尔和爱默生等这些西方大哲学家的理论基础。

有兴趣研究这一哲学理念的读者，可以亲自读一下黑格尔和爱默生的著作。

本卷在透彻研究这些哲学思想的基础上，得出了一系列通俗易懂、严谨有效的致富观点和方法，它们都经过了实践的检验，确有成效。如果你想知道这些结论是怎么得出的，那么请阅读前面所提到的哲学家的大作。如果你想找到一条可靠、快捷的致富之路，那么就请仔细阅读本卷吧！

## 一　致富就是遵照"既定的法则"做事

世界上确实有一门有关如何致富的学问存在，而它就像数学一样，是一门精准的学问。获取财富的过程中，有一定的法则可循；一旦有人掌握并按照这些法则行事，他就会发家致富，就像一加一等于二一样确定。

金钱与财产，都是按着那些"既定的法则"做事所产生的结果。那些按照"既定的法则"做事的人都会致富，不管他们是有意为之还是偶然如此；同样，那些不按此做事的人终会为贫困所扰，不管他们多么勤奋、多么才华横溢。

"若成因相同，其结果也必相同"，这是自然界里的因果法则；同理，任何学会依此"既定的法则"做事的人都必将会致富。

下列事实都可以证明这个说法。

**能否致富与环境好坏无关。**

假如有关，那么生活在某些社区中的所有人都应是富人；生活在同一城市的居民都会家财万贯，而居住在其他城镇的人则都会穷困潦倒；抑或居住在同一个州的人都会腰缠万贯，而邻州居民则都会一贫如洗。

可是，我们发现无论是在哪里，即便在相同的环境下，从事相同职业的人，都有穷有富。如果两个人住在同一个地方，从事相同的职业，一个有钱，而另外一个贫困，这就说明致富与环境之间的关系不大。

**能否致富与个人的天赋无关。**

通过对那些已经致富的人进行研究，我们发现他们方方面面都很一般。相对于其他人，他们既无大智慧也无出众的能力。显然，他们能够致富并非因为他们有别人没有的才华和能力，而是因为他们碰巧按照"既定的法则"做事。

能否致富与节省程度无关。致富不是靠节省就可以做到的；很多极其吝啬的人生活困顿，而不少大手大脚花钱的人却生活富裕。

**致富也不是做他人做不成的事。**

在现实中，有很多从事同样行当、几乎在做着同样工作的人，其中一些人发家了，而另一些人仍然贫困甚至破产。

综合上述分析，我们可以得出这样的结论，即致富是按某些"既定的法则"做事的结果。

如果致富是按照某些"既定的法则"做事的结果，如果致富和"既定的法则"之间存在因果关系，那么任何人只要按照"既定的法则"行事，就能够致富。这样，关于如何致富就被带入了精准学科的范畴。

问题是，这个"既定的法则"是不是特别难以被掌握，只有少数人才能驾驭？据我们所知，至少就人的基本能力而言，这不可能。有钱人当中有才能出众的，也有资质愚钝的；有智力超群的，也有愚蠢至极的；有体格强壮的，也有体弱多病的。

当然，思考和理解能力的高低很重要。但是说到天生的能力，任何能够读懂本书的男性或女性都能发家致富。

此外，虽然我们知道能否致富并不是环境所致，但地理位置也的确有一定作用，一个人不能期望在撒哈拉沙漠的腹地事业丰收。

要致富就必须得和人打交道，做生意当然要考虑客户群，要到有需求的地方做生意才能有所收获，但是环境对致富过程的影响也仅止于此。

在你居住的城市，如果其他人能致富，那么你也能；在你居住的省份，如果其他人能致富，那么你也能。

还有，能否致富并非源于你选择了哪个特定行业或特定职业。各行各业都能造就有钱人；而这些有钱人的邻居，可能从事着与其相同的职业但却过着贫困的生活。

当然，我们也不否认，做你喜欢的工作，你会干得更出色；如果你在某些方面才高八斗，而恰好所做的工作正好需要你的这些才智，那么你会表现得更棒。

做事选对地方，同样会让你大获丰收。冰淇淋生意在寒冷的北极圈就不如在气候炎热的地方好做；开三文鱼渔场在不产三文鱼的美国佛罗里达就不如在西北地区更可操作。

致富不是靠你选的什么特殊行当，而是看你是否学会按照"既定的法则"做事。如果你已经选择了某个行业，并且在你生活的那个地方，从事相同行业的其他人富了起来，而你却没有，这就是因为你的做事方式和那些富起来的人不同。

人们不会因为缺少金钱而富不起来。的确，如果你手里有钱，那么钱生钱就会变得更加容易和快捷。但是手里有钱的人通常已经是富人了，他们不需要考虑这些。不管你是多么的贫穷，如果开始按照"既定的法则"做事，你就会成为有钱人，你就会开始拥有金钱。获取金钱的过程就是致富过程的一部分，是不折不扣地按照"既定的法则"做事的结果的一部分。

现在，你可能是世上最潦倒的人，且债台高筑；你可能没有朋友，没有任何影响力，也没有什么资源可利用……无论你现在是什么样子，就像有因就会有果一样，只要你开始按"既定的法则"做事，你就一定会逐渐富裕起来：没有资金的能获得资金；入错了行的找到合适的行业；待错地方的去到合适的地方。从你现在从事的工作做起，从你现在所处的地方做起，按照能够让你成功的"既定的法则"做事，上述奇迹你统统都能实现。

## 二　没有人会因财富供应不足而受穷

没有人贫困是因为机遇远离他；没有人贫困是因为别人用篱笆墙把财富圈起来，垄断起来。你或许无法从事某些行业的某个工作，但是还有其他行业向你敞开大门。或许你要在高度垄断的铁路运输业脱颖而出很难，那一领域的确被牢牢垄断着，但是电气化铁路运输的发展尚处于开始阶段，为新兴企业的发展提供了广阔空间；用不了几年，航空运输就会成长为一个大产业，它的所有相关产业会给成千上万或许上百万的人带来就业机会。为什么不回过头来关注一下航空运输的发展，何必一味埋头与希尔等铁路运输大鳄争饭吃？

如果你是钢铁垄断企业的一名工人，的的确确，你没什么希望成为你为之工作的企业的主人；但是如果你开始按照"既定的法则"做事，你很快就能摆脱钢铁公司的束缚，这倒是真的；你可以买一个10到40英亩大小的农场，做食品加工的买卖。今天，对于那些靠小块土地为生的人可是个大商机。像这样头脑灵活的人肯定会致富。你可能会说你不可能拥有土地，但是我会向你证明，没有什么不可能。只要你按照"既定的法则"做事，你肯定会拥有一个农场。

不同时期，机遇之神的落脚点也会不同，这要看整个社会的需要，要看社会发展到了哪个特定的阶段。眼下的美国，这股浪潮正对准了农业及其相关产业。机遇的大门向着农民而非工厂里的工人敞开了；向着为农民提供服务的商人而非为工人服务的商人敞开了。

大量的机会是留给那些顺应潮流的人，而非"不识时务"的人。

由此可以判断，对那些仍在温饱线上挣扎的赤贫阶层来说，无论是个体还是整个阶层，都有发家致富的机会。他们完全可以不被老板压制，也不被垄断企业压榨。作为一个阶层，他们之所以还处于被压榨的窘境，完全是因为他们没按照"既定的法则"做事。如果美国的工人选择按照"既定的法则"做事，他们就会像比利时和其他国家的同行一样，创建起属于自己的大型百货商店或联合企业，选举自己阶层的人进入政府，出台有利于自己企业发展的法律。这样，几年后他们就能不声不响地控制工业领域。

无论何时开始按"既定的法则"做事，工人阶层都可能成为雇主阶层。财富规则对于他们和对于其他所有人都是一样的，这一点他们必须得知道。如果他们依然按照以往的方式做事，他们就仍将保持原地不动。相反，如果他们能紧随机遇的潮流，那么他们就能加入富人的行列，而本书将告诉他们这其中的奥秘。

之所以说人人都有致富的机会，还有一个更为重要的原因，就是财富的供给是没有穷尽的。

没有人会因为全社会的财富供应不足而受穷，财富永远不会短缺。给全世界的家家户户都盖一所和华盛顿国会大厦一般大小的宫殿，其建筑材料仅从美国一地取材就足够了；通过精耕细作，美国完全可以生产足够多的棉、毛、麻和丝，让所有地球人穿着比所罗门王在极盛时期的穿着都漂亮得多，还可以为他们提供充足的豪华大餐。

就人类目前的智慧而言，我们看得见的供应已经相当富足，我们尚未发现的供应更是取之不尽。之所以这么讲，是因为宇宙空间存在着一种叫宇宙能量的东西，万物之形皆出自这种宇宙能量的运行。相对于人类的需求来说，宇宙能量的供给是无穷无尽的。

世间万物都出自宇宙能量的运行。宇宙能量以不同的频率振动，表现为不同的物体，宇宙能量对人类的供给无限丰厚。

宇宙空间及物体与物体之间充满了宇宙能量。这种能量按规律运行，不同运行规律表现为不同事物，宇宙能量具有无限的活力和创造力，常常创造出更多的物质。宇宙能量的供给之丰盈富足，即便再创造一万个我们现在所居住的星球也不会被消耗殆尽。

因此，没有人会因为自然的贫乏而受穷，或者因为没有足够的供应而受穷。人类作为地球上的一个物种，总体上是越来越富有、越来越壮大的，偶然会有个体贫穷，那是完全因为他没有按照"既定的法则"行事。

## 三　有关致富的第一真理

世间万物，包括我们所获取的或将要获取的财富都源自一刻不停、按规律运行的宇宙能量。相对于人类的需求来说，宇宙能量无限丰富。它的每一个有规律的运动都会产生一种物质。我们在地球上所见到的每一种有形之物和每一种运动过程都是宇宙能量运行的具象表达。人类生活在这个规律之中，同时也是规律的一部分。

举例来说，宇宙能量按照一棵橡树生长的规律运行时，地球上就有一棵橡树发芽、成长。在这一过程中，宇宙能量按照既定的轨迹运行。比如，在其运行之初，并不会立即产生一棵枝繁叶茂的高大橡树，而是按照一定规律先启动了橡树生长的力量，这一力量使橡树沿着植物的特定生长轨迹生长。而当宇宙能量按照一颗星球形成的规律运行时，就会有一种天体伴随着这种规律应运而生并做相应的运动。于是，太阳系、银河系无一不由此而来。万物的生长及其行动的轨迹也无一不由此被规定、被确立。而人类的主观参与和影响，则加大了宇宙能量运行的活跃性和丰富性。

人类的思想是影响宇宙能量创造财富的唯一动力。任何一种传递给宇宙能量的思想都能够促成一种事物的产生。

人是思想的动物，其自身能够自觉产生各种思想，由人的双手所创造的一切事物首先经过其大脑的思考，先在大脑中构思成熟，再借助自然界的资源和能量把它创造出来。这一过程就是人类参与、影响宇宙能量运行的过程。

如果我们的思维足够发散，思想足够丰富，我们就一定能对宇宙能量产生更深远、更强大的影响，而这将使我们创造的财富更加丰裕。所以人类要想获得物质财富的极大丰富，就不应该囿于对地球上已经产生的、原来就存在的事物进行修修补补，而应该激发出更多的创造力，并将自己的创造思想传递给宇宙能量，学会和宇宙能量一起合作，共同奋斗，不断创造新事物来实现自己的目的。只要我们的思想是正确的，是符合宇宙能量的运行规律时，并且传递给宇宙能量的信息足够强烈，那么任何人都可以和宇宙能量达成一定的和谐与合作，进而实现自己的目标。为此，我们要清楚以下三点认识：

第一，世间万物源自无形的宇宙能量，宇宙能量按不同规律运行就可以创造出不同的事物或运动过程。宇宙能量的供给相对于人类的需求来说无限丰富。

第二，人类的思维和人类活动能够影响宇宙能量的运行。由此，人类可以和宇宙能量合作，共同创造无限丰富的物质世界。

第三，人类的思维无限发散，创造力无限丰富，人类的思想越集中，信念越强烈，对宇宙能量的影响就越深远，就越容易实现自己的目标。宇宙能量辅以人类的创造力，便成了世界的财富之源。

当然，这里面有一个最关键的前提是：人类要想同宇宙能量达到和谐统一，并肩作战，首先要保证人类的思考是正确的，也就是要符合宇宙能量运行的规律，按照"既定的法则"思考。其中的原因很容易理解。举个例子来说，"天上掉馅饼"的幻想是不符合宇宙能量运行规律的，不是按照"既定的法则"所进行的思考，所以宇宙能量绝不会与这种想法"合作"，让"馅饼"掉下来。

**人们的思考方式决定着人们的做事方式。**

能否实现致富，关键取决于我们能否按照致富过程的既定法则进行正确的思考。这是致富的第一原则。

**如果你想按照"既定的法则"去思考，就得抛开表象去思考本质。**

人天生就会思考那些他想要思考的东西，然而若要发现事物表象背后的本质，就得付出巨大的努力。依据事物表象去思考，这容易；而要抛开事物的表象去探寻本质就绝非易事了，这需要付出更多的努力。

看到自己的身体出现了某种疾病的症状，你往往就会想当然地认为自己患上了那种疾病并且将无法痊愈，但实际上你或许根本就没病，即使真的有病，那也只是身体运动的一种形式，只要调节得当，你自然可以恢复健康。

一看到贫穷的表象，你往往就会想当然地认为贫穷是这个社会的一种常态，是因为财富的供应不充足，但实际上财富的供应十分充足，任何人都可以实现富裕。

被疾病包围要想到健康，深陷贫困要想到财富，这需要智慧。一旦一个人获得了这种智慧，他就变成了一位智者，他就能改变命运，就能要什么有什么。

你只有掌握宇宙和人类社会运转的客观规律才能获取这种智慧。这个客观规律就是：世间万物都源自无形的宇宙能量，宇宙能量以不同的运行规律产生不同的事物。只要我们按照宇宙能量的运作规律去创造，就能收获各种我们想要的事物。

当我们意识到这一点时，我们会丢掉所有疑虑，因为我们知道我们能创造我们所想创造的，我们能得到我们想得到的，我们能变成我们想变成的。作为通往致富之路的第一步，你必须坚信本章前面提到的三点；为了强调其重要性，在此我重复一遍：

世间万物都源自无形的宇宙能量，宇宙能量按不同规律运行就可以创造出不同的事物或运动过程。宇宙能量的供给相对于人类的需求来说无限丰富。

人类的思维和人类活动能够影响宇宙能量的运行。由此，人类可以和宇宙能量合作，共同创造无限丰富的物质世界。

人类的思维无限发散，创造力无限丰富，人类的思想越集中，信念越强烈，对宇宙能量的影响就越深远，就越容易实现自己的目标。宇宙能量辅以人类的创造力，便成了世界的财富之源。

你必须丢弃关于宇宙的所有其他论调，把上述理念深深铭刻在脑海中，把它变成日常的思维习惯。反复阅读这些文字，记住每一个字，仔细揣摩，直到你对此坚信无比。如果你有怀疑，那么要像抛弃罪孽一样把这疑虑抛弃。如果你的信念混乱了。你所有的努力都将付之东流。

致富之道将从你绝对接受这些真理开始。

## 四　你要创造财富，而不是与人竞争

有一种腐朽的思想认为，我们应该甘于贫穷，这是神的意旨，只有经历贫苦，我们才能更好地侍奉神明。请远离这种思想，因为但凡值得敬仰的神灵都不会以这种方式让我们的生命在困顿中萎缩、老去。而且，我们有责任去获取财富，以侍奉供养父母、子女，还有我们自己，所以我们必须远离这种思想。

宇宙能量育化万物，亦存在于万物之中，当然它也存在于你我之间。作为蓬勃而智慧的自然伟力，宇宙能量赋予万物以一种本能——不断寻求生命繁衍和最大限度的自我实现。这是自然的选择，是万千生命得以延续的本性。

一粒种子掉进泥土里，就会发芽、成长，并在生长的过程中孕育出成百上千的新种子。生命就是以这样的方式得以繁衍。

智慧的增长也遵循同样的法则：我们思考所得的每一个想法都会催生出另外一些新想法，所以我们的感知在不断地扩大；我们知晓的每一件事都会使我们知晓另外一些事，所以我们的知识在不断增加；我们的才智每增长一分都会使我们获得新的才智；我们都有成长的冲动，并渴望成长，这迫使我们要不断地去了解更多、做更多、成为更多。

为了能够了解更多、做更多以及成为更多，我们必须得拥有更多；因为只有通过借助外物我们才能去了解、才能做、才能成为更多，所以我们必须得有外物可供借助。为了实现我们的那些"更多"，我们必须得有足够多的财富。

对财富的欲望其实就是繁衍生命的需要。你想拥有更多财富就如同植物想生长一样，那是生命在寻求更充分的表达。

任何有生命的物质都必须遵从生命物质的共同规律，即永远追求更加充分的体现与表达。这就是为什么人类必须得创造更多物质的原因。

*世界希望你能拥有你想要的一切。*
*大自然会支持你的设想。*
*一切理所当然都是为你而生。*
*请相信这是真的。*
*但是，你的目的应该和万物的目的和谐一致，这至关重要。*

你一定想要圆满的人生，你不会满足于仅仅享受肉体的欢乐。人生的终极目的就是将生命的各种潜能都发挥出来。对于一个人而言，只有当他充分发挥了他所能够发挥的所有潜能，包括身体上的、心理上的和精神上的，他才会拥有圆满的人生。

人们获得财富的目的不能只是为了满足肉欲，那不是我们所要的生活。但是，肉体上的需要是生活的一部分，是一种正常的、健康的表达。一味压抑肉体的需要，人生就会有缺憾。

人们获取财富的目的不能只是为了享受心理上的快乐，为了获取知识，为了实现抱负，为了超越他人，为了成名。如果一个人生来只是为了享受财富带来的快乐，那么他的人生就是不完整的，他永远不会对所拥有的感到满足。但是，追求快乐无疑是人生的合理组成部分。

人们获取财富的目的不能只是为了体验施惠于他人、拯救人类或做善事而带来的快乐。但是，灵魂上的快乐却是人生的一个重要组成部分。人生的各个部分之间没有好坏之分，没有贵贱之分。

你想获得财富可以是为了吃喝玩乐；也可以是为了欣赏美好的事物；可以是为了能看到远方的山水，以滋养干涸的心田，发展聪明才智；可以是为了你能爱别人并做善事。以上这些目的都无可厚非，它们都是正常的。

但是请记住，极端的利他主义绝不会比极端的自私更美好或更高尚——两者皆错。

要记住，人生而平等，任何人都有表达和实现自我生命的权利，切不可为自我的致富而去减损他人的财富，所以，你一定不要存有竞争的想法。你要去创造，而不要竞争已经被创造出来的东西。

你万万不能拿走别人的东西。

你万万不能去拼命杀价。

你万万不能去欺骗，去占便宜。你必须给为你工作的人按劳付酬。

你万万不能觊觎别人的财产，甚至不能用带有渴望的眼神看一眼；别人拥有的东西，你不用拿走他的，通过创造你同样也能拥有。

你将成为一个创造者，而不是竞争者；你可以得到你想要的一切，但是要以合理的方式——当你得到时，别人可以得到更多。

诚然，这个世界上确实有这样一些人，他们挣到了大把的钱财，而其所用方法正好与我前面讲的相悖。对此，我要说明的是，以此种方式起家的阔佬们之所以能够发家，部分原因纯粹是由于他们在竞争上的杰出能力，还有这是人类迈向大规模生产的客观需要。洛克菲勒、卡耐基、摩根等人在大规模生产并使之制度化方面不自觉地起到了巨大的推动作用，而他们所做的一切终将会为人类带来福祉。但是他们的时代就要结束了：站在他们肩膀之上的后来者将取代他们，推动新的分配机制的产生。

在不当竞争中获取的财富永远不会令人满足，也不会持久；它们今天是你的，明天可能就是别人的。请记住，如果你要科学致富，就必须彻底摆脱不当竞争的念头。一旦你的大脑里充满不当竞争的念头，你的创造力就会立刻消失，更糟的是，你已经开始的创造性活动可能也会被扼杀。

永远不要只盯着已经创造出来的财富，要一直盯着宇宙能量中蕴藏的无限财富，要知道，只要你能尽快拥有并利用它们，你就会拥有财富。没人能靠聚敛已经创造出来的财富来阻止你得到属于你的财富。

所以，永远不要担心当自己准备建造房屋时，所有最好的地皮都会被占用殆尽。永远不要因那些垄断企业而忧虑，不要担心他们会很快占领整个世界。不要担心有人会"捷足先得"，以致你得不到自己想要的东西。这样的事不可能发生。你寻求的并不是属于别人的财富，你可以通过宇宙能量来创造你所需要的，这种财富是无限的。请坚信这些文字：

世间万物都源自无形的宇宙能量，宇宙能量按不同规律运行就可以创造出不同的事物或运动过程。宇宙能量的供给相对于人类的需求来说无限丰富。

人类的思维和人类活动能够影响宇宙能量的运行。由此，人类可以和宇宙能量合作，共同创造无限丰富的物质世界。

人类的思维无限发散，创造力无限丰富，人类的思想越集中，信念越强烈，对宇宙能量的影响就越深远，就越容易实现自己的目标。宇宙能量辅以人类的创造力，便成了世界的财富之源。

## 五　如何将财富吸引到你身边

当我说你千万不要过分杀价时，并不是说你一点儿价格都不要杀，否则你这生意就没必要做了。我的意思是你要进行公平交易，你万万不要奢望不付出就得到。相对于你从别人那里获取的，你应该给予他们更多。

当然，按照正常的等价交换原则，在我们与客户进行交易时，交换物的现金价值应该是等值的，但我们可以努力回馈给他们更多的使用价值。本书所用的纸、墨和其他材料可能不值你买书所花的钱，但是如果书中的思想能帮你赚到成千上万的美元，那么卖书人就没有欺骗你，他们让你花一笔小钱而得到了巨大的使用价值。

假设我拥有一幅某位伟大画家的画作，这幅画在任何一个发达城市都价值数千美元。我若把画带到北极圈，通过交易让一个爱斯基摩人用一捆价值 500 美元的皮毛来换取此画，那我就是欺骗了他，因为这幅画对他毫无用处：画不会给他的生活带来任何变化，因而对他来说没有使用价值。

但是如果我用一把价值 50 美元的枪来换他的皮毛，那么他就做了一笔好买卖。枪对于他是有用的，会帮他获得更多皮毛和更多食物。所以无论从哪个方面来说，枪都对他的生活有益，会让他变得富有。

从竞争思维上升到创造思维后，你应该重新审视你现在的生意，如果你出售的东西不能给买方的生活带来更多价值，你就要主动停止这种交易。在生意场上，不要总想去打败别人。如果你所做的事还在伤害别人，那么你要立即住手。

在每一次的交易中，你都要给别人更多的使用价值，如此一来你就会给世人的生活带来更多益处。

如果你雇人为你工作，你从他们那里挣到的钱一定会比你付给他们的工资多，因为你得依靠利润来推动企业的发展，尽管如此，你仍然可以通过有效的经营和管理，使企业得以蓬勃发展，从而让员工从中受益。

你可以使你的生意为员工带来益处，就像本书能为你带来益处一样。你可以让你的生意成为一把梯子，每个努力工作的员工都可以通过这个梯子攀上属于自己的致富之路；如果你给了这个机会而他们没有抓住，这就不是你的过错了。

总之，你要通过弥漫在你周围的宇宙能量来创造财富。但是，你不要妄想财富会凭空出现在你面前，这是不可能的。

这好比你想要一台缝纫机，我并不是说你有了需要缝纫机这个想法之后，就可以待在那里去坐等缝纫机自动被造出来。如果你真的想要一台缝纫机，在心里就得给它绘图并确认这台机器可以被制造出来或者通过何种途径可以购买到它。一旦你的想法成熟了，你就要坚定地执行下去。在这个过程中，永远都不要怀疑你能否得到那台缝纫机，你要始终坚信你一定可以得到它。

时刻都不要忘记一点：世界万物都源自无形的宇宙能量，宇宙能量可以以不同的运行规律产生不同的事物；宇宙能量的供应是无限的。无论何时，只要人们形成了清晰的愿望和信念，并按照"既定的法则"做事，使宇宙能量运动起来，就能创造出数百万台缝纫机。

你当然可以在你的房子里放一台缝纫机；同样，你也可以拥有任何其他你想要的东西——对你的生活或他人的生活有益的东西。

但是在得到之前，你必须在头脑中对想得到的东西有个清晰的图像，这样有关这些东西的创造性思想就会传递给宇宙能量。

有一个男人，住在租来的房子里，除了每日的收入别无他物；他想要有块新地毯铺在他最好的房间里,再有个无烟煤炉能在冬天取暖。他按照本书所讲开始行事,几个月后这些东西他都有了;他渐渐明白他要求的还不够多。仔细察看了居所之后,他列出了所有想改进的东西:他在心里谋划着这里加一个橱窗,那里增加一个房间,直到他在头脑中描绘出了理想中的房子是什么样子;接下来他又计划增添一些家具。

在头脑中锁定整幅图像后,他开始按照"既定的法则"行动,朝着他想要的东西前进。现在他有了房子,并且在按照预想的图像进行装修。现在他信心更足了,在为更大的目标努力。依靠信念,他的愿望一一得以实现,他能做到的,你、我、我们每个人也同样能做到。

## 六　关注什么就会吸引什么

你必须在脑海中形成一幅清晰的图像，明确自己想要的，否则你就不可能将某个想法转变成现实。

你必须先拥有某种想法，否则就不能把它实现出来。许多人之所以没能获得自己想要的成功，就是因为他们对于自己想做的、想要的和想成为什么样的人只有一种模糊不清的概念。

对拥有财富"好好生活"只抱着一种泛泛的渴望是不够的。"我要去旅行""我要见识世界""我要生活得更好"等这类愿望是无效的，因为它们都太模糊。这就好比你要给朋友发个信息，你不能把26个字母按照顺序发过去，让他自己组合信息，你也不能随意从字典里找些单词传给他，你得发给他一段意义明确的连贯句子。当你试图将自己的想法传递给宇宙能量时，要牢记必须通过连贯的语句才能成功。你必须明确界定自身的需要。如果只发送不成形的渴望和模糊的意愿，你永远都不能获得财富，或者开始卓有成效的"创造财富"行动。

重新思考你的愿望，就像前面所描述的那个男人一样。明确你想要什么，然后在脑海中形成一幅清晰的图像，并描绘出获得它的途径和步骤。

你必须将那幅图像时时刻刻牢记在心，就像水手牢记他的船所驶向的港口一样；你必须时刻谨记这一图像，就像舵手专注指南针那样专注它。

当然，你不必专门练习如何关注它，也不用额外抽出时间祈祷和确认，更不用举办任何神秘的仪式。你所需要做的就是两点：一是弄清楚你想要什么；二是让自己热爱这些你想要的东西，热爱到痴迷的程度，痴迷到这些美好的东西能一直牢牢印在你的脑海中。

尽量用你的闲暇时间思考你想要什么事物，但是不必专门练习如何将自己的注意力集中到想要的事情上，因为这是你真心向往的事情，你不需要练习就能将心思集中到它们身上。

只要你是真的想要获得财富，那么这种渴望就将牢牢抓住你的心思，就像磁极吸附指南针的指针一样。如果你不是真的想要获得财富，那你就没有必要实践本书中所述的法则。

本书中所述的法则是讲给那些渴望财富的人士。他们的这种渴望已经十分强烈，以致他们乐于去克服自身的散漫，摆脱安逸轻松的诱惑，为致富而奋斗。

你所描绘的图像越清晰、越明确，你就会越加努力地仔细研究它，将其中所有令人兴奋的细节引导出来，进而你的渴望也会更加强烈，这样，你就能更加容易地将自己的注意力集中在你渴望的事物上。

不过，除了单纯地勾勒清晰的图像外，还需要其他条件。如果只是描绘画卷，你充其量只能算是个梦想家，获得成功的希望仍然很渺茫。

换言之，除了清晰的图像之外，你还必须具备实现它的意愿，让你有足够的动力将它切实地创造出来。

你必须拥有一种坚定不移的信念：这一切已经属于你，它就在眼前，你所要做的就是拿过来而已。你要在一开始就从心理上住进你所渴望的新房子，直到最后你真正拥有了它。

想象着你渴望的一切，就好像它们一直真实地存在于你的周围；感觉你自己就好像已经拥有和正在使用它们。仔细研究你脑海中的图像，直到它变得清晰、明确，然后把拥有这一切的心理渴望运用到这幅图像中的所有事物上。在脑海中拥有这一切，坚信这一切都是你的，保持这种心理上的积极状态，不要有一丝一毫的动摇。

要心存感恩之情，要时时感谢你周围的一切，是它们帮你把愿望变为现实。从内心深处真诚地感谢宇宙万物的人，才能算是拥有真正的信念。他将获得财富，他将创造他渴望的一切。

但是，你不需要不断祈祷你渴望的东西，也不必天天向上苍祷告。

你所要做的是规划你的渴望，并将这些渴望联结成密不可分的一个整体，从而让你的生活更加美好。

你不需要不断重复一些字句来加深印象，你需要做的是持续关注你想要的事物，并坚信你一定可以得到它们。

你要知道，致富并不取决于你口头讲述的信念，而是依据你工作时坚定的信念——"相信你能得到它们。"

一旦你已经在脑海中形成了清晰的图像，整个事件就开始转换为一个接收的过程。从那一刻开始，你就要准备好接收你所要求的一切：住进新房子，穿上质地上乘的衣服，开着汽车四处旅行，等等。

要不断思考你所渴望的一切，就好像它们真的存在一样。设想一种完全符合你希望的环境和经济状况，然后置身其中。不过，要牢记，你不仅仅是一个梦想家，也不是在建造空中楼阁，你需要秉持坚定的信念，坚信这种想象正被实现，而你正为实现这一目标而努力。切记，实现想象的信念和毅力才是区分科学家和梦想家的决定力量。

## 七　感恩定律

诚如上一节所言，致富的第一步就是要把你的愿望传递给宇宙能量。接下来，致富的第二步就是你要把自己的行动和宇宙能量的运行规律保持和谐一致。

获得这种和谐的关系是至关重要的，本章我将对此问题进行剖析，并给出方法，遵照这些方法而行，你就能得到你想要的财富。

所有这些方法可以归结为一个词：感恩。

首先，你要相信宇宙能量是万物之源；

其次，你要相信宇宙能量会给你想要的一切；

再次，你要用一种深深的感恩之情把自己和宇宙能量联系起来。

很多人其他方面都做得很好，但就是缺少感恩的心，以致他们的生活始终贫困不堪。其实，他们也收到过上苍的礼物，但由于没有对此心存感激，以致把自己和财富之间的联系割断了。

我们离财富之源越近，获得的财富就越多，这个道理很容易理解；总是心存感激的人与那些从未以感激之心待人的人相比，前者与财富的联系更紧密。

美好事物朝我们而来时，我们对生活的感激越多，这些美好事物也就来得越快，而我们收获的也会更多。原因很简单，感恩之心会拉近我们与幸福之源的距离。

如果你从未想过感恩之心可以让你的身心与宇宙万物相处地更加和谐，那么好好想想吧，你会发现这是真理。你已经拥有的美好东西之所以会属于你，是因为它们符合了事物运作的规律。感恩之心会循着事物发展的规律使你的思想得到提升，它会让你走向创造新财富的康庄大道，抛弃与人竞争财富的狭隘思想。

感恩之心会开阔你的心胸，纠正那种"财富有限"的错误认识，会让你在实现愿望的道路上越走越顺。

下面，我们将要讲述感恩定律，如果你要想实现愿望，你绝对有必要遵守此定律。

感恩定律是一个客观规律，即作用与反作用总是相等的，且方向相反。

以感恩的态度对待外在事物时，你感恩之心的作用是力的释放或付出；它一定会到达它所指对的对象，而反作用是一个朝你而来即将回馈于你的收获。

宗教中宣称："尽量靠近上帝，上帝也将尽量靠近你。"其实换个角度讲，它也说明了人生中的微妙之理。

如果你的感恩之心是强烈而持续的，那么其在宇宙万物上的反作用也会强烈而持续，你想得到的东西就会一直朝着你的方向运动。没有感恩的心，你的能量就不会大，因为是感恩的心把你和宇宙能量连接起来。

当然，感恩不仅仅能让你在未来收获更多幸福。更重要的是，感恩之心可以让你远离那些阴暗的思想。

当你的头脑被阴暗的想法占据时，你就开始逐渐失去了致富的基础。如果你习惯于天天关注那些琐碎、消极、猥琐、肮脏甚至卑鄙的事情，你的大脑里就会逐渐充斥着这样的事情，接下来你会把这些心理影像传递给宇宙能量，如此一来，那些琐碎、消极、猥琐、肮脏甚至卑鄙的事情就会来到你身边。

如果你放任自己关注那些阴暗的事物，你自身就会变得阴暗并且被阴暗的事物所包围。

反之，如果你始终关注着好的事物，那么你就会被美好的事物环绕，你自己也会变成美好的人。

我们关注什么，我们的创造力就会把我们塑造成什么。

心存感恩之心的人总会去关注事物的美好一面，所以他也会变成最美好的和最优秀的人。如果你能总是关注最美好的事物，那么你必将会获得最美好的事物。

此外，信念和决心是由感恩而生。心存感恩之心的人总是期待美好的事物，这种期待慢慢就变成了信念和决心。每次流露出的感恩之情都会更加增加一个人的信念和决心。相反，没有感恩之心的人不可能长期拥有积极的信念和决心。没有积极的信念和决心，你就不可能通过积极主动的"创造致富"来实现自己的财富之梦。

所以，你要对宇宙万物总是心存感激，而且要不断地表达出自己的感恩之情。

你应该对一切都心存感激，因为任何事物都有可能帮助你取得进步。

不要浪费时间去思考或谈论少数富人或垄断巨头的缺点和不当行径。他们的企业给你制造了机遇，正是由于他们，你才有更多的机会去发家致富。如果没有政客，我们的社会就会陷入无政府的混乱之中，你的机会就会大大减少。记住，他们都是在帮你铺就致富之路，对他们都要心存感激。这样会使你和宇宙万物中美好的一面保持和谐，宇宙万物中美好的一面将会朝你而来。

## 八 信念越坚定，致富的速度就越快

如果你想遵循科学的方式来获取财富，那么你就不能将自己的意志强加给他人。而且，你也无权这样做。

将你的意志强加给他人，迫使他们按你的希望去做事，是错误的。

运用精神力量强迫他人和运用肉体力量强迫他人都是极端错误的。如果通过肉体力量强迫他人为你工作是不道德的，那么运用精神力量强迫他人为你服务也是如此，二者唯一的区别只是方法不同而已。如果使用暴力夺取他人的财物是抢劫的话，那么通过精神力量夺取他人的财物也是如此，都是无耻的行为。

你没有权利将自己的意志强加给他人，即使出于"为他好"的初衷也是错误的，因为你并不知道对他来说什么才是好的。科学地获取财富并非要求你把自己的力量强加给他人——不论是以何种方式——而且也没有任何必要这么做。其实，任何试图将自己的意志强加给他人的行为只会让你离财富越来越远。

要想获得财富，你必须学会如何正确地运用自身的意志力量。

一旦你意识到自己应该关注和做哪些事情，你就必须运用意志力强迫自己持续关注它们并正确地做那些事情。这是在合理地利用意志：运用意志让自己做正确的事，运用意志让你以"既定的法则"思考、行事。

不要试图将你的意志或思想强加到其他地方——强迫事物或他人为你"工作"。

把你的意志内敛于心，比把它带到任何其他地方，都会更有利于实现我们的愿望。

经过慎重的分析后，请在你的脑海中勾勒出一幅你的愿景图像，并怀着坚定的信念和决心保有这幅图像，然后启用你的意志指导你的心智去正确地做事。

你的信念和决心越坚定、持久，你获得财富的速度就越快，因为你给宇宙能量传递的都是积极的想法，而没有通过消极的想法压制或抵消它们。

你的理想，以及所秉持的坚定信念和决心，传递给宇宙能量之后就会被成倍放大，直到遍布整个宇宙。

随着个人愿景的放大，宇宙中的相关事物就会朝着你的方向移动；所有有生命的、无生命的、未被创造出来的事物，混合在一起便形成了你渴望的一切。所有力量都循着这个轨迹努力，你所渴望的事物就会向你走来。其他人的心智就会受到你的鼓舞，帮你实现你的理想，他们不知不觉地为达到你的目标而运作。

但是一旦你将消极的想法传递给宇宙能量，上述过程就会被打乱。信念和决心可以使宇宙能量为你工作，而怀疑和忧虑必将使宇宙能量远离你。正是因为没有理解这一点，许多试图运用"既定法则"获取财富的人最后以失败而告终。每当你开始怀疑和忧虑，你的灵魂就会被疑惑占据，你就在宇宙能量的领域内引发了一场远离你的洪流。所以传递给宇宙能量的应该只有坚定和信任，唯此而已。

既然信任最为重要，那么你就应该守卫自己的思想；一旦你在思考和行动时养成了信任的态度，你就应该坚定地将它保持下去，这一点非常重要。

一定要学会正确运用你的意志，因为正是意志决定了你会将注意力放在何处。

如果你想变得富有，你必须放弃对贫穷的关注。

当我们总是在思考事物的消极面时，事物本身就不能真正地得以实现。

不断研究疾病和思考疾病无助于获得健康；总是研究罪过和思考罪过也不能促进正义的伸张；同样，研究贫穷和思考贫穷也不会让人得到财富。

不要谈论贫穷，不要研究贫穷，也不要让自己关注贫穷。不要介意是什么原因造成的贫穷，因为你与此毫无关系。

你应该关心的是如何获取财富。

不要把时间浪费在某些慈善事业或慈善运动上，这些慈善行为只是试图让它努力消除的悲惨永续长存。

我并不是说你应该狠下心肠、冷酷无情，拒绝倾听不幸的呼救，而是让你放弃以传统的方式去消除贫穷。将贫穷抛在身后，将与贫穷相关的一切都抛在身后，才能让生活变得"美好"。

获得财富——这才是你帮助穷人的最好方式。

如果你的脑海里塞满了贫穷的图像，你就不能在其中留住让你富有的图像。不要阅读那些讲述贫民窟的悲惨生活和童工的恐怖经历的书籍和报纸，不要阅读任何会让你的大脑充满阴暗图像的东西。因为了解这些内容，并不能让你对他们的贫困有所帮助，而传播他们的悲惨故事也根本不可能消除贫困。

消除贫困所要做的并不是在你的脑海中塞满贫困的图像，而是让穷人的脑海中出现富有的图像。

你拒绝让自己的脑海充满那类悲惨的图像，这并非表明你要弃穷人于悲惨境地而不顾。

贫穷可以被消除，但不是通过增加对贫穷的关注，而是在于坚定更多人的致富信心。

穷人不需要施舍，他们需要鼓励。施舍就好比送给穷人一块面包，使他们在悲惨处境中活下去；或是给他们暂时的快乐，尔后让他们继续活在悲惨之中。但鼓励将会让他们站起来，摆脱悲惨的命运。如果你想要帮助穷人，那么就让他们相信他们也能够变得富有——你必须通过先让自己富起来的方式证明这一点。

根除贫穷的唯一方法是让更多的人掌握正确的致富方法。

要让他们知道，他们应该通过创造而不是竞争来获取财富。

每个通过竞争变得富有的人都会拆掉他过河的桥，为的是不让其他人赶超他；但是每个通过创造获得财富的人都会为千千万万跟随在他身后的人指出一条光明大道，鼓励他们沿着这条道路前行。

当你拒绝怜悯穷人、关注贫穷、阅读有关贫穷的内容、思考或谈论贫穷、倾听其他人谈论贫穷时，并非表示你是铁石心肠、没有同情心。运用你的意志力让大脑对贫穷这一话题绝缘，你应该对你的愿景图像保有更大的信念和决心。

## 九　致富就是要你"财迷心窍"

如果你总是关注消极阴暗的事物，不论它们是外在的还是想象中的，那么你都不能在脑海中保留一幅真实、清楚的富有图像。

即使你曾经遇到过财务危机，你现在也不要再去谈论或思考这个问题，更不要谈论你父辈的穷困，或是你早年的艰苦生活，因为这么做无异于将自己归入了穷人的行列，而这必将阻碍你去积极地获取你希望的东西。

过去的事，就让它过去吧。

将贫穷和所有与之相关的东西统统丢在脑后。

既然你已经接受了一种全天下都视为正确的理论，而你也坚信它将帮你达成理想，那么你再去关注与之相冲突的观点有何用处？

不要阅读那些告诉你这个世界即将毁灭的宗教书籍，也不要阅读那些讲述丑闻的刊物和悲观主义者的著作，因为它们会告诉你这个世界将变成地狱。

相反，世界不会变成地狱，它将会变成天堂。

这是个美好的开始。

或许当前仍存在许多令人不快的事物，但是它们就要消失了，此时研究它们还有何意义？而且研究它们可能还会阻碍它们的消失、让它们继续留在我们的生活中，这种研究又有何益处？我们为什么要把时间和精力浪费在即将消失的事物上？

无论一个国家、部门或地区的现实条件看上去多么糟糕，考虑这些糟糕的事情就等于是在浪费你的时间，抹杀你自己的机会。

你应该关注那个让自己变得富有的世界。

你要相信世界正变得越来越富有，而不是越来越贫穷；时刻牢记你能够帮助这个世界的唯一方法，是让自己通过创造的方式——而不是竞争的方式让自己变得富有。

你应该全神贯注于获得财富，忽略贫穷。

每当你想到或谈到那些穷人时，要想象他们正在变得富有，把他们作为应当被祝贺而不是被同情的人。这样，他们便会受此鼓励，开始寻找摆脱贫穷的出路。

我所说的你应该将所有的时间、精力和思想都集中在获取财富上，并不意味着要你变得利欲熏心或唯利是图。

变成富有的人是人的一生中最为高尚的目标，因为这其中包含了所有的人生意义。

在竞争致富的模式中，获取财富的过程是一种利用自己的权力压制其他人的不道德的斗争；而当我们采用创造致富时，世界将变得美好起来。

健康是你获得财富的条件，但只有那些摆脱了财务危机、过着无忧无虑的生活、养成良好卫生习惯的人才能获得并保持健康。

高尚的道德和心灵只有在那些超越了竞争思想的人身上才能看到，因为他们已经摆脱了竞争的不道德影响。如果你追求与人共处的幸福，那么请牢记爱只有在高尚的头脑和不受阴暗思维侵蚀的灵魂中才能茁壮成长，而这一切只有通过创造致富之后才能获得。

我再次重申，你不可能再找到其他比这更伟大、更高尚的获取财富的方式；你必须将注意力集中在脑海中追求财富的想法上，摒弃所有试图模糊或阻碍这一想法的杂念。

你必须学会观察一切事物中所隐含的本质；你必须检视所有看似不正确的观点下所隐藏的伟大的真理，它们将使你得到更美满的幸福。

世上根本没有贫穷这回事，有的只是财富，这是不容置疑的真理。

一些人仍然没有富起来，这是因为他们忽视了自己也可以致富这一事实，让这些人摆脱贫困的最好方法是向他们展示你自己的成功和你所采用的方式。

另一些人没有富起来是因为，尽管他们认为的确存在获取财富的方法，但是他们的精神太过散漫，没能集中心思努力工作。对这些人来说，你能为他们做的便是向他们展现正确获取财富所带来的快乐，从而激发他们的渴望。

还有一些人没有富起来是因为，虽然他们拥有一些科学的观念，但却迷失在空想和超自然力量的迷宫中，这让他们不知道该选择哪条路。他们尝试了一种由许多体系构成的混合方法，结果均告失败。对于这些人，我再次强调，最好的办法是向他们展示你的成功和所采用的正确方法——事实胜于雄辩。

你能够为这个世界所做出的最好贡献就是充分展现你自己。

你为人类服务的最有效的方式是让自己获得财富，也就是通过创造的方式获取财富。

还有一件事也必须说明。本书详细地给出了科学地获取财富的基本原理，如果你承认这一点正确无误，那么就不要再阅读其他有关这一话题的书籍。这听起来可能有些狭隘、自负，但请思考一下：两点之间有而且只有一段最短的距离。思考也只有一种科学的方式，那就是通过最直接、最简单的路线达到目标的思考方式。到目前为止还没有人能够阐明一种比这里提出的理论更为简洁、明确的"体系"，因为这一理论已经剥除了所有不必要的杂质。

你应该随身携带本书，每天都要拿出来读一读，将其中的内容牢记在心。否则，你就会开始产生怀疑，你的思想就会犹豫不决、摇摆不定，随之而来的就是失败。

当你开始变得富有之后，你可以研究其他自己感兴趣的体系；但是一定要等到你非常确定你已经获得了你渴望的一切，否则不要阅读除了本书之外的同类著作。

你应该停止对超自然现象的研究。不要涉足通神论、招魂论或其他类似的研究。这些神灵或许真的像某些传说所描述的那样，以我们无法感知的方式活动在我们周围。由它们去好了，我们只管干自己的事儿，别去打扰它们！

无论那些死者的灵魂身在何处，它们都有自己的事情要做，有自己的问题要解决，我们没有权力干涉它们。我们不能帮助它们，而它们能否帮助我们非常值得怀疑。而且，即便它们能够给予我们帮助，我们也不确定自己是否有权占用它们的时间。就让逝者自此安息，自己解决自己的问题——获得财富。如果你开始和迷信思想搅在一起，那么你的思想便会出现矛盾，这必将让你的希望破灭。与其信奉飘忽不定的神灵，莫若坚守以下事实：

世间万物都源于一种按照规律运行的宇宙能量。宇宙能量蔓延、渗透并且充满整个宇宙空间。

宇宙能量按照不同规律运行，便创造出了不同物体或不同的运动过程。

人们可以在自己的思想中构想物体，并通过自己的思想影响无形的宇宙能量，促使自己所构想的物体被创造出来。

为了达到这个目的——创造出自己渴望的一切，每一个人都要抛弃"竞争"的致富观，选择"创造"的致富观。我们必须在大脑中构想他所希望得到的东西——有关致富的愿景图像，并将这幅图像深深印刻在自己心中，坚信总有一天能够获得图像中的所有财富。这种坚守的致富信念，能将所有削弱渴望、动摇目标、破坏意志的杂念和事情阻挡在自己身外。

坚守这一切，并以"既定的法则"行事，我们一定会成为富有者。

## 十　想要和得到之间，还有一个做到

　　思想是创造力之源，也是引导创造力转化为行动的驱动力；按照"既定的法则"进行思考将给你带来财富，但是你不能一味单纯地依赖思想而忽略个人的行动。不付诸行动，正是让许多空想家触礁的岩石——他们没能将思想和个人行动结合在一起。

　　人不能只有想法，他还必须用个人行动实现他的思想。

　　通过思想，你能够找到将会属于你的、埋藏在深山中的黄金。但是，它不会自己进行开采、提炼、铸造成金币，而后自动滚进你的口袋。在相互协作和等价交换原则之下，人类的一切事物都将被合理地安排，因而有人会代你走进金矿，其他人的商贸活动将会把金币带到你的面前，而你必须做的是安排好自己的业务，以便能够在金币来到你面前时得到它。

　　你的思想可以设计出一切，宇宙万物也有能力帮你实现你设计的一切。但是，你必须做好准备，当你所渴望的出现在你的面前时，你能够准确无误地接收。你不能把它当作一种施舍，也不能窃取之。你给予每个人的使用价值必须远远大于他们所带给你的货币价值。

　　由此，我们可以达成这样的共识：任何人要实现自己的愿望，都必须遵循以下两点。

　　（1）按"既定的法则"进行思考。按"既定的法则"进行思考包括：在脑海中形成一幅你所渴望的事物的清晰、明确的图像；启用意志使自己坚信能够得到这一切；然后怀着感恩之心把这一切变成现实。

不要试图将你的思想"投注"到任何迷信的方式上，并企盼它能够起作用并为你所用；那些都是无用功，而且会削弱你的力量。

当你以"既定的法则"进行思考时，你的愿景图像将被有效地传递给宇宙能量，并且和宇宙能量达成和谐一致，通过其有规律的运行，我们所传递出来的愿景图像将会启动宇宙间所有的创造力量开始工作，帮你实现你所持有的愿景图像。

在这一创造财富的过程中，你扮演的角色不是监督和掌控宇宙能量，而仅仅是影响它。并且，影响它的唯一方式是：保持你的致富愿望，坚持你的致富目标，坚定你的致富信念，并时刻心存感激之情。

（2）按"既定的法则"进行行动。你必须按照"既定的法则"进行行动，从而保证在财富出现时，你能取得属于你的那一份。你要明白这样一条真理：当你所渴望的事物出现时，它们应该是在其他人的手中，他们将要求同你进行等价交换。要想得到你想要的，你必须先给予他人他想要的。

你的钱夹不会无缘无故跑进别人的口袋，而你也不能不劳而获。

致富这门学问的关键就是：思想和行动必须紧密地结合。通过思想，你渴望的事物将被带到你的面前，而你则需要通过自己的行动接收它。

无论你采取何种行动，你都必须从现在开始。你不能在过去行动，将过去从你的记忆中剔除，保持脑海中图像的清晰非常必要。你不能在未来行动，因为未来还没有到来。

如果目前你没有在从事适合你的工作，或者周围的环境不太合适你，你也不要因此认为可以推迟到，等找到合适的工作或环境时再去行动。你也不要浪费过多时间去思考未来可能发生的问题；你需要相信自己，相信当问题出现时自己有能力解决。

如果你现在考虑如何解决未来的问题，那么你现在的行动就将是一种与思想脱钩的行动，就是缺乏效率的行动。

将你的整个身心投入到当前的行动中。

在将"创造致富"的意愿传递给宇宙能量后，不坐等结果出现；如果你这样做，那么你永远也得不到你想要的。如果你想获得你所渴望的一切，那么你必须从现在开始行动，就是现在！

而你的行动，无论是什么，都必须立足于你当前的工作或环境，而且必须针对你目前环境中的人和事。

你不能在你不在的地方行动，你也不能在你已经离开的地方行动，你也更不能在你还没有去的地方行动，你只能在你目前所在的地方行动。

不要为了昨天的工作高兴或烦恼，要把今天的工作做好。

不要尝试去做明天的工作，明天的工作应明天去做。

不要妄想通过超自然的方式，召唤那些不在你控制范围之内的人或事物来帮助你。

不要等待周围的环境改变之后再采取行动，你应该通过自己的行动改变环境。

你可以用行动改变你所处的环境，从而让你自己拥有一个更舒适的环境。

坚信自己还身处一个美好环境，你必须全心全意、集中精力对待你目前的环境。

不要浪费任何时间做白日梦或建造空中楼阁，保持你所渴望的图像，马上开始行动。

不要想方设法寻找新奇的事情去做，也不要采取标新立异的行动作为获得财富的第一步。可能你的行动——至少有时如此——会是你过去曾经做过的，但是，一旦你开始按"既定的法则"行动，它们必将为你带来财富。

即使你对自己从事的工作感到不满，认为它不适合你，也不要等到你找到合适的行业再开始你的行动。

不要因为自己被安排在错误的岗位而感到气馁，或者坐在那里怨天尤人。没有人被放错岗位，只能说他没能找到正确的岗位。没有人从事错误的工作，因为他可以找到正确的工作。

坚信你自己必将获得正确的工作，坚信你能够因此而实现人生理想。但是，你得从现在的工作开始行动，把你目前的工作作为进入一个更好行业的跳板，把你当前的环境作为进入一个更好环境的桥梁。如果你把正确工作的前景和坚定的信念与决心相结合，那么上苍就会让正确的工作来到你面前；如果你完全以"既定的法则"行动，那么上苍也必将让你朝着你所希望的目标前进。

假设你是一名公司职员或普通劳动者，你认为要实现自己的希望必须调换工作岗位，那么不要只是"空想"，空想不会给你找到另一份工作。

要相信你目前正从事的工作还是最适合你的工作，同时带着坚定的信念和决心在现有的工作岗位上努力表现，然后你肯定会得到你所希望的工作。

你的决心和信念将让创造力运转，把你所希望的带给你，而你的行动也将推动你朝向所希望的职位前进。

## 十一　精神力量与行动的效率

你必须按照前面几章中给出的观点和理念来指导自己的思想，并在这一思想的引导下决定自己的方向，立即行动，做你此时此刻力所能及的事情，全力以赴，不遗余力。

你的进步只会来自于不断的自我超越，而超越自我就是对目前该做的事情精益求精，把自己的能力发挥到极致。

社会的进步正是源于所有超越自我者的共同努力。

如果每个人都不能恪尽职守，那么你就会看到，整个社会都在倒退。那些不能尽职尽责的人是社会、政府、工商业界的累赘，其他人必须得付出极大代价才能拖着他们前行。社会的进步会被这些人阻碍；他们属于过去、属于生命进化的低级阶段，而且他们还在不断退化。如果每个人都不能很好地完成本职工作，那么整个社会就将停滞不前。

整个社会的革故鼎新有赖于每个个体的发展与进步，自然界的演变则来自于每个物种的进化。如果一种物种具有比他的同类更强大的生命力，通过不断的发展和自我超越，它就会达到一个更高的层次。这样，新的物种就诞生了。

如果没有物种的自我超越，那么世界上就不会出现新的物种。自我超越对你同样重要——你能否在目前的事务中不断实现自我超越，将决定你能否获得财富。

你生命中的每一天，不是成功的就是失败的。如果在这一天里，你实现了今天的目标,你就度过了成功的一天。如果每天都是成功的,你就肯定能够富裕起来。如果每天都是失败的,那么你永远都不会获得财富。

今天应该完成某些事,而你没有完成,那么就这些事而言,你就是失败的。千万不要小看这些无关痛痒的失败,有些小的失误看上去无关紧要,但由它引起的连锁反应可能会比我们想象的要糟糕得多。

即使是一件很不起眼的小事情,也可能会导致一个我们无法预知、无法掌控的后果。所以对小事不能含糊,因为它可能四两拨千斤,对你的大事产生至关重要的影响。面对眼花缭乱的世事和纷繁复杂的人际关系,我们很难弄清此间的种种因缘际会。所以,请做好各种小事情。忽视小事情,或者把小事情办砸,都有可能加大你获得财富的难度。

总之,你每天都要全力以赴,不遗余力地过好每一天。

不过,你不能因此过度操劳,凡事都要有个"度"。你不能把全部的时间都花在工作上,更不能奢望在最短的时间里完成最多的工作。

你不需要在今天去做明天的工作,也不必在一天之内完成一周的工作。

**做多做少并不是衡量成功与否的标尺,行动的效率才是最有意义的标准。**
**每次行动,不是成功就是失败。**
**每次行动,不是高效就是低效。**

每个低效的行动都是一个失败,如果你一生都在做低效的工作,那么你这一生就是失败。

你做的低效的行动越多,你的情况就越糟。

相反,每个高效的行动都是一次成功;如果你的每次行动都是高效的,那么你的一生必将是成功的一生。

失败是因为你做了很多低效的事。

这是一个不证自明的道理。如果你没有做任何低效的工作,而是做了大量高效的工作，你肯定就会变得富有。从现在开始，如果你能高效地做好每件事，那么你就会再次发现，获得财富完全是一门科学的学问。

接下来的问题是：你有可能把每件事都做成功吗？你当然能够做到这一点。

你能把每件事都做成功，因为宇宙万物都能帮助你，而宇宙万物的共同努力是不可能失败的。

宇宙万物可以听命于你，并让你的每一次行动都高效。

每个行动的力量，不是强大就是软弱；而当每个行动都强大有力时，你就能够让你变得富有。

当你的脑海中闪现着清晰的图像、当你把全部的信念和决心投入到每次行动时，这些行动就能变得强大而高效。

许多人就是因为把精神力量和个人行动拆分开来，结果失败了。他们在某个时间、某个地点做着某一件事，而大脑却在思考另一个时间、另一个地方所发生的完全不相干的一件事情。因此，他们的行动本身是低效的，也就不可能成功。但是如果你能把所有的力量都集中到每次行动上，那么无论这些工作多么平凡，你都能获得成功；而每次成功都会为你开启通向更大成功的通道。这样一来，不但你会持续靠近自己的目标物，而目标物也会朝你走来，并且你们靠近的速度会越来越快。

请记住，最终的成功是此前每一次成功的积累。追求丰富多彩的生活，是宇宙万物与生俱来的天性；所以，当一个人开始朝向富足的生活前进时，更多的人和事将情不自禁地依附他、追随他，从而让他的行动更加高效。

每天都要把当天的事情做完，而且是以高效率的方式做完。

我说过，在我们做每一件事的时候，无论这件事多么微不足道、多么平淡无奇，你都必须牢记自己的理想和目标。但这并不是说你要时时刻刻把愿景图像中的细节挂在心上。你只需要在闲暇的时候，仔细回味愿景图像中的每个细节，直到一切都牢牢印在你的脑海中。如果你希望更快地看到结果，那么就把所有的空闲时间都用到这个练习上。

通过不断地沉思冥想，你就能详细描绘出你所渴望的愿景图像——甚至是其中最微小的细节，并将它们深深地印在你的脑海中，然后把它们全部传递给宇宙能量。在工作时，你只需要想想这幅美妙的图景，就能激起自己的信念和决心，从而让自己以最大的努力去实现它。在你闲暇时仔细思考这一蓝图，直到你的意识被它填满，而且你能够随心所欲地抓取它。你会为这一美妙的前景而兴奋不已，只要你一想到它，就能鼓起你心底最为强大的动力。

在叙述完本章以后，让我们再次总结一下我们的"致富法则"。这一次，我又给它增加了一条新的内容：

世间万物都源于一种按照规律运行的宇宙能量。宇宙能量蔓延、渗透，并充满整个宇宙空间。

宇宙能量按照不同的规律运行，便创造出不同的物体。

人们可以在自己的思想中构想物体，并通过利用自己的思想影响无形的宇宙能量，促使自己所构想的物体被创造出来。

为了达到这个目的——创造出自己渴望的一切，每一个人都必须抛弃"竞争"的致富观，选择"创造"的致富观。我们必须在大脑中构想自己所希望得到的东西——有关财富的愿景图像，并将这幅图像深深印刻在自己心中，坚信总有一天能够获得图像中的所有财富。这种坚定的致富信念，能将所有削弱欲望、动摇目标、破坏意志的杂念和事情阻挡在自己身外。

我们所需要的东西终将会来到我们的身边。为了顺利得到它们，我们必须马上行动，就从我们身处的环境中开始行动，并以"既定的法则"为我们的行动导航。

## 十二　发挥特长，还是追求快乐

一个人能否在某个行业取得成功，取决于他是否具备这一行业所要求的出色才能。

如果没有出色的音乐才能，没有人能够成为一名伟大的音乐家；如果没有丰富的机械制造知识，没有人能够在机械制造领域获得巨大成功；如果不具备机智和经商才能，没有人能够在商业领域获得成功。但是拥有工作所需要的才能并不能确保你就一定能够获得财富——因为有许多极有天分的音乐家都一贫如洗；还有许多铁匠、木匠等，他们都拥有出众的制造才能，但却没能富裕起来；也有许多善于为人处世的商人却始终经营惨淡。

才能只是获得财富的工具；工具必不可少，而正确地使用工具更加重要。一个成功的木匠可以利用一把锋利的锯子、一把直角尺、一把好用的手刨等工具制作出一件出色的家具，而另一些木匠却只会粗制滥造——尽管他们也拥有相同的工具。这就表明后者不知道怎样利用手中的工具创造成功。

你所掌握的各种才能就是工具，你必须学会用它们来创造财富。如果你能够从事可以充分施展这些工具的工作，那么你获得成功的概率就会更高。

一般来说，你会在能够发挥自身最强大才能的工作中做到最好，而这项工作就是"最适合你的"工作。但是，这种说法也有其局限性。实际上，我们当中的任何人都不应该认为，我们因为自身资质的限制，只能从事一些有限的职业，无法做到更多的选择。

无论从事什么行业，你都有可能致富。即使你不具备某一行业所需要的天分，你也能够在后天培养和发展出相应的才干。这就意味着你在成长的过程中需要制造"工具"，而不是将自己限定在与生俱来的那些才能上。

总之，在你已经具备良好才能的行业中，你更容易获得成功。但是，你也能够在其他行业中获得成功，因为你能够培养和发展出新的才能。一个正常人与生俱来的素质和潜能，可以帮助他通过学习获得任何工作所需的基本能力。

如果你从事能够施展自身才能的工作，那么只要你肯努力，你就能轻易地获得财富。而且，如果你从事的是你喜欢的工作，那么你就能够在获得财富的同时获得最大的满足。

生命的意义就在于做自己想做的工作。如果你总是被迫做那些我们不喜欢的事情、永远不能做自己想做的事情，你就不会感到真正的幸福。不过，你完全可以并且有能力做自己喜欢的事，想做你喜欢的事这种愿望本身就证明你具备相应的能力或潜质。

愿望是力量的表现形式。

如果你的内心有演奏音乐的愿望，这说明，你所具有的演奏音乐的才能在寻求表现和发展；如果你的内心有发明机械设备的愿望，这说明，你所具有的是机械制造才能在寻求表现和发展。

如果你没有做某件事情的才能——不论是已经具备的还是尚未发展成形的，那么你永远都不会有做这件事的愿望。相反，如果你存在做某件事的强烈愿望，那么这就证明了你具有做这件事的潜能。你所要做的，就是发展它，同时正确地运用它。

在其他所有条件相同的情况下，最好选择一种能够充分发挥自己特长的工作；但是，如果你对从事某项工作怀有强烈的渴望，那么你应该把这项工作作为你的终极职业目标。

做自己想要做的事情，做最适合自己个性、让自己感到快乐的工作，这是你的权利。

谁都无权强迫你去做那些不喜欢做的工作，你也不应该做这种工作，除非它能够帮助你获得你喜欢做的工作。

如果因为过去的错误，导致你正从事某种不喜欢的工作，或正置身于不愉快的环境，而你暂时还不得不做这些你不喜欢的工作，此时请你记住，目前的工作完全有可能会帮助你获得自己喜欢的工作。认识到这一点，看到其中蕴藏的机会，我们就能够把眼下所从事的工作变成一件令人愉悦的事情。

如果你认为目前从事的工作并不适合自己，那么也不要太草率地换工作。通常来说，换工作或环境的最好方法，是在自身发展的过程中顺势而为，或在现有的工作中寻找改变的机会。

一旦机会真的来临，在经过慎重的考虑和权衡后，你就不要害怕突然或彻底的改变。但是，如果你还在犹豫不决，不确定这样做是否明智时，就不要采取突然或激进的行动。

在"创造致富"的世界中，从来不缺机会，所以你绝不可贸然行动。

当你摆脱了争夺致富的心态，你就会明白你根本不需要匆忙行事。没有其他人能阻止你，也没有人会夺走你喜欢的工作，这样的机会人人都有。如果一个位置被其他人占据了，那么另一个更好的位置将会在不远的地方等着你，时间和机会都有的是。当你还在犹豫不决，就要耐心地等待，你可以停下来重新审视自己的愿景图像，增强你的信念和决心，然后就开始全力以赴地行动起来。如果你仍然犹豫不决，那就要培养你的感恩之心。

花一两天时间审视你的愿景图像，然后诚心诚意地感谢你所拥有的一切，这将让你的意志与宇宙能量保持和谐一致，这样你在行动时就不会犯错。

一个人如果匆忙行事，或者行动时带着恐惧和怀疑，或者根本忘记了自己的愿景图像，那么他就无法避免做出错误的事。

按照"既定的法则"思考和行动，你就一定会得到越来越多的机会。你应该毫不动摇地坚守自己的信念和决心，并以虔诚、感恩的心与宇宙能量保持协调共振。

每天都要以高效的方式完成你能完成的所有工作，但是，切不可急于求成、焦躁不安或畏缩恐惧。尽快地行动起来，但是绝对不要仓促行事。

记住，如果你失去镇静、匆忙行事，你就不再是一个财富的创造者，而变成了一个财富的掠夺者，你将堕落、退回到可悲的过去。

不论何时，一旦你发现自己心绪不宁、匆忙行事，都要立刻停下来，全神贯注地思考自己的愿景图像，并对已经得到的东西心存感谢。请记住，感恩之心将永远帮助我们增强信念、重建决心。

## 十三　让别人感觉到你总在进步

无论你是否打算换工作，眼下的所做得一切都必须和现有的工作密切相关。

你每天都应该按照"既定的法则"行事，积极地运用目前的工作创造机会，以便在日后找到你喜欢的工作，或进入你喜欢的行业。

如果你的工作需要和别人打交道，无论是面对面还是通过信函往来，你都要努力，并时时让别人感觉到你在进步。

每一个人都在追求不断的进步，这是人类的天性。人类内在的智慧总是推动我们去追求自我发展，追求自身价值的完美表达。

追求进步和发展同样也是自然界的固有本性，是宇宙万物永恒运动的原动力。人类的一切活动都建立在追求进步和发展的基本需求之上。没有人会不喜欢更丰盛的食物、更漂亮的衣服、更舒适的住房、更华贵的物品、更优美的外表、更多的智慧、更多的情趣，如此等等——总之，每个人都会追求更好的生活。

世界上的每个生物都在追求持续的进步，这种追求一旦停止，瓦解和死亡就会立刻来临。

人类天生就知道这一自然规律的存在，因此人们从未停止过追求更加美好的生活。《圣经·马太福音》曾用智者的寓言故事对这种"不断进步"的自然法则做过如下阐述：只有那些追求更多的人才能保住现有的，否则，他连现有的也将被剥夺。这就是今天人们常说的"马太效应"。

对更多财富的正常渴望，既非罪孽，也不应受到谴责。它是人们对富足生活的向往，是人类共同的美好愿望。

这种愿望出自人类的内心深处，是人类的本能。所以，你会看到，无论何时何地，那些能够帮助他人实现这种愿望的人，总会受到极大的欢迎。

按照前文所讲，一旦你遵照"既定的法则"行事，你就会持续不断地进步，同时，你要把这种"不断进步"的印象传递给和你打交道的每一个人。你将成为一个创造致富的典范，每个人都会感知到你的进步和提升。

不要怀疑这样做有什么意义，一定要把这种"不断进步"的印象传递给每个和你接触的人，包括男人、女人和孩子。无论多小的买卖，就算是卖给小孩子一个棒棒糖，你都要把"不断进步"的印象传递给他，并确保这个孩子对此留下了深刻的印象。

在做每件事时，你都要给人留下"不断进步"的印象，这样，所有与你交往的人都能感觉到你是一个不断进步的人，也是一个能推动他们不断进步的人。要把"不断进步"的印象传递给每一个与你接触的人，包括那些与你只有一面之缘，并没有商业往来，甚至是那些你根本就不打算与他做生意的人。

要相信我们自己，坚信自己正在进步、正在获得更多的财富，让这种信心注入、渗透到我们的每一个行动中，这样我们就能把"不断进步"的印象留给与我们交往的每一个人。

无论做什么事，你都要坚信自己是一个不断进步的人，坚信自己正在将"不断进步"的印象传递给每个人。

保持这种感觉，时时想到你正变得越来越富有，时时想到自己的致富行动能给所有人带来利益，也正在帮助他人越来越富有。

但是，不要吹嘘或夸大你的成功业绩，也不要无休止地对此喋喋不休。真正的信念从来不需要夸夸其谈！

只要你稍微用心观察一下，你就会发现，那些喜欢炫耀的人，往往是一群内心充满恐惧和胆怯的人。而你，只需要对成功和致富充满信心，并让这种信心在每次与人交往时都表现出来；让你的每个行动、神情和语句都传递出这样的信心：你正在走向富裕。很多时候，根本不需要用语言来传递这种感觉，当你出现在大家面前时，别人自然就会感受到你的进步，被你吸引，并自愿来到你的身边。

你必须让他人深刻地体会到，通过和你的交往，他们自己也会不断取得进步，获得更多的财富，因为在每次的交易中，你给予他们的是一种使用价值，而这一价值远远大于你从他们那里得到的货币价值。

以一种发自内心的自豪与别人进行这样的交易，并让所有人都感受到我们的自豪，这样，你的客户或合作者就会越来越多。毫无疑问，渴望富足的生活是人类的原始本能，什么地方能给人们带来更多的财富，人们就会聚集到什么地方去。一旦我们能为大家带来更多的财富，那么更多的人就会来到我们身旁，包括那些我们从前根本不认识的人。你的事业会因客户的不断增多而迅速发展壮大，而你将会意外获得各种利益，你的财富将一天天增加，你的优势将越来越大。而且，只要你愿意，你还将发现更多你喜欢做的事情。

但是在这一过程中，你绝不能动摇脑海中的那幅愿景图像，不要忘记自己的目标，不能丢失自己的信念和决心。

现在，我要给你一些警示和忠告，它们可以让你远离那些阴暗消极的行为和企图。

你要警惕，千万不要去追逐强权或企图控制他人，这是一种十分危险的诱惑。

那些心智残缺或畸形的人，总是充满着权力欲。只有用强权去奴役他人，他们才会产生快感。正是这种丑恶的欲望，造成了世界上的悲剧。多少个世纪以来，国王和统治者们为了拓展自己的疆土，频繁发动战争，以致阵亡、伤残将士的鲜血一遍遍地染红了大地。这些国王和统治者们发动战争的目的,并不是为了为民众争取更为美好的生活,而仅仅是为了满足自己无边的权力欲望。

时至今日,在工业、商业等各行各业里,一些人的"扩张"动机仍然如故。他们不断募集资本,以千百万人宝贵的心血甚至生命为代价,重演着一幕幕疯狂愚蠢的争斗。商业界的"国王们"和昔日的暴君们一样,都是强烈的权利欲望所驱使、所主宰。

因此,你要警惕强权的诱惑,这些诱惑多种多样:试图成为"主宰者",试图凌驾于众人之上,试图以炫富的形式哗众取宠,等等。

试图控制他人的强权意识是"争夺致富"心态膨胀的恶果,它与"创造致富"心态格格不入。其实,为了掌控你的周遭的环境和自己的命运,并不需要去控制和奴役别人;相反,一旦你陷入权力与地位的争斗中,你就会被命运和环境所控制,致富也就变成了一种只能依靠运气的投机行为了。

你一定要远离"争夺致富"的心态!托莱多的琼斯在他的《金科玉律》中说过一句很著名的话,我认为它很好地诠释了"创造致富"的真谛,那就是:"我为自己所谋求的,也正是我希望与所有人要共享的。"

## 十四　可以让任何人都致富的法则

以上我所提到的致富法则对所有人都适用，而不论他是专业人士、普通打工者，还是商人。

无论你是医生、教师还是精神导师，如果你能够给他人留下"不断进步"的印象，并且让他们留意到这一点，那么他们就会被你吸引，聚集到你的身边，而你就会因此获益良多，日渐富裕。

一名医生，如果他立志成为出色而卓越的医生，并保持坚定的信念和决心，为实现理想而全力以赴地行动，那他就能够握住命运之手，把健康的福祉带给病人。越来越多希望获得健康的病人将慕名而来，这名医生的事业会因此而兴旺发达。

比起其他职业，医生确实有更多的机会实践本书的理念。如果他想做一个卓越的医生，那么他毕业于什么样的医学院就不重要了，因为在学校所学的技术与理论大同小异，任何医生通过学习都可以掌握这些技能。一个积极进取的医生，必定在脑海中保持着一幅清晰的愿景图像，并有坚定的信念、决心和一颗感恩的心，在这样的前提下，他就一定能想尽各种治疗方法，力图治愈每一个前来就医的病人。

在精神领域，人们也迫切需要一些卓尔不群的人来做他们的导师，给他们传授生活的真谛。这些精神导师既精通致富的学问，也谙熟保持健康、培养情操和获得尊重的学问——它们能够给人们带来更加幸福的生活，是人类共同需要的福音。他们孜孜不倦地把这些学问传授给人们，而人们也会很乐意倾听他们的宣讲，所以他们一定会吸引大量的追随者；自然，这些追随者就会给予这些卓越的精神导师以慷慨的支持和拥护。

而今，人们进一步需要这些站在讲坛上的人们能以身示范，证明这些生活的真谛。人们希望精神导师不仅能告诉他们方法，而且能够用自身的奋斗经历演示如何实践这些方法。受人爱戴的精神导师应该自身就拥有健康的体魄、高尚的情操，以及富足的生活，这本身就是最好的教育。这样的导师出现在哪里，哪里就会有无数忠实的追随者。

同样，能够以致富的信念和决心鼓舞学生的教师也是如此，他们绝不会缺少学生。一位教师，如果他首先对生活充满信心和激情，那他自然就会把这种信念和激情传递给他的学生，使他们受到感染和鼓舞。

适用于教师、精神导师和医生的这条法则，同样也适用于律师、房地产商、保险代理人。事实上，它适用于每个人。

这条法则和前文所讲的其他致富法则一样都是科学有效的，照此行事，你一定能够获得财富，不会失败。任何一个人，无论男女，只要持之以恒、坚定、严格地遵循这些法则，就一定会获得财富。我要重申的是，致富是一门严谨的科学。这些指导你"追求富裕生活"的法则不但可行，而且可靠有效，它们就像万有引力定律一样，无须怀疑。

普通打工者和上面提到的其他人一样，也可以通过运用这些法则，获得属于自己的致富机会。或许你从现在的工作中看不到提升机会，或许你的工资很低但所需的消费却很高……可能有很多令人不快的事情在困扰着你，但你绝不可因为这样的原因就心情沮丧，自认这辈子与致富无缘。抛开这些消极的情绪，在你心中形成清晰的致富目标，然后，带着坚定的信念和决心，马上行动吧！

每一天，都要全力以赴地工作；每一项工作，都要力争以最高效的方式完成。把对成功的强烈渴望和获得财富的坚定决心运用到你所做的每件事情上。

但是，不要挖空心思地去讨好你的老板，也不要寄希望于你的上司会因为你的出色表现给你升职。事实上，他们很可能不会这么做。

一个能够尽心尽力、出色地完成本职工作的人，对他的老板而言，他肯定是一个有价值的好员工，但也仅此而已。他的升职并不一定能给老板带来更多利益，因为他或许更适合待在目前的岗位上。

要想升职，只是做好本职工作是远远不够的，你还需要在其他方面有所表现。

只有那些能力已大大超过现有岗位要求的人，才能得到提升，所以你要持续不断地改进自己的工作，提高自己的能力。无论在什么时候，你都要时刻保持这种"不断进步"的信念和决心，并把"不断进步"的印象传递给每个和你接触的人——无论他们是你的上司、同事，还是你的朋友，你都要让他们意识到你是一个不断进步的人，一个能给自己和他人带来财富的人。这样一来，人们就会被你吸引，乐于来到你的身边，你会从中发现更多的机会。就算现在的工作不能给你升职的机会，请相信，不久的将来，就会有一份更适合你的工作来到你的面前。

"天助自助者。"只要你遵循"既定的法则"行事，你就一定能够实现你的财富梦想。

无论是你周遭的环境，还是行业的发展状况，任何外在的因素都不能阻止你获得成功和财富。如果你不能通过为钢铁企业打工而致富，那么你可以通过去经营一个10英亩的农场而获得财富。如果你能始终按"既定的法则"进行思考和行动，那么终究有一天你就能够摆脱钢铁企业的束缚，进入农场或其他任何你希望的行业，并从那里一步步走向富裕。

按"既定的法则"进行思考和行动，你的信念和决心很快会帮助你找到改善处境的机会。而且，用不了多久，这样的机会就会来到你的身边，因为宇宙间的积极力量都会帮助你，并把机会给你带来。

但是，不要苛求十全十美的机会。如果眼前出现了一个机会，它能改善你的处境，并对你有足够的吸引力，那就要果断地抓住它。相信我，只要迈出了第一步，你就会发现，有更大的机会在逐渐向你靠近。

　　对一个追求"不断进步"的人来说，只要他按"既定的法则"进行思考和行动，就一定能够获得财富，过上富裕的生活。所有仍在依靠微薄薪水度日的人们，请仔细读一读本书吧，请满怀信心地按照这些法则行动起来，富足的生活就在眼前！

## 十五　最有价值的致富经验和忠告

"致富是一门严谨的学问",许多人都不认同这样的观点。他们坚持认为财富的供给是有限的,只有改变现有社会和政府的体制,普通民众才有可能获得更多的财富。

但事实的真相并非如此。

的确,当前许多政府管理下的人民仍然生活在贫困之中,但这其中的主要原因还是那里的人民没有学会按"既定的法则"进行思考和行动。一旦这些民众接受本书的观点,开始行动,那么无论什么样的政府和经济体制都无法阻止他们致富。

无论在何时、何地,在何种政府的管理下,你都可以按照"既定的法则"进行思考和行动,让自己富裕起来。

但是,如果是以争夺的方式实现了致富,那么富者越多,则贫者愈贫;相反,如果遵循"创造致富"的法则,富裕起来的人越多,后来者得到的启示和帮助也就会越大。

普通民众获得经济解放的唯一途径就是实践本书所讲的致富法则。实践的人越多,富裕起来的人也就越多。先富者可以通过自己的成功,激发起后来者对真正富裕生活的向往,帮助他们树立起致富的信念和决心。

无论何种政府体制,无论何种经济体制或竞争体制都不能阻挡你获得财富。当你接受了"创造致富"的思想之后,就会从竞争的泥沼中超然而出,进入财富的自由王国。

但是，你要时刻牢记"创造致富"的思想，对此不能有丝毫的动摇，绝不要以为财富的供给是有限的，或是采取争夺的手段致富。时刻警惕"争夺致富"的想法，以免重回老路。

不要去为"明天可能"发生的事情做什么应急计划，除非你确认它肯定会发生，而且会对你今天的行动产生影响，否则你就是在浪费时间和精力。你应该集中精力做好今天的事情，至于明天可能发生的事情——当它发生的时候再去考虑它好了。

不要去考虑如何克服未来的那些可能会阻碍你的障碍，除非你现在就能确定，你必须改变现在的行动方案以避开这些障碍。

无论将来会出现多么大的障碍，你都会发现，如果按照"既定的法则"进行思考和行动，那么当你接近它时，它就会自动消失。即使没有消失，你也一定会找到另外一条能够克服它或者绕过它的道路，继续你的致富之路。

任何人，只要他能沿着科学的致富道路前进，就没有什么事情能够挫败他的努力，他肯定能够获得财富。这就像2乘2等于4一样，绝对不可能出错。

不要为可能发生的灾难、障碍、恐惧或恶劣环境而担忧。当日后它们真的出现时，你一定会有足够的时间去应对。请记住，与每一个困难结伴而来的，还有克服它的方法。

你要时刻注意自己的言辞。永远不要以沮丧的语气或令人气馁的口吻谈论自己、自己的工作以及其他任何与你有关的事情。

绝不要说自己会失败，或者流露出任何暗示自己会失败的信息。

不要去谈论你的处境如何艰难，或者你的内心如何挣扎。对那些靠"争夺致富"的人来说，他们肯定会有艰难和痛苦不堪的时候，而你绝不会如此，因为你是在创造财富——你面临的机会多不胜数，你没什么困难好去担心的，你一定会找到属于自己的、最好的致富机会。

你要学会以积极的态度去对待周围的世界——这个世界正在变得越来越好。"祸兮福所倚",你要把看似不好的事情当作好事发端的契机。你时刻都要以积极的方式说话,否则就是在否认自己的信念,否认自己的信念就意味着你丢弃了你的信念。

永远不要对自己的表现感到失望。当然,你也可能会遭遇挫折——期盼在某个时刻得到某样东西,可事与愿违。但是,如果你能对自己的信念持之以恒,你就会发现任何的挫折其实都只是表象;如果你能坚持按照"既定的法则"思考和行动,你就一定可以得到你想要的东西,甚至最终得到的比你想的都要好。到那时,你就会知道,那个所谓的挫折其实是伟大成功的开始。

有一个深信本书所讲致富法则的读者,决心做一件看似不错的生意。为此,他连续努力了好几个星期,但当关键时刻来临时,他却以一种不明缘由、莫名其妙的方式失败了,就好像有某种看不见的力量在暗地里和他对抗。但他并没有因此气馁,相反,他非常珍惜这次的宝贵经验,并怀着感激之情继续自己的致富之路。几个星期之后,一个更好的机会出现了,这个机会如此之好,以致他觉得没有任何理由继续坚持之前的目标了。

和上面的例子一样,每一件表面上看似失败的事情,最终都会以这样的方式有益于我们。你要真正做到心怀感恩,胸怀坚定的信念和必胜决心,全力以赴做好每天的工作,高效地完成每一件事。

如果你遭遇了失败,那是因为你的渴望还不够强烈。坚持下去,将会有一个更好的机会必将来到你的身边。要牢记这一点。

做自己喜欢做的事情,你不会因为缺乏必要的才能而失败。如果你能按照本书的建议行动,就会培养出工作所需的全部才能。

当你接受一项新的工作时,不要犹豫,不要退缩,更不要觉得自己会因为能力不足而无法胜任。坚持努力下去，当你踏上一个台阶，相应的才识就会把你武装起来。就像亚伯拉罕·林肯总统一样，虽然他没有受过良好的教育，出身也不显赫，但是靠着进取精神和永不放弃的意志，他取得了前所未有的成功。只要你也用这种精神和勇气来激励自己，你也就会拥有足够的智慧去实现你的理想。

行动起来吧！

# 卷三 世界上最神奇的24堂课

〔美〕查尔斯·弗朗西斯·哈奈尔 著

赵彩虹 编译

# 作 者 简 介

查尔斯·弗朗西斯·哈奈尔（Charles Francis Haanel，1866—1949），出生于美国密歇根州的安娜堡，是美国著名作家、商界知名人士。他在圣路易开始了职业生涯，但为了创办自己的公司而毅然辞职。这次选择最终成就了他的事业——他创建的企业集团成为那个时代的大型商业集团。

《世界上最神奇的24堂课》是一本奇书，由作者在1912年创作出版，当时销售了20多万册。1933年起，它奇迹般地从市场上消失了，原因是很多成功的商人不愿意让更多的人看到此书，而担心更多人因此书而致富。这些商人联合起来，让美国教会查禁了这本书。

这本书是硅谷最神奇的成功奇书。早年，这本书的手抄本甚至炒到3000多美元，几乎所有硅谷的亿万富翁都阅读过此书。人们传言，世界首富比尔·盖茨在哈佛大学上学时，因为偶然的机会读到此书，立即决定弃学从商，从而创造了软件帝国的神话。美国成功学之父拿破仑·希尔，因为得到本书的启示而成为成功学大师。

2003年，本书在美国得到解禁，立刻有数十个版本面世，成为最热门的畅销书。

## 卷 首 语

对于有些人来说,成功、财富、权力和成就像是掌中之物,而另一些人却为之终日奔波,还有一些人直到最后,仍然壮志难酬。为什么差别如此巨大?究其原因,和外在环境毫无关系,否则,客观条件上最完美的人就应该获得最大成功,但事实并非如此。所以,原因只能存在于精神方面——我们的头脑之中。因此,精神必然是一种创造性的力量,是人与人之间的实质差别。

一旦人类能够充分地认识到精神的力量,就会将其转化为各种奇迹。可是,如果不能正确运用这种力量,做不到工作勤奋、精力集中,就无法实现愿望。阅读本卷,你会发现,和物质世界的法则一样,精神世界的法则也很严谨,不容置疑。如果想实现人生目标,你就必须了解这些法则,并按照法则行事。你的思想和行为符合这些法则,你就能实现愿望。

精神世界的法则是最前沿和最伟大的科学成就,但是,仍有一些人对此无法充分理解及应用,这些人就和过去那些拒绝接受"光电科学"的人一样,很快就会落后于时代。

精神不仅创造有利因素,还会产生不利因素。当我们的脑海中有意无意地出现某种消极、局限和混乱情形时,我们就是在促使这种情况出现。许多人总是无意识地犯这类错误。

同其他科学规律一样,精神世界的法则对所有人都有效,它不断地、无情地发挥作用,使每个人收获的果实和自己播下的种子的性质完全一样,

"种瓜得瓜，种豆得豆"。

只要了解自己，相信自己，并且付出一定的努力，就能创造奇迹。举例来说，现在的电力水平是50年前所不能比拟的，但是在发现电力法则之前，我们从未受到过它的任何恩惠，可是一旦人类认识到这个法则，整个世界都会被电力照亮。所以，对于精神世界的法则而言，我们只有理解它们，并与它们和谐共处，才能享受到它们的益处。

《世界上最神奇的24堂课》阐述了精神世界的科学法则，它揭示出隐藏在个体生活中的无限可能性，并告诉我们如何将这些可能性转化为有效的行动。一旦你理解并掌握这些精神世界的法则，你就会拥有神奇的能力，从而获得巨大的成功。

《世界上最神奇的24堂课》会使你的意志力更加坚强、推理能力得到提高；教你如何培养并充分利用想象、愿望、情感和其他主观能力，赋予你行动的主动性和对目标的执着。

《世界上最神奇的24堂课》有助于培养和开发你的理解能力，使你能够控制自己的身体，保持健康。它将帮助你改善和加强记忆力。更重要的是，它能使你获得一种珍贵的洞察力，让你在任何情况下都能洞悉一切，发现身边的成功机会。

《世界上最神奇的24堂课》将告诉你如何开发和使用自身的"精神力量"。当你领会并掌握全部内容之后，你就能成为一个有力量、有个性的人，其他人会自然而然地按照你的意志行事，你就能将你需要的人力和物力吸引到你的身边，事情就会向有利于你的方向发展，你将成为人们眼里的"贵人"，你就能窥破精神世界的自然法则，并能与之和谐相处。

《世界上最神奇的24堂课》有助于完善你的人格，并可以改善你的心理状态。它使你消除消沉、怀疑、恐惧和精神忧郁的心理状况，并摆脱短缺、局限、痛苦和疾病等生活问题；它唤醒你沉睡的才能，为你提供力量、精力和活力。

《世界上最神奇的24堂课》不同于其他的培训课程，它讲述正确的原则和实际应用方法。它告诉读者：无论任何原则，只有应用，才能体现价值。一些人一辈子都在读书、自学、听讲座，却不能证明他们学到的东西有什么用。《世界上最神奇的24堂课》介绍了一些非常有效的思考和行动的方法，借助这些方法，读者能在日常生活中收获良多。

你将看到，你一定能看到，我们正在迎来新的一天，我们的前景如此美妙，如此诱人，几乎让人痴迷。如果回到1000年前，任何一个人，只要配备飞机或机关枪，就能消灭一支使用落后战争武器的军队。而现在，任何一个人，只要理解和掌握《世界上最神奇的24堂课》中所阐述的可能性，就会具有无可比拟的优势，从芸芸众生中脱颖而出。

# 一　每个人都蕴藏着巨大的力量

让我们开始第一课的学习吧。经过这堂课，你将了解自身所拥有的巨大潜能。通过开发这些潜能，你的生活会更加美满，你会体验到更多的幸福。

你想获得更多财富吗？那就开发你的致富潜能。想要更健康吗？那就开发你的健康潜能。想要更快乐吗？那就开发你的快乐潜能。但是，你需要深入探求这些潜能的内在实质，只有这样，你才能随意施展它们。

你不需要再去寻找这些潜能，你已经拥有它们了，只是你可能还不了解它们，不会利用它们，不能控制它们。本书的目标就是带你去认知这些潜能，掌控这些潜能，让它们成为你生命中的一部分，这样你就能够征服所有的困难。

现在，开始第一课……

很多的实践证明，付出越多，收获越多，付出越少，收获越少。对任何人而言，他的成功都是来自一点一滴的积累，而非偶然。

人类与其他生物最大的不同，就是人类有思想、有创造性，人类的一切都是自己创造性活动的结果。所以，一个人今天所处的环境和人生境遇一定都是他过去创造性活动的结果。

人的思维方式决定人的创造性活动。我们"想什么"才能得到什么，不"想"就不可能得到。因此，所有能力、成就和财富的秘密就在于我们的思维方式。

我们想要做成一件事情，必须先具备相关能力，只有能力具备，才能成功。但是，我们无法运用自身不具备的能力，所以获得成功的唯一方式就是认识并发挥自身的能力。

人们总是忽略自身的潜能。一个人要想重新认识自己，就要意识到自身潜能的存在。而要意识到自身潜能的存在，就要知道，一切能力都源于自己的内心世界。

虽然每个人的内心世界都不可触摸，但的确存在，而且蕴藏着强大的力量。这是一个由思维、感觉与力量等元素构成的能动的世界。

思维统治着人的内心世界。如果我们能深入探索这个世界，就能发现使我们困惑的所有问题的答案，也可以找到产生这些问题的原因。一旦我们掌握了这个内在世界，所有能力、成就与财富的终极法则就掌控在我们手中了。

外部世界与内心世界相对应，外部世界的一切都曾存在于内心。内心世界中蕴含着无穷的智慧、无限的力量与无尽的资源，这些都是人类生命中不可缺少的一部分，并等待着我们去展示、发展和表达。内心世界中的这些潜能一旦被认知和释放，结果就必然会如实地反映在外部世界。

一个人内心世界的和谐反映到外部世界，就是拥有良好的人际关系、舒适的生存环境、处理问题的高效、最佳的精神状态和健康的身体。这是所有伟大、力量、造诣、成就和成功的必要条件。

一旦我们能够控制自己的思维，并确立正确的生活态度，那么我们内心世界就达到了和谐。

内心世界达到和谐，我们就会感到乐观和满足。感到满足，我们就会对外部世界感到满意。

外部世界也同样能够反映出内心世界的变化和发展。

如果我们能够正视内心世界所蕴含的潜能，就可以开启和释放内心世界的潜能，并拥有将这些潜能运用于外部世界的能力。

如果我们相信自己的内心世界蕴含着无穷的潜能，就意味着我们相信自己具有这些潜能。接下来，我们就要学习如何使用这些潜能——这些潜能是我们自身和谐发展的必要条件，不能正确使用它们，我们的生命价值就得不到完全的彰显。

我们的生活其实就是自己内心世界的投影，并无外界杂质混入其中。我们在生活中所认识、追求的一切必须先在我们的内心世界中体现出来。

人类只有与自然和社会和谐相处，才能获得巨大的精神能量，否则就会处于困扰之中。也就是说，人类的生存和发展必须要以服从自然法则为前提。

我们通过意识与外界联系。大脑是意识的载体，脑脊髓神经系统使身体的各个器官和组织紧密配合，使我们对每一种光、热、气味、声音和味道产生反应。每当我们运用正确的思维方式认识到世间真理，此时脑脊髓神经系统便会向全身传递出具有价值的信息，我们自然就会感到愉悦、和谐，从而更加强壮、生机勃勃和富有创造性。反之，意识也能将悲伤、疾病、短缺、局限及所有不和谐因素带入我们的生活。错误的思维方式会使我们的生活出现混乱、不和谐。

与意识不同，潜意识负责我们的内心，是意识与内心世界建立联系的桥梁。腹腔神经丛是产生潜意识的器官。交感神经系统负责各种主观感觉，例如高兴、恐惧、爱、情感、呼吸、想象和其他所有潜意识现象。

人类对这两种精神活动的协调以及对它们功能的认识是生命的一个重要秘密。一旦掌握这个秘密，我们就能让客观（意识行为）和主观（潜意识行为）协调一致，从而使自己和谐地发展。这样一来，我们就可以将看似捉摸不定的未来把握在自己手中。

众所周知，总有某种法则遍布整个宇宙，充斥着一切空间，在任何地方都以同一方式展示威力。它丰富、强大而充满智慧，无所不在。最重要的是，所有思想与事物都符合这一规律。

普遍适用的理念指导人们的实践。在这种理念的指导下有助于我们把想象转变成现实。尽管个人对这个理念的认识可能不一样，但它发挥的作用是一样的。不同的认识只是它不同的表现形式。

普遍适用的理念在本质上都是相同的，所以，所有理念归根到底就是一条理念。人们要认真体悟和领会事物的规律才能找到这条理念。

一般来说，你大脑中的意识和其他人大脑中的意识没什么不同，因为每个人都是上述理念的个性化体现。

普遍适用的理念是一种静态的或潜在的能量；它的简单之处在于：只有通过个体，它才能够体现，或者说只有通过它才能证明个体，它们是一回事。个人思维特点和思考能力的不同是人与人之间的主要区别，也是人的内在外化后的主要表现。

潜意识从本质上来说，是静态能量的一种微妙形式。意识是精神活动的一种，是精神的动态阶段。潜意识是静态能量，意识是动态能量，它们是同一事物的两个阶段。

世界万物的内在属性都包含在普遍适用的法则中。这些属性必然以它们的潜在形式一直存在于每个个体之中。因此，当一个人思考时，他的属性使他的内心活动体现在外部世界中，外部世界的体现形式与他的内心活动互为呼应。

如上所述，一个行为所产生的后果说到底都是其精神活动的产物。因此，对精神活动的控制至关重要。

所有力量都来自内心，认识它，并实践它，你就能完全掌握它。

当你彻底理解这个法则，能够随心所欲地控制精神活动时，你就能将它应用在任何环境中。换句话说，你将开始有意识地与自然界的普遍法则合作，普遍法则是万物的基础。

普遍法则也同样是每个原子的生命原则，原子又产生各种变化，创造更多生命。所有生命都具有智慧，努力完成自身使命。

大多数人只关注外部世界，很少有人发现内心世界。其实，人的内心世界是如此的丰富并具有创造力。

精神活动是你自身天生的一种能力，当你领悟了外部世界与内心世界的关系，你就能释放这种潜能。人们不应只是单纯从外部世界去寻找答案，而真正的答案往往要到内心中去寻找，这也是更为根本的解决之道。

大多数人试图通过对"果"施加影响来改变结果。他们不知道，这么做只不过是将一种不幸转变成另外一种不幸。为了改变这种局面，我们必须改变事态发展的"因"，而这个"因"就存在于人们的内心世界。

内心世界是力量的"源泉"，外部世界是它的"出口"。我们接受的能力取决于我们对这个力量之泉的认识，这一点不仅对你适用，对其他所有人都适用。

## 精神潜能训练

现在你要做的是:选择一个你能独处、不受干扰的房间,找个让自己舒适的椅子坐下。让你的思绪自由地在内心世界徜徉,每次持续15分钟到半个小时。用三四天或一周的时间持续做这个练习,直到你能确保完全控制你的思维。

对于有些人,这样操作的难度很大,而有些人却会容易一些。不过切记:只有当你能完全控制自己的思维活动的时候,才能进行其他练习。下周我们将在此基础上开始进一步的训练,在此期间一定要做好这个练习。

## 二 能力的发源地——潜意识

在生活中，我们之所以会陷入困境，主要源于混乱的思想和不知道自己真正的兴趣所在。为了摆脱困境，我们必须在杂乱无章中找到内在的规律，并依据这些规律调整自我。因此，清晰的思维和精神洞察力具有不可估量的价值，它们可以让人们的所有思考过程甚至思想本身都做到有章可依。

毫无疑问，你的感觉、判断、品位、道德感、才智、志向都会影响你在现实生活中产生的满足感。而前者是在你的学习中、实践中慢慢积累起来的成果，每个人的境遇不同，这种成果也有所不同。为了获得满足感，我们要向世界上所有最优秀的事物学习。

根据前一课的解释，精神就是力量，蕴藏着强大的能量，这种力量甚至比那些促进物质进步的梦想，或者你能想象到的最辉煌的成就都更加神奇。

获得和释放这种力量的方法很简单：承认并正视你的这种能力。其实，这种能力早已存在于你的身上，支持着你的身体和外在活动。这一课将引领你去认识这种力量。

精神活动由两种平行的行为模式产生，一种是意识，另一种是潜意识。戴维森教授说："如果想凭借自己的意识揭示整个精神活动，就好像一个人想用一点点烛光来照亮整个宇宙。"

潜意识的运行过程具有一定的确定性和规律性，不存在出现错误运行的可能。我们的精神就是按照这样的设计运行的。尽管我们很难彻底弄清楚潜意识的运行规律，但分析它的运行规律无疑是我们认识精神力量的重要基础。

潜意识就像一个仁慈的陌生人，为我们的利益工作、奉献，只将成熟的水果放在我们跟前。对人类的思维过程进行的分析显示，潜意识是上演精神现象的重要舞台。

通过潜意识，莎士比亚从一个普通学生那里领悟到了伟大的真理并把它表现在自己的作品里；通过潜意识，菲迪亚斯雕塑了不朽的大理石和青铜像；通过潜意识，拉斐尔创作了庄严的圣母像；通过潜意识，贝多芬谱写了永恒的交响乐。

当我们达到某种境界的时候，可以不再依靠意识也能轻松且完美地完成自己所做的事情：弹钢琴、溜冰、使用打字机、熟练地与人交易……依靠潜意识的活动过程，我们能完美地执行类似动作：我们可以一边弹奏美妙的钢琴曲，一边兴致勃勃地谈话。这显示了潜意识的惊人之处。

我们应该完全相信一点，潜意识在我们的生命活动中具有不可替代的重要作用。通过对潜意识的研究，我们可以发掘出很多自己意想不到的潜能，比如在艺术、音乐和其他方面的天赋，或其他才能。

潜意识是我们的良师益友，它能够为我们拾遗补阙，鞭策我们不断进步。它能他人所不能，堪称无价之宝。

另一方面，意识对我们也很重要——没有意识，我们就不能随意行走；没有意识，我们就不能做到随心所欲地抬起手臂；没有意识，我们就不能通过眼睛和耳朵随时将注意力集中到某一目标……但是，维持心脏跳动、血液循环、神经和肌肉组织的形成、骨骼的塑造、身高增长等重要的生命过程却无一不仰赖潜意识的正常运行。

比较这两种行为，就可以看出，前一种行为由某一时刻的意愿决定，后一种行为却有条不紊、富有节奏，在任何时候都必须持续进行。

在这两种行为之中，我们称外在的、可变的行为为"意识"或"客观思想"（用于处理外部对象），称内在行为为"潜意识"或"主观思想"。后者除了影响精神层面之外，还掌控着肉体的正常运行。

弄清楚意识和潜意识各自在精神活动中的功能，并掌握它们的基本运作原理，对我们非常重要。

意识是通过对身体各感官的感知而对外部环境和目标做出反应的。意识具有辨别与选择能力，同时还具有思考能力——无论是归纳、推理、分析或演绎——这种能力通过培养还会继续增长。意识是我们所有能力产生的源泉，它不仅能将潜意识活动明确地表达出来，而且还能指导潜意识。由此可见：对内，意识是潜意识尽责的统治者和守护人；对外，意识能够完全改变一个人的生活环境。

与意识不同，我们的潜意识没有自主能力，它会毫不保留地接受意识传达过来的指令（即心理暗示）。所以潜意识没有防范能力，常常会接受一些错误的暗示，使我们受到恐惧、焦虑、贫穷、疾病、不和谐及其他消极思想的影响。而经过训练的意识则能通过时刻警惕的自我保护完全防止这些情况发生。

一位作家曾经这样解释这两种精神行为的主要区别："意识是理性意志；潜意识是本能愿望，是在此之前的理性意志的结果。"

潜意识通过外部来源提供的前提条件，得出恰当准确的推论。当前提条件正确时，潜意识就会得出一个正确的结论。可是，一旦前提条件或暗示是错误的，整个结论就是错误的。对于结论，潜意识并不会去做验证，验证过程依靠意识。所以，意识是潜意识的"看门人"，以保护潜意识不会产生错误行为。

在接受意识的指令之后，潜意识会立刻采取行动，在其工作领域中开展工作。意识的指令可能是正确的，也可能是错误的。如果是后者，将对整个生命体带来广泛而消极的影响。

在人们清醒的时候，意识会尽职地值班；但当"看门人"下班时，或当冷静的判断被中止时，抑或在一个混乱的环境下，潜意识就会被完全暴露出来，很容易接受错误的指令。一旦一个人的情绪处于极度的恐慌、愤怒、冲动，或其他激动状态时，潜意识的情况最为危险。潜意识很容易接受恐惧、仇恨、自私、贪婪、自卑等这些消极情绪，或对来自其他人和外在环境的消极信息不加甄别的完全接收。这样一来，就会对整个人的身心健康造成极大伤害，使人们在很长一段时间里遭受痛苦的折磨。所以说，保护潜意识不受错误信息的影响十分重要。

潜意识是通过直觉来感知外在的信息，因此它对外在刺激的反应非常迅速。对于外在刺激，潜意识根本不会像意识那样采取复杂的推理步骤——事实上，它做不到这一点。

和你的意识相比，潜意识从来不睡眠、不休息。潜意识一旦收到明确指令，就会立刻按照设定程序行动，直至产生结果。因此，潜意识是力量的源泉，可以使我们与外在的普遍规则建立联系。这条结论相当重要，你必须仔细研究。

潜意识的运行规律非常有趣。比如，一个原以为很尴尬的约会，但是由于一方无意识地运用了一些技巧，现场气氛居然非常和谐、融洽。于是，人们发现，一些棘手的商业问题，有时通过拖延或其他自然而然的方式，反而能水到渠成。

潜意识是道德理念和人类欲望的栖息之所，是艺术灵感和助人为乐思想的源泉。一个人潜意识中隐藏的这些本能很难被摧毁，除非他的遗传规律被破坏。只要我们相信潜意识，潜意识就会赐予我们无限的能量。

潜意识具有很强的惯性，它无法主动地对外来信息做出判断，所以它很容易接受错误指令。纠正方法就是使用强势的正确意识，不断重复，直到潜意识接受它，形成新的、健康的思维和生活习惯。当我们机械性地重复一个想法，直到不再需要在头脑里做出判断时，这个想法就在潜意识里生根了。如果我们的习惯是正确的，潜意识的这个特点就对我们很有利。如果潜意识接受了错误的想法，并形成习惯性思维，补救方法就是：不断向它发出指令，让它放弃这个错误想法。这样，潜意识就会改正这个错误。

总之，从生理的角度来说，潜意识的正常运作与我们的生命过程息息相关，对我们的养生和健康起着重要作用。一般来说潜意识具有保护所有生命及改善生存环境的本能。

就人类的内在思维过程而言，潜意识是记忆的仓库，潜意识是各种想法的港湾，它工作时不受时间和空间影响，潜意识是人类实现主动性和创造力的源泉，它是习惯所在。

就人类的外在创造活动而言，潜意识是理想、志向和想象的来源，它是我们认识自身潜能的渠道。随着我们对潜意识的逐步认识，我们就能释放自身的各种潜能。

有些人可能会问："潜意识如何改变环境？"答案是：潜意识能够激发我们的创造性，这种创造性通过思想活动反映出来，并诉诸行动，从而改变我们的现状和环境。

但是，思维分为两种——一种是简单的思维，直接、无意识；一种是创造思维，有意识、有逻辑、富有建设性。当我们充分发挥我们的创造性思维时，我们就能够把意识行为和潜意识行为完全统一，就能激发出无穷的创造力，改变外在的客观环境，实现我们的目标。这一法则被称为"吸引力法则"。

## 精神潜能训练

在上一周,我们做了一个练习,以确保我们能控制自己的思维。如果你熟练掌握了这个练习,你就可以进入本周这一个练习了。这次你将尝试控制你的思想。如果可能,你要去上次练习时所待那个房间,坐在一张椅子上,并尽量保证四周的环境也和上次相同。如果不能回到上次那个房间,那么找到类似的环境也可以,不过新的环境和上次练习时一样,需要非常安静。

现在,你要尽量过滤所有进入你脑子的想法,把那些顾虑、焦虑和恐惧的想法都排除在外,只接受积极的想法。持续做这个练习,直到完全掌握。

做这个练习是非常有益的,它不会花费你很长的时间,却能让你了解自己的头脑中都是些什么想法。

下一周,我们将进行另一个练习,那个可能会更有意思,但是在此之前你必须首先掌握本周的这个练习。

## 三　无须向外界求助，你自己已足够强大

毫无疑问，人能够改变世界，而世界同样可以改变人。这种作用与反作用的结果就是"因"和"果"的关系。对一个具体的人而言，精神活动总是走在行动的前面，想到才能做到。因此，精神活动是因，而你在生活中的遭遇就是果。

所以，你就不要抱怨现在的处境了，因为这要依靠你来改变，只有你自己可以让它们变成你想要的状态。

本书将教会你随心所欲地使用精神资源，一切真实和持久的能力都来源于此。

坚持按照本书讲述的方法行动，你就可以认识到这样一个事实：如果你能了解自己的潜能，并坚定不移朝自己的目标努力，你就可以将理想变为现实；而且，在通向正确目标的道路上，你就会无往不胜，因为精神力量会帮你把想法和渴望变成明确的行动、事件和条件。

起初，当你刻意地去做一件事的时候，这属于有意而为。我们需要把它们变成自动性行为，或者叫下意识的行为。这样，你就可以把自己的自我意识解放出来。在新一轮的回合中，这些新的行动又逐渐成为习惯，然后成为自动的思维，最后成为潜意识，这样，你的心智可以再度得到解放，进一步投入到其他的行动中。从意识到潜意识的转变，其实就是从刻意到自觉再到习惯的转变。

当你认识到这一点，你就已经发现一种力量，这种力量使你有能力应

对生活中可能出现的任何情况。

潜意识、意识与神经系统有关。交感神经系统主管潜意识，脑脊髓系统主管意识。交感神经系统的中枢位于胃后部的神经节团，我们称之为"腹腔神经丛"。它是一个渠道，通过它，我们的潜意识可以调控身体的各项机能。脑脊髓系统的中枢位于大脑，它也是一个渠道，通过它，我们可以有意识地获得身体的各种感觉，并控制身体做出动作。

两个系统通过迷走神经连接起来。迷走神经作为脑脊髓系统的一部分，它从大脑区域进入胸腔，其分支通往心脏和肺，然后穿过横膈膜，最后脱去表层组织，与交感神经系统连接起来，最终形成两大系统的连接通道。

我们都知道，大脑负责接收人的所有想法，它是主管意识的器官，受我们的推理能力支配。而潜意识不能进行推理，只会行动，它总是把意识的结论全盘接受。当意识认为一个想法是真实的，该想法就会被送往腹腔神经丛或潜意识中，这种想法就会变成我们的自有之物，然后再作为事实传递给外界。到那时，我们的行动就不需再经过推理或思考了，而意识也就得到了解放。

腹腔神经丛被比作是"身体的控制中心"，因为它是分配身体能量的中心点。这种能量是真实的，这个中心也是真实的。能量经由神经被分配到身体的所有部分，之后又被散发到身体周围的大气中。

当腹腔神经丛积极工作时，会向身体的每一部分、身边的每一个人传递生命、能量和活力，人的感觉就会愉快，精力就会充沛，他接触到的所有人都会体验到一种愉快的感觉。所以，如果一个人散发的能量非常强烈，那么这个人就被认为是"有魅力的"，他的存在经常会给他身边的人带来快乐。

任何对这种传递的打断，在感觉上都是不愉快的。如果流向身体一些部位的信息与能量被阻止，人就会罹患各种身体上或精神上的疾病；如果这种阻隔出现在人与外在世界之间，那么人的处境就会出现问题。

身体之所以会出现疾病，是因为身体的控制中心，也就是腹腔神经丛，不能产生足够多的能量去赋予患病部位以活力；而精神之所以会出现疾病，是因为潜意识对意识的支持出现了问题——潜意识出现问题，人就要重复思考和推理很多的事，如此一来，人的精神当然会生病；人的处境之所以会出现问题，是因为潜意识和外在世界的联系被中断。

腹腔神经丛是部分与总体相遇的一个点——在这个点，有限变成无限，灭绝变成创造，普遍变成个性，无形变成有形；在这个点，生命得以呈现。每个个体从腹腔神经丛上产生的生命数量都是无限的。

腹腔神经丛无所不能。这个点是全部生命和全部智慧的汇合点，因此能完成任何指令。

而且，潜意识能够并且愿意执行意识下达的计划和想法，所以意识是腹腔神经丛的主宰。由于整个身体的生命和能量都来自这个控制中心，因而我们的意识接受的想法的质量决定了这个中心将发散的想法的质量，我们的意识接受的想法的特征决定了这个中心将发散的想法的特征，我们的意识接受的想法的性质决定了这个中心将发散的想法的性质，继而决定我们的人生遭遇会是什么样子。

因此，显而易见，我们能做的就是让我们的控制中心活跃起来。我们发散的能量越多，我们就越能尽快将不利环境变成快乐与财富的源泉。那么，更重要的问题就是，如何让控制中心活跃起来，如何控制中心产生更多的能量。

积极的想法可以振奋腹腔神经丛，消极的想法会压抑腹腔神经丛；快乐的想法振奋它，悲观的想法压抑它。勇气、力量、信心和进取精神都能给腹腔神经丛以动力，而恐惧感则是腹腔神经的最大敌人。要想获得光明，必须首先摧毁恐惧。敌人必须被完全消灭、被消除、被永远排除在外，因为它是遮挡太阳的乌云，会导致永久的黑暗。

恐惧是人身体里的魔鬼，一旦感染上它，它就会在你全身扩散，使你每时每刻都处在它的控制之下：让你恐惧过去、现在和未来；让你恐惧自己、朋友和敌人；让你恐惧任何事、任何人。当恐惧被有力地、彻底地摧毁，你的生命之光会闪耀，乌云会消散，你就能找到力量、活力和生命之源，找到久违的快乐。

产生恐惧是因为对自己缺乏信心。当你发现自己真的拥有无限的力量时，当你实实在在依靠自己的力量克服了困难时，当你发现自己随时可以调用这种力量时，你将不会再恐惧，因为你知道，自己比恐惧更强大有力。一旦恐惧被摧毁，你就可以开始追求美好的生活。

追求美好生活是我们对待生命的精神态度，它决定着我们未来的人生际遇。如果我们不期望，我们就不会拥有；如果我们要求很多，我们就会得到更多。只有当我们不能发出自己的声音时，世界才是残酷无情的。只有那些不能捍卫自身想法的人，才会说世道艰难。放弃自己的追求非常可怕，它会导致许多想法不能得以实现。

所以，任何一个人都应该知道，自己具有一个强大的控制中心，他不必担心任何事情，因为他的力量无穷。他应该有意识地去传递他的勇气、信心和力量；他可以凭着他的精神态度取得成功；他可以打破障碍，摆脱恐惧对他产生的各种负面影响。

请记住，一旦我们开始有意识地传递健康、力量和和谐，我们就应该无所畏惧，一往无前，因为这是遵循普遍法则之后的必然结果。

只有在生活中反复实践这些知识，我们才能更好地理解它们。就像运动员通过训练变得强壮一样，我们可以在实践中提高我们的认识。

现在，你已经知道对潜意识施加影响的结果是什么，那么，如何对潜意识施加影响呢？这里有一个很有效的方法。你已经知道，潜意识是有智慧的，它会毫无保留地接受意识的指令（即心理暗示），并据此指挥你的身体做出行动。可是，怎样才能给潜意识下达这种指令呢？那就是，全神贯注思考你的目标；当你的精神集中于一点时，你就是在对潜意识施加影响。

这不是唯一的方法，但却是一个简单有效的方法，也是最直接的方法，它能保证你得到你想要的结果。这个方法的效果已被实践证明，很多人都据此给自己的生活带来了巨大改变。

通过这个方法，任何一个人，无论他是发明家、金融家还是政治家，都能将自己想象的、无形的渴望转化为实际的、有形的和具体的事实。

潜意识的运作规律是宇宙中普遍法则的一部分，普遍的法则是宇宙万物的基本原则。部分必然和整体具有相同的性质和品质，这意味着潜意识的能力是绝对无限的，不受任何一种先例的约束，因而对它的应用也不受任何先前的或现有的模式的制约。

我们已经知道，潜意识会对意识下达的指令（即心理暗示）毫无保留地加以执行。这就意味着，我们的潜能能否被充分地释放出来，关键是取决于意识的指导。

切记：在以后的练习中，或在实践中应用上述原则时，没有必要刻意地去思考潜意识是如何运作的，因为潜意识的运作是由生理的特征决定的，对它的运作规律，我们无能为力，我们只能去适应这个规律。

所以，你是宇宙中的普遍法则运行的产物，你永远受它的支配——根据法则和规律行事，你就能获得渴望的结果；否则，你就会受到惩罚！

## 精神潜能训练

现在,请你进入非常安静的状态,放松自己,然后控制住所有的想法。好了,我们来开始本周的练习——放松身体。这样做会消除神经上的所有压力,消除经常使我们感到身心疲惫的紧张情绪。身体放松是一种对意志的练习,这种练习具有极大的价值,它能使血液在大脑和身体之间自由循环。

紧张会导致精神不安和反常的精神活动,会引起焦虑、关心、恐惧和担忧。因此,为了保证练习能达到最佳效果,一定要放松。

放松身体就是让肌肉松弛下来。在这个练习中,你要尽可能完全、彻底地放松每块肌肉、每根神经,直到你感觉从容、宁静,自身与世界已融为一体为止。随后,腹腔神经丛将听从你的指挥,你的能力将一点点增强。

## 四　我想成为什么样的人，就能成为什么样的人

接下来，我将向你讲述第四课。这一课将告诉你，为什么你所思、所为或所感能够表达你的存在。

精神即能量，能量即力量。迄今为止，世界上的所有宗教、科学和哲学都是以这种能量的外在表象而不是能量本身为基础的，所以其世界观未免失之偏颇。具体表现为：宗教关注上帝和魔鬼，科学关注事物的消极和积极，而哲学关注事物是好还是坏。

本书所阐述的体系颠覆了这一过程，它只对能量本身感兴趣。

"自我"不是物质上的身体，物质上的身体只是一个简单的、"自我"用来达到目的的工具；"自我"不是精神，因为精神只是"自我"用来思考、推理和计划的另一个工具。

"自我"必须能同时控制、指导身体和精神；"自我"决定它们应该做什么，如何做。当你开始认识这个"自我"的真正性质，你将发现一种新的力量。

你现在的存在形式是由无数个人特征、特性、习惯和性格特点决定的，这些都是你以往思维方式的结果，但是它们与真正的"自我"毫无关系。

当你说"'我'想"时，是"自我"在命令精神思考；当你说"'我'做"时，是"自我"在指挥身体行动；这个"自我"就是你的意识，因而是力量的真正源泉。当人们认识到"自我"的真实性质时，他们就能拥有

这种力量。

"自我"具备的最重要、最神奇的力量就是思考的力量，但是很少有人知道如何有建设性、正确地思考，以致很多人都被错误的思考方式困扰。

大多数人都有自私的念头，这是不成熟思想的必然表现；当一个人成熟时，就会理解每个自私想法都孕育着失败的种子。

一个人，如果足够成熟，他就会明白，在任何交易中，每个关联者都必须从中受益，任何企图利用他人的弱点、无知和危机来谋利的人，最终都会作法自毙。

这是因为每个人都是这个世界的一部分，一部分不能通过伤害其他部分来获利；相反，每一部分的幸福取决于对整体利益的尊重。

那些认识到这个法则的人将具有极大的心理优势。他们不会因琐碎的事情而被搞得焦头烂额，他们总是能做到心平气和；他们能随时专注于自己的目标，不把时间和金钱浪费在其他事情上。

如果你做不到像他们一样，那是因为你付出的努力不够。现在开始努力，为时未晚。请记住，你所得到的一定会和付出的成正比。为了强化你的意志，正视自我潜能，你必须时刻提醒自己："我想成为什么样的人，就能成为什么样的人。"

你每重复一次这句话，对"我是谁""我是什么"这些根本问题的认识就会加深一层，直至彻底理解"自我"的真正性质。如果你能彻底理解"自我"的真正性质，并且你的目标和目的具有建设性、符合宇宙中的普遍法则，那么你将不可战胜。

"我想成为什么样的人，就能成为什么样的人。"无论任何时候，你都要经常用这句话来鼓励自己，直到它变成你的一部分，成为习惯。

当你要做一件事时，除非你能坚持做完，否则最好不要开始。现代心理学告诉我们，如果我们做事时总是半途而废、不能坚持到底，就形成了失败的习惯，这是一种非常不好的习惯。所以，你一旦起步，就要做到百折不挠。如果你已经下定决心做某件事，就从现在开始吧。记住，任何事情都不能阻挡你的前程，因为你的"自我"已经下定决心，绝不回头。

如果你认可上述观点并打算付诸行动，那么最好先从有把握的小事做起，从易到难，但是一定要认清形势。总有一天，你会发现你能控制自己。遗憾的是，现实中有许多人都做不到这一点。

当你学会控制自己后，就会发现你拥有能影响和控制外部世界的内心世界；你具有不可抗拒的力量，无须煞费苦心去外部寻找；你有能力使自己的人际关系和外界环境向着对自己有利的方向发展。

宇宙中的能量是无限的，它能掌控宇宙中的一切。当你认识到内心世界由"自我"控制，而这个"自我"是宇宙中能量的一部分，你就能控制自己，从而控制环境。

上述观点不是空想，而是客观事实，它已被众多的宗教派别和科学门类所接受。

赫伯特·史宾德曾说过："我们周围所有的神秘事物，没有一件比我们永远生活在万物起源的'无限的外部能量'中更奇妙的了。"

艾博特·莱曼在一次演讲中，对班格神学院的毕业生说："我们开始思考存在于人们内心的'神'，而不是从外部操纵人类的'神'。"

科学和宗教有不同的功能，科学发现了亘古常在的永恒能量，然而宗教却发现了潜藏在这能量背后的力量，并把它们定位在人们的内心世界之中。但这绝不是什么新发现，《圣经》早已用朴实、具有说服力的语言谈到过完全一样的事情："岂不知你们的身体就是圣灵的殿堂吗？"这就是"内心世界"的神奇创造力的奥秘所在。

你不能给予别人你没有的东西。只有拥有，才有能力付出。如果我们软弱无力，也就无法帮助别人；如果我们希望帮助别人，我们首先自己要拥有能量，先让自己变得富有。

人的潜力是永远也挖掘不尽的，无限意味着永远也不会"破产"，而我们作为无限能量的代言人，自然也不应该以"破产者"的面貌出现。开发自己的潜能吧，这会让你受用不尽。

克己忘我不能和成功画上等号，战胜一切并不意味着目空一切。这就是力量的奥秘所在，也是控制力的奥秘所在。

我们付出越多，得到的就越多。我们应成为宇宙传递能量的渠道。宇宙处于不断寻求释放的永恒状态之中，处于帮助他人的永恒状态之中，所以它总是在寻找能够让自己更好释放的渠道，这样才能做最多有益的事，能够给予人类最大的帮助。

一旦你因自己的计划和欲望而陷入痴狂状态，你就无法传递宇宙能量了。你应该让自己的心灵彻底安静下来，抓住内心的真正感觉，并把精力的焦点集中于维持内心的安静中，延续这种状态——"静水深流"，密切注视各种各样的机遇，找出宇宙能量所赋予你的精神通道。

所有生命的本质不在于它拥有什么，也不在于它如何有力，皆在于它的精神；而精神是真实存在的，代表着生命的全部；当精神不在，生命也就不在，死亡随之而来。

这些精神活动属于内心世界，属于"因"的世界，属于能够产生"果"的状态和环境；它们是你成为一个创造者的基础。你的理想越远大、越崇高、越宏伟、越高尚，你的精神力量就会变得越强大。

任何过度的工作、游戏或身体活动都会使精神状态变得冷漠、迟钝，从而无法从事更重要的工作——能使我们产生力量的工作。因此，我们应该寻求安静，精神力量源于安静。在安静中，我们就能够保持冷静；当我们保持冷静时，我们就能够思考，而思考是所有成功的秘诀。

一方面，思考是一种运动形式，与光和电一样，它遵循物理世界的运动法则。另一方面，思考是"自我"的一个产物，因此它具非物质性和创造性。通过爱的法则，情感可以赋予它活力；通过成长法则，它能形成体系，并向外表达。

如果你想获得力量、财富或其他方面的成功，那么就发自内心地去追求，保持一个积极的态度。但问题是，怎样达到这个目的？怎样培养追求成功的信念、勇气和感觉？

　　答案是：练习。通过练习，你可以获得精神力量，练习的方法和锻炼身体的方法完全一样。我们第一次思考一些事情时可能会有些困难，但当再一次思考同样的事情时，就会变得容易一些；我们应该反复思考，直到它变成一种习惯，变成潜意识的活动。之后，我们就不用再努力想这件事了，我们已成为我们要成为的那个人了！

## 精神潜能训练

上周我要求你们在身体上放松,这一周我要求你们在精神上放松。

根据上周安排的练习,如果你每天都能坚持做15或20分钟,你无疑会做到身体放松。反之,如果你无法迅速、完整、有意识地完成上周的练习,你就不能控制自己,就无法获得"自由",你仍然是环境的奴隶。不过,我相信你已经掌握了上周的练习,并做好了准备,可以开始下一阶段的练习,即获得精神上的自由。

这个星期的练习,你还要坐在以前练习的地方,完全放松,去除所有的紧张,赶走心里所有不愉快的事情,例如仇恨、愤怒、焦虑、猜疑、嫉妒、悲痛、烦恼或任何一种消极思想。

你不能摆脱这些消极思想?不,你可以做到的。只要你心里决定这样做,你想做,你坚持,你就能做到。有些人做不到这一点是因为他们被情绪所左右,而不是趋于理智。即便这样,这些人经过相应指导后也会成功。另外,第一次练习不一定会成功,那没关系,你可以多做几次。俗话说,"熟能生巧",你一定会成功的。

## 五　明天是今天思考的结果

现在进入第五课。仔细研究本课内容后，你将知道这样一个道理：人类能感知的每一种力量和事物其实都是精神活动的结果。

思想是人类精神活动的产物。人类的思想具有强大的创造力，当今的人们在运用自己的思考能力方面，与过去相比，已经有了前所未有的进步。毋庸置疑，我们所处的这个时代正因为创造性的思想而得以发展和丰富，与此同时，对于那些善于思考的人们，世界也同样馈赠给他们不菲的物资和精神奖励。

但是，思想并不是凭空出现的，它的产生也是有规则可循的，这就是自然法则。换言之，是自然力量在推动思想的运行。反过来，思想又释放自然能量，并影响人类的言行举止，在人类的相互交往中产生作用，直至影响和改变人类所存在的这个世界。

人，能产生创造性的思想，也正因为这种自身的创造性，人类充满了能量，正所谓：只有想不到的，没有做不到的。

在我们的精神生活中，潜意识的活动至少占据了90%的部分。所以，如果你不会使用潜意识，那么你的能力就会受到很大限制。

如果我们知道如何引导潜意识，那么它就能够积极地为我们解决任何问题。人可以休息，而潜意识却从来不会休息。对于潜意识，我们是被动地接收呢，还是应该发挥主观能动的力量，有意识地引导其运作呢？换言之，我们是应该积极主动地把握住自己命运的航舵，提前预防潜在的风险，还是随波逐流，任自己在生活潮流中漂流呢？

我们已经知道，精神活动遍布全身的每一个部位。而我们的精神活动很容易受我们所面对的某个客体，或我们的头脑中业已存在的某种观念的影响。

无论你意识到与否，我们大部分的精神活动早已存在于身体中，它们都来自遗传。它们是我们的祖先对环境做出的反应，体现的是一种永无休止的生命力量。一旦理解了这个事实，当我们发现自身的性格缺点时，就能采取适当行动。我们能有意识地发挥天赋中所有正面的特性，遏制和防止那些负面的特性。

除了遗传因素之外，我们身体中的精神活动还会受到家庭、事业和社会环境的影响。实践证明，我们的很多印象、想法、偏见都来自于我们的家庭、事业和社会环境。我们的这些观念一部分来自于他人的语言或态度，另一部分则是自己思考的结果。无论这些观念是怎么来的，只要我们在头脑中接受了它们，那么它们就会或多或少地影响我们。

当想法看起来有道理时，意识这个"看门人"就会打开心灵的大门，将它传递给潜意识，然后通过交感神经进入身体。这样，你的思想就与现实世界发生了联系。

自古以来我们人类得以创造、再生自身的方式和源泉正在于此：今天是昨天思考的产物，明天是今天思考的结果。这就是吸引力法则。该法则带给我们的，不是其他事物，而是我们"自己"。这个"自己"是我们思想的产物，不论中间我们是有意识的还是无意识的。遗憾的是，许多人仍然没有意识到这一点。

我们在建造房子时，总能做到小心谨慎地制订计划，研究每个细节，精心选用质量最好的建材；但是，在建设自己的精神家园时，我们却太粗心了！要知道，精神家园远比物质家园重要得多，因为生活中的每一件事物都来自于我们的思想，是我们思想的产物。

那么，建设精神家园的材料是什么呢？它们都是储存在意识"仓库"里的记忆。那些类似恐惧、烦恼、焦虑和不安的消极记忆都是没有任何价值的材料，它们会发霉、腐烂，带给我们更多劳碌、忧虑和不安。由这些劣质材料搭建的精神家园也必然是颓败而荒凉的。为了保证精神家园的建筑质量，我们要不断调整自己的思想，多去接受新鲜事物。

一旦我们能够做到勇敢、乐观、积极，并摒弃一切消极的思想，长此以往，我们的精神材质就是最棒的，可以用来建造华美的精神家园。你也可以为精神家园染上绚烂的色彩，由于你的精神材质纹理细密、质地坚韧，你的精神家园将永不褪色。有了这样上乘的精神家园，我们的未来就会光彩夺目。

这些都是关于精神活动的客观事实。这些事实并不是什么神秘的东西，其背后没有什么深奥的理论或艰涩的猜想；它们就是这么简单，每个人都能理解。

为了保持精神上的纯洁，你每天都必须进行一次"精神扫除"。如果你想在精神和物质两方面都有所成就，那就必须对精神和身体两方面勤加擦拭，缺一不可。

经过"精神扫除"之后，你的思想中留下的就全是有益物质；这些物质会为你带来希望，或者帮你养成积极的心态。

我们举个例子来说明如何建设精神家园。有一处极好的产业正等待继承，它有宽阔的拱门、丰裕的收成，流水潺潺，林木茂密，一望无际，正中是一座大厦，宏伟热闹，有珍贵的藏画、保存完好的图书、富丽的帘幕，极尽奢华。继承人所要做的只是行使他的继承权，拥有并使用这些财产。如果不想让它荒芜，继承人就必须使用这座豪宅。忽视就等于没有拥有。

精神力量就像你心中的产业，你就是继承人。你要去行使你的继承权和占有权，并且使用这份丰厚的遗产。只要你多去运用这份遗产，它就会使你充满力量。它可以帮你改善外在环境，创造出健康、和谐和富裕的生活；它能帮你突破自己的局限，去掉自身的束缚，消除你的软弱；它将授你以权杖，使你成为生活中的王者。

只要你渴望得到这份产业，也拥有得到这份产业的合法权利，并且愿意为得到这份产业付出努力，你就一定能得到这份产业。你一定能做到！

对我们来说，遗传已经不是什么陌生的事情。达尔文、赫胥黎、海克尔及其他自然科学家已经找到大量证据，证明遗传是人类进化过程中的客观规律。正是因为人类具有遗传功能，所以人类的一些特征才能不断积累，使人类能够直立行走、产生运动力量、形成消化系统、血液循环、神经功能、肌肉力量、骨骼结构和其他身体功能器官。但遗传过程中，最让我们惊奇的还是思维能力的遗传。

在所有人类遗传中，"精神遗传"是最独特的遗传行式，没有任何一种人类遗传能与之比拟。可以说，没有"精神遗传"就没有今天的人类，正是因为它，才使人类的精神才能得以延续。

这个无限延续的人类特征——精神，会流经你的身体的每一部位。它的大门——大脑，只是意识的载体。一旦打开这扇门，力量的秘密就呼之欲出。这难道不值得你为之努力吗？

有一点你要牢记：所有生命的源泉和力量都来自内心。你可能会有各种各样的需求，比如人，比如事，比如环境。无论你的需求是什么，有多少，只有你能正视自己内心的力量，并具备足够的动力，你就能满足它们。

要想充分释放你的内在潜能，你必须远离虚伪——虚伪只会蒙蔽你的内心，使它的力量受到桎梏。

那些开始运用这份"精神遗产"的人将发生彻底的改变，他们对力量会有一种全新的理解，再也不会羞怯、软弱、恐惧或优柔寡断，他们将和宇宙的普遍法则合二为一，他们的力量将用之不竭，他们身体的某些特质将被唤醒，他们将发现自己具有巨大潜能。

我们的潜能存在于内心世界，它们就在我们身上，它们是祖先遗传给我们的宝贵"财富"，我们必须正确使用它们。要想释放这些潜能，我们就必须付出努力。只有先付出，我们才能打开渠道，获得力量。我们所付出的所有努力、所经历的所有体验都是有意义的，我们付出越多，得到越多。

运动员要取得好的成绩，必须凭借实力。他付出越多，收获也越多。金融家希望赢利，必须有足够的资金运转，只有先支出，才有收益。商人不能让他的商品畅销，资金就不能源源不断地流进来。企业不能提供优质服务，顾客就会迅速流失。律师不能帮客户打赢官司，很快就会无人上门。"付出越多，收获越多"，这个道理放之四海而皆准。

要想继续获得力量，首先要能正确使用我们现有的力量。在所有人生努力、所有生活体验中，我们肯定拥有的，也是最真实的力量就是精神力量；要获得其他力量，首先要发挥精神力量。

一个人，没有了精神，还会留下什么？什么都没有。所以，我们要承认这样一个事实：我们所能发挥的所有力量，包括物质的、精神的力量统统都依赖于精神。精神不在，我们所拥有的一切也将不复存在。

## 精神潜能训练

现在进入你的房间,仍然坐在那张椅子上,保持和以前一样的姿势。做一个深呼吸,放松你的身体和精神。在你的脑海中勾勒出一幅精神愿景——建筑、树木、朋友……可以是任何你能想到的一切美好的事物。刚开始的时候,你可能无法专注于自己的理想愿景,但是不要泄气,每天坚持练习,你就会成功。

## 六　思想分散，力量也会随之分散

第六课将带你去认识世界上最神奇的"机械"——人类的大脑——它可以帮助你创造健康、力量、成功、幸福以及其他任何你想要的生活。要维持这个"机械"的正常运转，你要做到以下几点：

需求。需求是维持生命必不可少的条件。有了需求，人们才会为了满足它而采取行动。人类的进化过程就是立足今天，创造明天。但是，个人发展和宇宙发展一样，必须循序渐进和不断接受新鲜事物。

利他思想。如果你侵犯别人的利益，那么不止在物质上，在精神上也对别人造成了伤害，这么做就偏离了成功的方向。因此，成功取决于你能否坚守最高的道德标准，即"大多数人的幸福才是你最大的幸福"。

信念与决心。想要实现你的目标，就要具有对理想目标的渴求、成功的欲望和持久、稳固、融洽的人际关系。成功最大的障碍就是错误和僵化的思想。

安静的内心。人类的精神活动具有创造性，它们创造了思想。要想释放内心潜在的力量，你必须保持内心的宁静与和谐。做到这一点，就为实现我们的理想开了一个好头。

作为宇宙万物的起源，宇宙能量非常神奇，它对万物有着无始无终、源源不断的影响。迄今为止，还没有人能完全理解它的实际力量和作用。

这种宇宙能量不仅形成了所有物质，还形成了所有智慧。那么，物质与物质之间，智慧与智慧之间为什么会在外在形式上千差万别？我们如何确保获得我们自己期望的物质和智慧？

这就好比我们常用的电一样。根据电学专家的说法，"电是一种运动形式，它的作用取决于它的运动方式"，人类拥有的热、光、动力、音乐等许多物质，都是电按照不同模式运行而形成的。

思想的作用是什么？答案是：思想是运动的精神力量（就像风是流动的空气），思想的作用完全取决于精神力量的运动形式。

一个人的精神力量的运动形式完全取决于他的思维方式。这就是精神力量的秘密。

基于电能，爱迪生、贝尔、马可尼及其他科学家发明了许多机械，这些机械改变了我们的生活。与此类似，基于精神力量，宇宙为每个人都制造了大脑这台"机械"。那么，这台"机械"有什么功能呢？这个"机械"能发掘你的潜能，甚至改变宇宙；它的伟大超乎一切科学家的想象。

在生活中，有很多人都愿意去学习各种人造机械，研究它们的工作原理，但是，却很少有人研究自己的大脑。其实，大脑是大千世界中最完美、最伟大的"机械"。

接下来，就让我们看看大脑的精妙之处，以便我们能更好地理解它、认识它。

首先，我们生活在一个奇妙的精神世界。这个世界无所不能，无所不知，无所不在；它能回应我们的愿望。我们的目标越远大，信念越坚定，得到的回报就越多。"信念与我们同在"，这个观念已为无数成功人士的经历所验证。不过，上述过程有两个前提：一是我们的目标必须有创造性或建设性的；二是我们的信念必须足够坚定，能产生足够力量指引我们前行。

人类通过精神活动对外界产生影响，这个活动过程就是"思考"。思考在大脑中进行，是个体和宇宙之间相互作用的结果。回想一下那些你经历过的精彩事物：美妙的音乐、炫目的鲜花、迷人的文学作品，或者是振奋人心的成功经历。当你在想这些事时，大脑中一定会涌现这些事物的相应轮廓。

大脑能够记住你所经历过的所有美好事物。此外，大脑的可塑性很强，会根据人类的需要进化、发展。这是自然界中最伟大的法则、最伟大的科学规律。认识到这一点，我们就很容易理解大脑的工作原理。

曾经有人将神经系统和电路做过比较：神经系统的细胞就像蓄电池，大脑所需要的能量就存在里面；神经系统的白色神经纤维就好比传送电流的电线，通过这些电线，大脑可以向身体传递各种冲动和渴望。

沿着上面的思路，我们也可以把人体和机械进行比较：脊髓是重要的发动机和感觉传导通路，通过它，信息向大脑输送或从大脑向外输出；血液就像燃料，流经动脉和静脉来更新人体的能量和力量；皮肤覆盖保护整个身体，就像机械完美的外壳。

大脑就是人体这台机器的"控制中心"，任何一个人都可以在充分理解它之后，完全控制它，进而控制整个身体。

你的思想就是你对大脑下达的动作指令。不过，在你思想分散，或漫不经心的时候，脑细胞中的相应物质并不会产生反应。只有当你的精神非常专注时，脑细胞才会开始积极的工作。思想随之传递到全身，每个部位都蓄势待发。

通过上述形象的比喻，我们可以更好的理解我们的大脑，使我们能准确掌握它的运作规律。如果你能够正确理解这个精神世界的构造，并把这种认识应用到生活实践中，就会产生不可估量的价值。

一个人，如果他能专注于自己的内心世界，它就能开发出无限的潜能，并最终拥有美好、稳定、快乐的人生。

思想专注、精力集中是人类精神文明发展中的重要环节。全力以赴做一件事情，常常会获得意外的惊喜。具有专注力是成功人士的共同特点，也是他们取得非凡个人成就的必要条件。

或许，我拿放大镜来做比喻，你就更容易理解专注力的力量。透过放大镜，光线可以被聚焦。但是，如果我们反复晃动镜片，光线就将随之晃动，这样一来，放大镜就不能产生任何放大效果；一旦停止晃动镜片，我们就会看到立竿见影的效果。

所以，如果你的思想分散，力量也会随之分散，就不能产生理想的效果；一旦你坚持目标，持之以恒，则天下就没有能难倒你的事。

有些人可能会说，我们面对的生活环境太复杂多变了，很难做到长时间专注于一件事。如果你从来没有长时间专注地做过一件事，不妨试试下面的建议：选择一个目标，集中注意力，至少坚持 10 分钟。这样做并不容易，思想总会游弋不定，每次思想分散都会让你前功尽弃。但是请你务必坚持训练下去。

一旦你能集中精力、全力以赴，你就有能力克服任何人生障碍。获得专注力的唯一的方法就是实践，这和其他任何事情一样，熟能生巧。

## 精神潜能训练

　　为了培养专注力，请准备好一张照片。之后，仍坐在以前那个房间的那张椅子上，保持放松的状态。用至少 10 分钟的时间去仔细观察这张照片：注意照片上的人的眼神、面孔、衣服、发式及每个细节。然后，遮住照片并闭上眼睛，在心里勾勒出照片上的所有细节。如果你能在脑海中还原照片的每个细微之处，并形成心理影像，恭喜你！你已经可以做到思想专注。否则，重复上述程序，直到成功。

　　通过这些练习，你将最终能够控制你的精神状态、生活态度和思想意识。

## 七　让你的目标可视化

诚如前文所言，是潜意识在向你的身体发出命令，使你拥有无限的能量。也就是说，潜意识能通过一些方法实现结果、解决问题，而人类对这些方法本身却没有清醒的认识。这就是真实的情况。

在这一课，我要告诉你的是：你能够运用你的意志来影响潜意识。或者说，你能通过调控潜意识来发挥无限的潜能。这一课将对潜意识的惊人力量做出全面解释。只要你理解、接受和承认这种力量，你就能够掌握它。

"视觉化"是形成精神意象的过程。所谓意象是"意"与"象"的完美结合，是思想情感与具体物象的完美结合。精神意象可以产生真实的生活。

你要尽量让你的理想看起来非常清晰、美丽，且宏伟壮观。在理想成为现实之前，你必须在心里描绘这幅愿景蓝图。换言之，你要在想象中建设你的未来。你不需要考虑这幅蓝图的成本和材料，什么都不要顾虑。除了你自己，任何人都不能限制你奔向前程。

你要让这幅蓝图清晰明了、轮廓鲜明，要将它深植于心，并设计出实现它的方法。这样，想象中的未来就离你越来越近，有一天你就会成为那个"你想成为的人"。

这又是一个重要的人生法则。但是，仅仅阅读或理解这个法则，并不能使你获得任何实质性的成就。该法则本身甚至不能帮助你形成精神意象，更不用说让它实现理想了。为了实现你的理想，你要努力将该法则运用于自己的工作。工作是实现理想的必要条件——体力工作、脑力工作，甚至是那些别人不愿从事的工作。

明确自我理想的过程包括以下几个阶段。首先，要把自己的理想描绘成一个具体的画面，即"理想化"。这是最重要的一步，因为你这是在勾勒理想蓝图的基调。要注意的是，这个理想必须切实可行，不能天马行空。

当建筑师想盖一座30层的大厦时，他必须提前在图纸上画好它的效果图；当工程师设计一个跨越江河的桥梁时，他首先要计算这座桥梁要承受的压力。也就是说，他们在迈出第一步之前都会先考虑结果。

所以，你在做每一件事之前，也要在脑海中先画一幅蓝图。这就像在播种，但是在播下任何一颗种子之前，你都要能对收成如何有所预计。这就是"理想化"。

如果你的脑海中还没有明确的理想目标，那么请坐到椅子上，认真思考，直到你形成比较清晰明了的理想目标。

一开始，整个画面可能会很模糊，但是它会逐渐成形；先是轮廓，然后是细节。这时你就进入了称为"视觉化"的第二个阶段。在这个阶段，你必须更详细地涂画自己的理想蓝图；不要放过每一细节，因为构成理想的方法和途径都是由细节组成。或者说，描绘细节的过程就是进一步完善自我理想的过程。万事万物总是因果相循、环环相扣。思想引导行动，行动完善方法，方法又发展你的人际关系，人际关系决定你周围的环境。当这些都顺利完成之后，你就进入了实现理想的最后一步，即"具体化"也完成了。

建筑师先是在脑海中设想他的大厦。他的思想就是一个模具，最终，他要建造的大厦将从模具中产生。无论他设想中的大厦是高耸还是低矮，是华美还是朴素，他都要在设计自己的图纸时，将组成这座大厦各个部分的材料以及如何建造它们标注清楚。

发明家在发明过程中也使用同样的方法。例如，尼古拉·泰斯拉——

有史以来最伟大的发明家之一——每次着手行动之前，他总是先在脑海中设想他的发明。但他并不急着着手实施，因为如果操之过急，他将不得不花费时间反复修正缺陷。当脑子里有新创意出现，他就先把这个想法创造成精神意象，然后在思想里不断改造、完善。"通过这种方法，"他在《电器实验者》一书中写道，"不需要接触实物，我就能迅速发展和完善一个创意。一旦我把这个创意的各个部分用什么制作以及如何制作等细节都考虑清楚之后，而且找不到任何缺陷，我就开始将设想的产品付诸实践。我设计的产品总是和我设想的一样，20年来无一例外。"

假如你能做到上述的一切，你就会对自己的人生理想拥有坚定的信念。这种信念会使你对自己充满信心，这种自信又会产生耐力和能力。你还会形成专注力，它将使你排除所有杂念，执着于目标。

你要不断重复精神意象的形成过程，只有这样，你才能获得清晰、准确的愿景蓝图。每次重复都能使这幅愿景蓝图的效果更好。蓝图的清晰度和准确度将和它在外部世界的可行性成正比。

在将你的想法体现于外部世界之前，你必须先在精神世界，也就是内心世界建立它的蓝图，最终的蓝图必须切实可行，建造起来把握十足。所以，你要确认自己的手里拥有合适的建筑材料，否则你创造的蓝图就毫无价值；即使手中握有材料，你还要确认你手里的东西是否可用——劣质的材料无论如何也织不出上等的绸缎。

至此，你的脑海中就形成了最终的精神意象。

在创造精神意象的过程中，无数的"精神工作者"功不可没。想想吧，你拥有五百多万个这种"精神工作者"——我们称之为"脑细胞"，它们随时待命，积极运作。除此之外，至少还有相等数目的预备队正整装待发，随时响应你哪怕最微不足道的需要。这么说吧，你思考的力量几乎是无限的，这意味着你的创造力是无限的；而你的创造力能为你创造任何理想的环境。

除了数以百万计的此类"精神工作者",你的身体里还有几十亿其他功能的"精神工作者"。它们每一个都有足够的智慧,能够理解任何外界信息或暗示,并据此采取行动。这些细胞忙于创造和改造你的身体。除此之外,它们还能将你完善、发展自身所必需的物质吸引到它们体内。

所有"精神工作者"都遵循同样的法则从事这项工作。这个法则就是吸引力法则,即:每一种生命形式都能将生长所需的必要物质吸引到自己体内。橡树,玫瑰,百合……万物都需要一定的物质帮助它们最完美地表达自己;它们都在默默地、全力以赴地获取这些物质。吸引力法则可以给你带来必要的外在物质,帮你实现自己的精神意象。

创造精神意象,让它清晰、完美、稳定。这种创造的方式使你得以不断修正通向目标的道路,使你从外界获得的供给更加符合自己的需求。在这个意象的指引下,你就能在正确的时间以正确的方式做正确的事情。"真实可行的理想"会带来"自信",然后,"坚定的信心"将巩固这个意象。这三个步骤必然会带来成就。因为"真实可行的理想"是感觉,"自信"是思想,"坚定的信心"是意志。正如我们已经知道的那样,感觉给予思想以活力,意志坚定地捍卫这个理想,直到它变为现实。

人类内心有如此惊人的、超自然的、自己都没有意识到的能力,这不是一件令人兴奋的事吗?如果我们还南辕北辙地去寻求"外部"的力量,这不是很荒唐吗?

有许多人付出了很多努力去获取健康、力量和其他东西,但是最终却失败了。原因就在于,他们只是头疼医头,脚疼医脚,而并未从自身发掘力量。基本上每个失败的人,问题都出在他们只求助于外部力量。他们想要金钱、力量、健康和富足,但是他们没有认识到这些只不过是结果而已。如果没有找到带来这些结果的原因,就根本无法获得这些结果。

而那些不依靠外部世界的人,他们会从自身去寻找原因,积累经验。这些经验将为他们揭开力量之谜,让他们拥有力量——这种力量将确立清晰的愿景蓝图，从而创造出实现理想的外部环境。那些目标远大、行动果敢的人都拥有这种力量。

为了心中的理想一往无前，不要考虑外部因素。如果你的内心世界足够美丽丰饶，外部世界就会表达和体现出你内心世界中的一切。你将逐渐拥有实现理想的力量，你的理想最终也必将在现实世界中被你创造出来。

例如，一个负债累累的人，如果他满脑子都是他的债务，他就会变得患得患失，无法专注于创造自己的精神意象，结果他的债务反而会不断增加。这个很平常又不可避免的结局，从另一个角度验证了吸引力法则——损失带来更大损失。

那么什么是正确的原则呢？只专注于你的目标，不要想其他事情。只考虑如何成为富有的人，并将致富的方法和途径"视觉化"，结果财富就会被你吸引过来。

吸引力法则能将贫穷、不足和种种消极思想带给那些不断地想着不足和恐惧的人，相反，吸引力法则同样也能将富足送给那些有勇气和力量的人。

对我们来说，这可不是一件简单的事情。因为我们都太浮躁了，我们焦虑、恐惧、痛苦。我们不想做事，只想着获得外在的帮助。我们像一个孩子刚撒下一粒种子，每隔15分钟就去挖开土壤，看看它是否在生长。毫无疑问，这种条件下，种子绝不可能发芽。我们大多数人在生活中都是这样行事。

我们必须让种子安静地生长。这并不是说，我们播种之后就可以坐下来，无所事事。我们要比以前做得更多、更好。这样我们就能不断获得新的机会，成功的大门将为我们敞开。

思想是获得智慧最有效的途径，只要你集中精神专注于一个目标，任何问题都会迎刃而解。但是，为了控制思想，使之服从你的命令，你必须付出努力。

记住，思想是创造蒸汽的火焰，这蒸汽将驱动车轮带你走向未来，决定你的人生际遇。

最后，请思考下列问题，然后给出真诚的回答：你是否会偶尔"迷失"自己？你是充分相信"自我"，还是人云亦云，随波逐流？记住，大多数人总是追随者，而不是领导者。当初，蒸汽机、动力织布机和其他每一种进步或改良出现时，都曾遭到大多数人的反对。但是，我希望你不是那些"大多数人"！

**精神潜能训练**

在本周的练习中,你要在精神意象里描绘你的理想蓝图。就像你前几次做的一样,你要到同一个房间、坐在同一把椅子上,放松自己;集中精神描绘你的理想,要详细,越详细越好……你能做到吗?我知道"你能"。然后,设想理想都由哪些因素组成,以及如何构建它们。你能做到所有这些吗?如果能,你的想象力很出色,你已经取得了了不起的进步。

## 八　丰富的想象力等于美满幸福的生活

毫无疑问，你能自由地控制自己的思考过程，但思考的结果是好是坏却要由吸引力法则来决定。这个法则为我们揭示了，那些"好的结果"与"坏的结果"到底是怎么得来的。

让我举个例子吧，如果你的想法具有创造性与和谐性，那么你就将得到一个好的结果；如果你的想法充满了争斗或者不和谐，那么你得到的结果也必然是坏的。

"好"与"坏"只是为了表示我们行动的结果，或体现我们对这个法则的遵从与否。

爱默生和卡莱尔的生活为我们很好地展示了吸引力法则的重要性。爱默生充满善意，从而奏响了一曲和平与和谐的人生交响曲；卡莱尔嫉恶如仇，他的争斗思想则把他的人生带入混乱和危险的深渊。

两个伟大的人物，他们拥有一个共同的理想目标。但不同的是，爱默生重视自我的创造，而卡莱尔则满脑子争斗思想。不同的选择，把他们的人生带到了截然不同的境地。

你关注什么，我们的内在创造力就把我们塑造成什么。这就是吸引力法则。

人的思想具有创造性。正是因为人的思想具有这个特点，人才能与其他拥有相同思想的人和谐共处。

成长和自我发展是所有生命的终极目标，但是成长的结果却受到现存事物及其规律的影响。这就是成长法则，它也适用于人的思想形成过程。

任何一人，他所执着坚持的想法必然会影响到其性格、健康和周围环境。通过前面的课程，我们已经掌握一些重要的精神训练方法，这些方法能帮助我们改掉那些只能产生负面结果的思考习惯，并培养出"自我创造"的思考习惯。

诚然，精神上的习惯很难改掉。但是，如果我们能不断地用"自我创造"的想法取代"与人争夺"的想法，那么就可以培养出良好的思考习惯。为此，你要善于分析自己的想法，并对现有的想法做出取舍。如果某个想法不但对你个人有益，而且对那些受到其影响的人也是有益的，那么你就要保留它，珍视它，因为它具有无限的价值，它将成长、发展，直到有一天它就能在外部世界结出丰硕的果实。我们要记住乔治·马修·亚当斯说的话："学会关上你的大门，让那些目前对你无益的东西远离你的头脑、你的办公室和你的世界。"

如果你拥有很多"与人争夺"的想法，并且它们给你的生活带来了不和谐，那么，你就要努力培养"自我创造"的精神态度。

在形成这种精神态度的时候，你的想象力会助你一臂之力。换言之，丰富的想象力可以给你带来美满幸福的生活。

思想为你编织未来之衣，而想象力为你的思想提供编织的材料。

想象力可以让你看到你过去所没有看到的新世界。

无论你是探索者还是发明家，想象力都可以为你开启从无到有的创新之门。有了想象力，你过去认为做不到的事，现在就有可能做到。

想象力可以重塑你的思想，因为它可以使你的感觉发生新变化，从而形成新理想。

想象力可以赋予思想以创造性，它能让你做出很多富有创造性的行动。

没有设计师的图纸，建筑工人就无法建造出一座建筑；而设计师的图纸来自于他的想象力。没有预先的设想和仔细筹划，企业家就不可能建立起一家拥有数百个分公司、上千名员工的大集团。人生中的一切事物都像陶工手里的黏土，是人的智慧将它们塑造成形，而想象力就是塑造用的工具。

就像锻炼你的肌肉一样，有效的训练可以让你拥有无限的想象力。你必须经常向你的想象力注入新事物，否则它就会逐渐枯萎。

但是，你千万不要把想象力错误理解为幻想。幻想是"白日梦"，它是精神分散的一种形式，能导致精神上的疾病。很多人都喜欢沉迷于幻想，结果遭遇了人生的失败。

创造性的想象是一种精神劳动。这种劳动并不轻松，很多人都无法忍受这种劳动的艰苦。不过，只有最艰苦的劳动才能换来最丰厚的回报，因为上天偏爱将成大事的机会留给那些勤于思考、想象和努力的人。

人的思想是唯一的创造之源，它无所不能、无所不知、无所不在。当你深刻认识到这样一点时，你就在通往真理的方向上迈出了一大步。

下一步，我们要想办法获得这种力量。毫无疑问，思想就在我们的内心。但是，思想的力量却要经过精心培育、不断施肥才能获得。所以，我们要多去接受新事物。就像身体要经过锻炼才能孔武有力一样，我们的思想也要通过练习才能具有对新事物的接受能力。

根据吸引力法则，你最终得到的，一定是那些和你的习惯、个性、精神状态相一致的人生条件、环境和生活经历。所以，你的精神态度才是解决人生问题的关键，而无论是在教堂里祈祷，还是读一本好书，都无法解决你的问题。

人类能够利用的一切力量都来自内心。只有认识你的力量，正视你的力量，让你的力量进入你的意识，与你融为一体，你才能体验到它们的威力。

每个人都想过上富足的生活，这一点毋庸置疑。但是，有了正确的创富意识就能过上期望的富足生活吗？很遗憾，还不能。可是，一旦人们了解了力量之源，有了正确的创富意识，他们就会变得目光敏锐、脚步轻盈、生气勃勃，而这无疑会为他们带来富裕的生活。

所有错误都源于人们的无知，而知识让人进步。所以，对知识的认知和应用也是获得力量的过程。知识的力量是精神上的力量，是人类发展的关键。

知识是人类思考的结果，可见，思想是人类发展的基础。若一个人的思想停滞不前，那么他拥有的力量将会迅速瓦解，而他的生活就会遭遇困难。

那些成功的人总是坚持理想，为了实现理想，他们心里一直牢记下一步该做什么。思想是他们用来建造理想的大厦的"工地"，想象力是他们精神上的建材。

精神是一种永恒的、进步的力量。如果你能使用这种力量，你就能获得成功所必需的一切条件；而想象力则是一个矩阵，你能用它来组合出所有奇妙的事物。

你的人生取决于你对理想的执着程度。不过，要想顺利实现自己的理想，你必须预先做好规划，并吸引一切必要的条件。

做到这些，你就能让精神与力量充斥于你的整个身体，并在自己的周围凝聚起一股积极的力量。从此，你就能过上令人艳羡的生活。

## 精神潜能训练

在上一周的练习中,你获得了一个精神意象。本周的练习是:随意拿起一件东西,追根溯源,去分析它到底是怎么回事,真正的结构是什么。这样做有利于发展你的想象力、洞察力和感知力。但是,你决不能敷衍了事,你要尽力去发现事物的真相,这样你才能培养出好的想象力、洞察力和感知力。

很少有人知道他们所看到的事情只是结果,更不用说去理解产生这些结果的原因和过程了。

像前几次的练习一样,放松下来,然后在头脑中想象出一艘战舰。

这是一个漂浮在水面上的、冷冰冰的庞然大物。舰体的绝大部分都隐藏于水面之下;这个战舰有一个20层的摩天大楼那么高、那么重;舰上有几百名官兵正随时待命,而舰体的每一部分都由能干的、训练有素的军官负责;这艘战舰虽然好像已被世界遗忘,但是它仍船坚炮利;尽管这艘战舰现在看起来很安静,但随时能向几英里外的敌人发射数千磅的炮弹……

除了上述这些信息,你还可以想象更多事情,比如:这艘战舰是怎么来到这里的?从哪里来?如果你有足够的想象力,你还可以由战舰上的钢板联想到矿山:

你看到上千名工人正在工作；再回过头来，看见铁矿石被抬出矿井，工人将它们运上火车或汽车，然后熔化，并根据需要进行生产加工。

进一步想象：

你又看到建筑师和工程师正在设计图纸。你又想到，为什么要设计这艘战舰？这时你将发现在你的脑海中，战舰不再是先前的有形之物，其形体不再存在，它只是建筑师脑海中的一个思想。但是，是谁下令建造的这艘战舰？应该是国防部，在战争之前很早就制订了这个计划，然后经过国会讨论拨款，也许关于这艘战舰，国会意见分歧很大。但是，国会又代表谁呢？国会代表你和我……

这种练习对你很有益处。当你的思想透过这个事物的表面看到其本质时，你就会明白，结果其实并不重要，那些过去曾经被忽视的原因和过程才是世界上真正重要的东西！

## 九　改变自己的最好方法

在达成愿望、实现理想的道路上，也许你的每一步都会遇到挫折，但是每走一步，你的思想深处就会萌生出一种信念。这种信念就像春天播下的种子，经历春天的雨天，熬过夏天的干旱，它长成茁壮的庄稼，结出丰硕的果实。

然而，为了实现自己的理想，我们具体应该怎么做呢？答案很简单：根据吸引力法则，分清什么是"因"，什么是"果"。你会发现，与物质世界的因果法则一样，精神领域的因果法则同样真实和有效。

换言之，你要坚信，你一定能实现你的理想；对这一点，你要坚信不疑。一旦树立起这种坚定的信念，你就等于给自己的成功播下了种子。你要经常在心里重复这个信念，直到它成为你身体的一部分。

我们的思想决定我们的信念，我们的信念决定我们的行动；行动是思想的花朵，成功是行动的结果；思想是"因"，成功是"果"。我们要想成功，就必须重塑我们的思想。重塑思想，实际上就是在改变自己，使自己成为"想成为的人"。

俗话说："两个东西不能同时被放在一个地方。"——只有把一个东西拿走，你才能放另一个东西。在精神的世界里，也是同样道理。只有将恐惧、不足和缺陷抛在脑后，你才能在自己的身体里塑造出勇敢、坚强、自立和自信的性格。所以，改变自己的最好方法就是给自己灌输一种适合自己的、积极的思想，因为积极的思想就像闪电划破黑暗，会摧毁消极的思想。

人类想从外部世界得到的只有三件事物：健康、财富和爱。这三件事物是整个人类共同的追求，也是个体自我实现和充分发展的必要条件。

如果我问：在这三件事物中，哪个最重要？很多人会首选健康，也有人会选财富，当然也会有人认为，爱才是人类幸福的第一要素。对三件事物的排序，不同的人无疑会有不同的看法。但是，有一点大家却能达成共识：如果一个人能同时拥有健康、财富和爱，那他肯定是世界上最幸福的人。

其实，自然界赋予人类的资源极其丰富，任何人都有机会获得自己所需要的健康、财富和爱。但是，这有一个"附加机制"，那就是人们能够释放出蕴藏于自己内心的精神力量，并去主动适应宇宙中的普遍法则。换言之，这个"附加机制"就是我们的思考方法，通过正确的思考，我们就能进入成功之道。

那么，我们应该怎样思考？如果我们弄懂了这个问题，就会发现这个"附加机制"可以使我们和渴望的任何事物建立联系。你可能会觉得这过于简单，但是随着对这个问题的深入了解，你将发现正确的思考方式实际上是一把"万能钥匙"，能帮我们解决所有生活中的问题。正确的思考方式是所有"好事"的基础、必要条件和绝对法则，在这里，"好事"就是"让人幸福的事"。

为了做到能正确、准确的思考，我们必须认识真理。认识真理是每项商业和社会活动的基本原则，是每个正确行动的前提条件。了解真理、承认真理、相信真理，就会带给你无与伦比的满意度。在这个充斥着怀疑、冲突和危险的世界上，最可靠的就是真理。

真理是宇宙中无所不能、无处不在、不可抗拒的力量，它能消除一切混乱、不和谐、怀疑或谬误。

如果自己的行为是以真理为基础，那么傻子也能实现预想中的结果。相反，如果自己的行动建立在谬误之上，即使是那些聪明绝顶、学识渊博、明察秋毫的人，也会迷失方向，无法掌控行为的结果。

无论你是无心还是有意，是善意还是恶意，只要你的行为违背了真理，你就必然会陷入混乱状态。最终损失将和行为错误的程度和性质成正比。

总之，为了保证思考的正确，我们必须认识真理。但是，如何认识真理呢？

真理无处不在、无所不能、不可抗拒。一旦认识到这一点，我们就不会对"真理"产生误解。举例说明，如果你想拥有健康，就要认识如下事实：部分的性质决定了整体的性质，而精神的健康是身体健康的一部分。也就是说，如果你在精神上总是认为自己有缺陷，那么你就会得精神疾病，你的身体健康自然也会出现问题；如果你在精神上总是相信自己是完整、完美、强大、有力、有爱心、和谐、幸福的，你的精神就会健康，自然你的身体也能健康。这就是有关健康的真理。认识到这个真理，你就能纠正自己对健康的很多误解。

思想是一种精神活动，精神具有创造力。因此，当精神里存在一个思想时，必将创造出与这种思想一致的条件。

如果你需要财富，你就要认识这样一个事实：自然界可以满足人类的所有物质需求，所以，你不应该总是去想着争夺别人的财富，你要去创造财富。认识这个事实，有助于你更好的理解吸引力法则。通过吸引力法则，你可以将那些能帮你获得财富的资源吸引过来，而最终你能获得多少财富则取决于你在创富过程中的付出和心态。

将你的理想可视化，即"视觉化"，是另一个帮助获得财富的正确思考方式。"视觉化"与"看"截然不同。"看"是物质上的，因而只与客观世界——"外部世界"相关；而"视觉化"是想象力的产物，因而是主观精神——内心世界的产物，它生机勃勃，能够不断成长发展。最终，想象力必然会在物质世界中体现出来。这个过程是绝对的、必然的。遗憾的是，很多实践者由于经验不足或能力不够，往往不能很好地将自己的理想"视觉化"，致使他们难以实现自己的理想。但是，任何一个人，只要他能下定决心、坚持实践，就一定会致富。

如果你需要爱，就要认真理解这样一个事实：获得爱的唯一方式是付出爱。付出越多，获得越多。如果你想付出爱，先让自己充满爱，直到自己变成一个"爱的磁场"。我们将在另一部分解释这一方式。

很多人已经开始将上述真理应用在自己的生活中，他们已经发现了解决个人问题的"秘诀"。如果一个人经常会涌现一些精彩的想法，并且坚持将这些想法付诸实践，那么这个人就会富有创造力，就一定可以成功。当更多的人通过掌握真理而取得成功时，真理的力量就可以获得更大程度的彰显。

实际上，正有很多人开始实践上述真理，还有些人已经通过实践这些真理改善了自己的生活。听到这类消息，真的令人非常激动。以下是一个叫弗里德里克·安德鲁斯的实践者的来信。

那一年我大约13岁，马塞医生（已经去世）告诉我母亲："我尽最大努力了，安德鲁斯太太。我专门研究过这类病例，我知道你儿子确实没有治愈的希望了。我也是这样失去我的小儿子的。"

我母亲转向他，说："医生，如果他是你儿子，你怎么办？"他回答："我会斗争，斗争！只要有一点希望，我就要全力争取！"

我母亲开始了一场旷日持久的斗争。有好几次，我都与死神擦肩而过——那时，就连最乐观的医生也表示无能为力了。

但是，我母亲和我从来没有放弃。最后，我们赢了！我过去是那么弱小、畸形、跛脚，甚至只能用手和膝盖在地上爬行，但是现在的我，强壮、挺拔、健康！

现在，你一定想知道我的"药方"是什么。其实，它很简单。

我制定了一个座右铭，并且每天在心里一遍又一遍地重复："我完整、完美、强大、有力、有爱心、和谐、幸福。"我将它牢记在心，一字不忘。

甚至夜里醒来，我发现自己还在重复着"我完整、完美、强大、有力、有爱心、和谐、幸福"。就这样，我每个夜晚念着它入睡，每个清晨念着它起床。

我创造这个宣言不仅为我自己，还为那些需要帮助的人。我要强调一点：无论你想得到什么，你都要将这些积极的信息传给他人，这样对你和他人都能有帮助。

我们收获的正是我们付出的。如果我们向他人传达爱与健康的思想，他们将回报我们同样的信息。如果我们传达的思想是恐惧、焦虑、嫉妒、愤怒或憎恨，等等，我们也将在生活中品尝同样的苦果。

过去人们往往认为，七年才能造就一个人。但是，目前一些科学家发现，人类每11个月就完全塑造一次自己。换言之，我们每个人实际上只有11个月的年龄周期。倘若我们年复一年地陷入消极的思想之中，我们的人生一定不会有好的结果。如果我们对自己的人生境遇不满，这不能责怪别人，只能从自己身上找原因。

一个人的遭遇完全是他自己思考方式的综合体现。问题是：我们怎么做，才能确保自己只接受积极的思想，拒绝消极的思想？首先，我们无法阻止消极思想的出现，但是我们能拒绝它们。拒绝的唯一方式就是忘记它们的存在，这意味着要用积极的东西取代它们，此时，我们的宣言就能发挥作用了。

战胜黑暗的方式就是与光明同在，战胜寒冷的方式就是与温暖同在，战胜邪恶的方式就是与善良同在。当愤怒、嫉妒、恐惧或焦虑悄悄侵入思想时，我的上述宣言就有了用武之地。你肯定"好的事物"，"坏的事物"自然就会消失。

弗里德里克·伊莱亚斯·安德鲁斯

如果你想实现自己的理想，就要经常使用安德鲁斯的这个宣言，它是最好的宣言。在你的内心深处，你要坚信它是真的，你就是这样一个人；不断地诵读它，直到它深入你的潜意识。无论是在车上，在办公室里，还是在家中，你随时都可以诵读它。这就是精神方法的优势。精神无所不在，随时都可以为你服务，唯一条件就是你要正视它的"无所不能"，并积极地将它付诸实践。

如果我们的精神态度在主体上是坚强的、勇敢的、仁慈的或具有同情心的，我们就会发现外在世界会提供与这些思想相一致的积极条件；如果精神态度是软弱的、挑剔的、嫉妒的或具有争斗性的，我们的外在世界也会同样会提供与这些思想一致的消极条件。

思想是"因"，人的最终境遇是"果"。人的思想具有创造力，因此人会根据自己的思想来改造外在的世界。这就是宇宙中普遍存在的法则，又称为吸引力法则，或因果法则。对这个法则的认知和应用将决定一个人的"始"与"终"。

## 精神潜能训练

在本周的练习中,你要试着去想象一株植物,想象你正手持一朵最喜欢的花。这朵花本来是无形的,你要想象出它的形态,并想象出它的生长过程:

想象你正撒下小小的种子,浇水,照顾它,把它放在一个合适的、能被阳光照到的地方。你看到种子破裂,它现在是一棵有生命的植物,正在寻找吸引营养的途径,它的根须向土壤深处渗透,向所有方向伸展。你知道这些根须都是活细胞,它们正在分裂,再分裂……它们迅速分裂成无数细胞,每个细胞都有智能,知道自己想要什么及如何获得它们。它的茎向上伸展,突然,它破土而出,分出枝干,每个枝干都形成完美对称的形态。你又看到它的叶子正在形成,还有细小的分枝,每个分枝的顶端都有一个花蕾。然后,花蕾绽放,你最喜欢的那一朵花扑入眼帘!现在,如果集中注意力,你会闻到香味。微风轻轻吹动这美丽的、想象中的花朵,芬芳徐来……

如果你能使精神意象清晰、完整,你就能进入精神的世界。

按上述方法练习,无论你是想象健康的状态,还是一朵喜欢的花、一个主意,或一个复杂的商业方案,都有助于培养你的专注力。将注意力集中于眼前目标,坚持不懈,你就会无往不达。

## 十　因果法则

在这一课，你将认识到，没有正确的"因"，就没有正确的"果"。如果你能根据前几课的内容重新制订自己的人生规划，就等于种下了"因"，将来就可以收获自己想要的"果"。

一个人，如果对因果法则没有明确认知，就很容易被感觉和情绪支配，从而做出一些不理智的判断和行为，比如：将经商失败归咎于自己不走运；将自己不擅长音乐归咎于学习音乐的费用太昂贵；自己做不好办公室的工作，就找借口说自己更适合做一些户外工作；没有朋友，却埋怨别人不懂得赏识自己。

这些人从来就不知道自己的问题真正出在哪里，他们无法找到产生这些问题的原因。换言之，他不愿意从自身寻找原因，也不愿意承认自己的错误；他们总是去寻找借口，以此来安慰自己，糊弄别人。

相反，一个人，如果能完全掌握因果法则，他就会用客观的态度去思考自己的问题，他会认真考虑问题的起因，无论真相是什么，他都会坦然地接受、无条件地遵从。这样的人看事情总是很积极、客观，因而世界也必将积极地回报他们——给他们友谊、荣誉、爱与支持。

充盈富足是自然界的基本法则。自然界在任何地方都表现得极度慷慨，对万物毫不吝啬。树木、鲜花，植物、动物，无论其生长所需的资源多么浩大，自然界都可以让它们自由自在地生长。

对每个人来说，这种富足甚至是无限的。然而，为什么现实中仍有很多人无法过上富足的生活呢？这是因为这些人还没有认识到精神的力量，心存狭隘。精神是积极的、进取的，通过它，我们能与渴望的财富建立联系。

所有财富都是力量的产物，只有传递力量，财富才具有价值。所以，只有影响力量，我们的致富行动才有意义。

要影响力量，我们就必须懂得因果法则；掌握了因果法则，我们就可以大胆地制订计划，并勇敢地执行计划。

因果法则有很多形态和层面。我们常说的电力、化学反应和地心引力等法则就是最常见的因果法则的表现形式。

电力、化学反应和地心引力等这些法则被称为"自然法则"，因为它们统治物质世界。但是，并不是所有的力量都是物质力量，还存在精神力量和道德力量。

在后两种力量中，精神力量级别更高，它处于更高层次。通过对精神力量的发掘，人们就可以运用物质力量完成无数人才能完成的工作；通过对精神力量的发掘，人类能够超越时空，克服地心引力。

所有因果法则都是依靠精神力量运行和相互联系的。英国自由教会的著名牧师亨利·德拉蒙德对此做过精彩的论述：

众所周知，物质世界分为有机物和无机物。矿物质世界是无机物的世界，它和动植物世界完全隔绝，往来的通道被隔断，而这些障碍不可逾越。在矿物质世界，物质无法改变，环境无法改造，没有化学、电力及任何形式的能量，也没有任何一种进化能为矿物质世界的一个小小原子刻上生命的痕迹。

如果生命不曾降临，如果原子没有被赋予生命特性，我们的世界将永远处于无机的状态。因此，赫胥黎说，进化论，即生命只能由生命进化而来的观点绝对正确。英国物理学家丁铎尔也承认："我要说，没有任何证据能证明今天的生命与更早的生命毫无关系。"

化学的法则能解释无机物的发展，生物学的法则能解释有机物的发展，但是却没有相关的科学来解释无机物与有机物如何联系。但事实上，物质世界和精神世界之间必然有一个联系的通路，该联系也必然遵循某种法则，否则人类就不能科学地改变外在世界。数亿年前，这个通路在物质世界这一边是严格密封的，大门紧闭；物质世界成了一个纯粹的无机世界，在这里，没有有机变化，没有精神，没有道德。

后来，物质世界出现了植物，再后来动物出现了。人类的出现是一个奇迹，因为人类拥有意识和潜意识等精神活动，由此物质世界和精神世界的通道被彻底打通了。

思想是一条沟通纽带，它连接着"无限的世界"与"有限的自我"，连接着宇宙与个体。思想具有力量，通过思考，人的创造性才得以发挥，并在客观世界体现出来。这就是打通物质世界和精神世界的因果法则。通过这种法则，物质世界的万物可以从人的精神世界被创造出来，进入有形的客观世界；反过来，它们可以通过向人们展示自己，而再次进入精神世界。

因果法则就是我们理解万物的一把"万能钥匙"。通过它，你可以深入领悟宇宙万物的"至高秘密"，并且"主宰万物"。通过因果法则，你可以"创造出任意一件事物，它也将为你而存在"。

因果法则与我们之前所学到的知识是一致的。宇宙是根据宇宙中普遍适用的法则创造出来的，而人类只是普遍适用的法则的个体化体现；而且，人类可以使用普遍适用的法则来为自己创造发展的条件。

这种创造力取决于我们对心灵或精神的潜在力量的认识，但我们一定注意不要把它和"进化论"混淆：创造是将本来不存在的事物带到客观世界，而进化只是开发已经存在的事物的潜力。

通过因果法则，我们可以在自己的人生道路上发现无数成功的机会和机遇。但是，我们牢记一点：因果法则本身不能被我们所影响，我们只能遵守它。

人类所犯的最大错误就是妄图实现这样一种想法：在探索宇宙的道路上，人类必须自己踩出一条路来；只有通过这样的道路，人类才能有成就感。这种想法没什么价值，普遍适用的法则会给人类指引出一条道路。遵循这条路，人类就可以获得自己所需要的任何条件或结果。

举例来说，这就好像电的法则一样。电能已经被人类所普遍认识，人类可以通过各种方式来使用电能，方便自己的生活。相反，如果我们有意或无心地违反这个法则，例如，接触一根通电的、不绝缘的电线，后果将会非常不愉快，甚至是灾难性的。如果我们不了解精神世界的法则，那么我们也会遭遇相同的后果——许多人可能会因此痛苦终生。

事实上，因果法则如同电极。和谐的思想则宛如带有极性的"电路"，只有服从因果法则，才能形成这个"电路"。如果我们不知道因果法则是什么，我们就无法和它和谐共处。那么，怎样才能知道因果法则是什么呢？答案是：通过研究、观察。

在任何地方，我们都能见到因果法则的运行。世间万物无声地、不断地按照成长法则表达自己，它们都是因果法则运行的明证。

如果你的思想符合精神世界的法则，你就能创造出"无限"的事物；从而，在你和"无限"之间形成一个"电路"。如果这个"电路"不通，那很可能就是因为你的思想背离了精神法则。如果极性不存在，"电路"就无法形成。

因果法则对你同样适用。如果你接受的思想与无限的精神法则相背离，就不能被"极化"，因而无法形成"电路"，你将被"绝缘"。这些消极的思想会一直缠着你、束缚你、困扰你，最终给你带来疾病，甚至死亡。

创造性的思想必然具有创造力。但是，创造性的思想必须是和谐的，它是摒弃了争斗和对抗意识的思想。智慧、实力、勇气，所有和谐的条件都是力量创造出的，而且，我们已经知道，一切力量都来自内心。同样，每一种不足、缺陷或消极环境都是软弱的结果，软弱只不过是缺少力量而已——补救方法就是增强力量。所有力量的增强方式都完全相同，那就是通过练习。

锻炼精神力量的练习就是要你把前面所学到的知识都付诸实践。知识本身不会产生任何作用，你必须应用它。天上不会掉馅饼，富足的生活也不会自动落入你的口袋，但是，只要你目标明确、意志坚定，并有意识地认识吸引力法则，吸引力法则就会支持你，使你获得成功。如果你身处商界，吸引力法则会帮你增加和扩展正规渠道，甚至你会找到潜在渠道和非常规渠道，你将发现，原来你寻找的一切正奔你而来！

**精神潜能训练**

在本周的练习中，你仍然要回到从前的那个房间，并面对空白墙壁坐下来；或者，坐到其他方便的地方也可以。你先在意象中画一条大约6英寸的黑色的水平线。就像画在墙上一样，你清楚地看到这条线。现在，再在意象中画两条垂直的线，与前面的那条水平线的两端相连。然后，再画一条水平线，把这两条垂直的线连接起来。于是，你看到了一个正方形。让这个正方形尽量清楚，然后，在中间画一个圆。在圆心处画一个点，然后把圆心的点向你自己的方向拉近10英寸。现在，你以那个正方形为底面，在意象中形成了一个圆锥。

经过上述的过程，你所构建的作品全部都是黑色的。不过，你可以尝试把它变成白色的、红色的，或者黄色的。

如果你能做到这些，你就已经取得了不起的进步了。换言之，你已经有能力将注意力集中于头脑里的任何目标了。任何目标，一旦在思想里扎下根来，实现它就只是时间问题了！

## 十一　开发自己的推理能力

人类的活动必须遵循吸引力法则。这种法则是永恒的、真实有效的，永远支配着人类的活动；无论何时何地，只要有人的活动，吸引力法则都必然会发挥作用。换言之，这个稳定不变的法则是所有人类行为的基础。正是因为有吸引力法则的存在，那些企业集团的管理者们才能准确预测出，对某一项管理措施，会有多少员工赞同，这些人在所有员工中所占的比例是多少。

在使用吸引力法则时，我们还需要重视因果法则——每一个结果都是一个原因的产物。"果"变成"因"，又产生其他的"果"，因果相循，无始无终。你还要切记：一旦你开始运用吸引力法则，你就打开了一连串无休无止的"因"，这串"因"又引出无穷无尽的"果"。

经常听到人们这样说："我太痛苦了！这可不是因为我的想法有问题，我真的从来没有想过任何能导致这种后果的事。"这样说的人，都不知道精神世界里的"同类相吸"原则，即我们的思想特征创造出与之相同属性的外部环境。换言之，消极的思想必然带来消极的外部环境，比如消极的人际关系和人际境遇，这反过来又引起我们对生活的不满。

推理是精神活动，分归纳推理和演绎推理两个过程。通过这两个过程，我们能将许多独立的例证相互比较，从而总结出引发它们的共同原因，并据此对其他事物做出判断。换言之，归纳推理过程就是个别性知识推出一般性结论的推理过程；而演绎推理，就是从一般性的结论出发，通过推导即"演绎"，得出具体陈述或个别结论的过程。

推理的思考方法可以帮助人们从人类活动中，发现无所不在的法则，从而推动人类社会告别懵懂，进入文明的时代。

推理是迷信和智慧之间的分界线。推理相信法则和逻辑，它使事物发展的过程变得清晰、确定；而迷信则宣扬人类行为的不确实性和不稳定性，它使事物发展的过程变得不可捉摸。

推理就是精神世界的"看门人"，可以将一切谬误排除在人的精神世界之外。

通过推理，我们知道世界正处于永恒的变化之中；通过推理，我们纠正了"地球中心说"的错误认识，知道了地球是圆的，它在围绕太阳运动；通过推理，我们知道惰性物质可以能被分解成活性物质；通过推理，我们知道，借助望远镜和放大镜，我们可以看到更加浩瀚的宇宙和更加丰富的生命世界……

没有归纳推理，我们就无法提出这样的疑问：是什么方式使生命体的构成如此微妙，并且在受损的时候能够得以修复？

没有演绎推理，我们就不能从"同性相斥、异性相吸"的物理法则，演绎出如下广泛的结论：因为"同性相斥"，所以恒星之间、人与人之间和力量之间总是要保持某种距离；因为"异性相吸"，所以很多没有共性的元素可以互相吸引，例如：酸和汽油容易混合；普通的供需交换总在继续；而具有不同优点的人更容易建立友谊。

通过推理，我们可以发现许多表象背后隐藏的本质。例如，法国动物学家居维叶发现了一颗牙齿，它属于某种已经灭绝的动物。因为牙齿只有在身体上才能履行它的功能，所以通过它，居维叶就可以精确判断该动物的特殊体型。而通过上述精确的判断，居维叶才可以重现该动物的骨骼结构。

根据摄动理论和天王星的运动规律，法国天文学家勒威耶推算出，在太阳系的一个确定位置上应该还有另外一颗行星的存在，否则太阳系就无法保持规则运行。后世的天文观测证明了他的推论：海王星恰好就位于勒威耶指定的地点。

科学家们正在将自然界的一切因果关系记录下来，进而使自然科学理论愈加完善；而日益发展的自然科学则使我们的感觉更加敏锐。今天，我们从自然科学中得到的好处越来越多。

社会科学的发展也是如此。现在，我们已经知道，我们与社会具有密不可分的关系，我们的需求和目标必须符合这个庞大组织的和谐运转，比如：公民追求的自由和快乐必须与政府的目的相一致；个人需求能否得到充分满足，在某种程度上取决于这些需求能否被国家普遍地、稳定地感觉到。

同样，当我们意识到自己是"大自然共和国"的公民后，我们就可以与人力之外的超级力量合作，在其保护下摆脱无谓的困扰。

通过上述这些自然科学和社会科学的基本法则，大自然就可以将人类与外部世界之间相互作用所需的力量和资源合理分配，从而最大限度地满足全体人类的发展需要。

推理可以使我们大步地向理想迈进，并带给我们种种好处，并激励我们更加辛勤地奉献。推理能帮助我们找到加强自身力量的方法，并让我们为各种问题设计出正确的解决方案。

除了推理，在实现理想的道路，你还要坚持一个重要的法则，即：为了实现愿望，我们首先要在心里相信它已经成为现实。只有按照这个方法去做，思想才能转化为现实。

这个方法最早是由柏拉图提出的，但瑞典的大哲学家斯韦登伯格也在他的学说中做过详细描述。另外，《圣经·马可福音》中提到了这个方法："所以我告诉你们，凡是你们祷告祈求的，只要相信能够得到，就必得到。"

总之，你始终要把自己的愿望看作是已经存在的事实。坚持这样做，效果很快就会出现。

到现在为止，我们已经知道，我们的人生境遇与客观条件和外部环境毫无关系。如果你开始循着这样的思路思考问题，就像播下一粒种子，如果没什么意外，它最终会生长、发芽，并在你的人生中结下丰硕的果实。

现在，对上文做一下简单回顾：推理是客观精神活动，分归纳推理和演绎推理两个过程。通过这两个过程，我们能将许多独立的例证相互比较，从而总结出引发它们的共同原因，并据此对其他事物做出判断。

在任何一个文明国家中，人们都是在经过很多付出后才能获得理想的结果。但是，由于他们对自己的付出过程缺乏真正的理解，所以，在事后，常常为自己所做的事情添上或多或少的神秘色彩。所以，要想顺利实现自己的理想，我们就必须去芜存菁，发现隐藏在这些表象之下的客观法则。

其实，那些幸运的人之所以幸运，就是因为它们掌握了正确的思考方法。他们总是行为得体、正直做人，所以，尽管他们从不曾刻意地追求过什么，但他们却拥有其他人辛苦一生也未必能得到的东西；他们看上去聪明机智，无论学什么都很容易；他们无论做什么都要寻找正确的方法，因而能轻松地完成工作；他们的行为永远符合宇宙中普遍使用的法则，所以他们很少经历生活的困苦或生活的折磨。

任何一个人，都可以像他们一样思考；这种思想的力量对任何人都是公平的。遗憾的是，目前仍然很少有人去主动地认识、欣赏或理解它。只有在被正视的前提下，精神才会发挥出奇迹般的力量。这种力量一旦被开发和引导出来，就可以用来解决人类的任何问题。所以说，发现隐藏在表象之下的客观事实极为重要。

无论是使用现代科学加以定义，还是运用罗马教皇时代的语言来陈述，所有真理的本质都是相同的。没有自信心的人不可能认识这一点：真理独特的完整性需要多种表达——没有一个人类公式能全方位地体现真理。

与某些"假想"不同，真理可以被发现不同的侧重点，出现新的表述、新的解释、新的观点；这样做并不与真理本身背离，相反，它们证明了真理正在被普遍认知，人们开始理解它与人类需求的新关系。

真理必须被世代传承，每个时代的每个人都应该掌握它。所以《圣经》中说："相信你能收到，你就能收到。"或者，如柏拉图的名言："信念是对所盼望的事情的把握，是还没见到的事实的证据。"或者，像本书所说："吸引力法则是思想与其客体建立联系的法则。"上述这些话包含了同一真理，唯一的区别就是表达方式不同。

思想的力量是迄今为止，所有时代最伟大的发现。虽然它被认知的过程长了一点，但是，这一天毕竟到来了，这个最伟大发现的重要性正在每个探索领域展示出来。

也许你会问：思想的创造力在于什么？思想的创造力在于创造性的想法，这些创造性的想法又通过对物质和力量的调拨、发明、观察、识别、发现、分析、统治、管理、合并及应用来体现。思想的创造力能做到这些，是因为它具有智能。

当思想抵达心灵的幽深之处，当它打破狭隘的自我，当它穿越层层真相，见到永恒的光明之所——在那里，万物的过去、现在和将来永远地融于庄严的和谐之中，这时，思想的活动就达到了顶峰。

一个人经过这个自我思索的过程，就会产生智慧。与任何其他元素、力量或自然法则相比，智慧是一种创造性的智能，都具有不可否认的优越性。这是因为，智慧能根据人的终极目标而自我修正，并被应用到其他因素中，从而达到支配万物的目的。

我们都知道，许多人都完成了非常艰难的事业，实现了毕生的愿望，改变了一切，包括他们自己。过去，我们常常对某种神秘的力量感到惊异，这种力量似乎在最危急的时刻总会发挥作用；现在，我们已经明白，这种力量就是宇宙力量。只有当我们能够认识和应用那些明确的基本法则的时候，才有可能吸引宇宙力量，实现自己的理想。

**精神潜能训练**

我们一再强调的就是信念——坚定的信念。在本周的练习中，你要集中精神思考这样一句话："凡是你们祷告祈求的，只要相信能够得到，就必得到。"注意：这个结论没有任何其他限制条件，唯一的限制我们的就是我们自己的思考能力，适应一切场合、一切情况的能力。请记住：信念不是镜花水月，它真实存在。想到就能做到，这是我们的口号，也是我们的宣言。

## 十二　集中你的精神，专注你的思考

现在，第十二课开始了。在本课第四段中有这样一段话："首先，要了解你的力量；随后，是挑战困难的勇气；最后，是行动的信念。"

仔细思考这一段话，你就会发现其中的每一句话里都有深刻的含义。理解了这些含义之后，你就可以吸收其他类似的思想，从而让你更加深刻地理解这些知识的重要意义。

知识本身不会产生作用，必须由我们这些个体来使用它，使用方法就是用一个有效目标不断激励自己进行思考。

无目的的努力让很多人浪费了太多的时间和想法；如果他们能树立一些明确的目标，再得到适当的指引，就能创造奇迹。你要想创造出生命的奇迹，必须将精力集中于一个明确的思想，排除一切杂念，并持之以恒。

集中精力的过程就好像通过放大镜观察物体一样：当物体不在焦点上时，影像就不够清晰，看起来一片模糊；可是一旦对准焦点，影像就会变得十分清晰。这个例子说明了专注力的力量。除非你能专注于你眼前的目标，否则你的未来就会暗淡无光、毫无意义！

只要你能科学地理解思想的力量，就能完美地达成所有生活目标。

所有人都拥有思想的力量。人之所以成为人，就是因为人能够思考。人类思想的力量是无限的，随之而来的创造力也是无限的。

我们知道，思想可以为我们创造人生的目标，并切实拉近我们和它的距离；我们也知道，恐惧、不安及懦弱等消极思想会和我们如影随形，它们会让我们距离正追求的事物越来越远，使我们经常处于"走一步，退两步"的状态。

防止后退的唯一途径就是持续前进。如果你想获得成功，你就必须永远对那些消极思想保持警觉性。这里有三个步骤，每个步骤都非常必要：首先，要了解你的力量；随后，是挑战困难的勇气；第三，是行动的信念。

通过这三个步骤，你就能获得理想的事业、家庭、朋友和环境，你就不会受到现有资源的局限。思想无所不能，它可以根据你的需要，创造出无限的资源。思想就像一个银行，你可以从中支取所有必要的资金。

但是，你的思想必须时刻保持敏锐、清晰和明确。有的人今天确定一个理想，明天又换一个。如此经常变换自己的理想只能分散我们的精力，使我们最终一事无成。在这样的思想状态下，不管我们付出多少努力，最后的结果都注定毫无意义——就像浪费了许多材料，最后却组合成一堆乱糟糟的东西。

举个例子，如果雕刻家每隔15分钟改变一次主意，你还能期望他雕出什么杰作呢？依此推理，在塑造自己的思想时，如果你也经常改变主意，你和这位雕塑家的结局会有什么不同吗？令人遗憾的是，还有很多人在这样生活。

一个人，如果他的思想中充满了优柔寡断等消极思想，那么他就必然会遭遇到物质财富上的损失。甚至，在某天醒来，他努力多年而建立的经济"自立"状况突然就会逆转。因此，拥有金钱和财富并不意味着自立，真正的自立来自于对思想力量的正确认知。

当你认识到，你所拥有一切都来源于你的精神力量时，你就走上了正轨。你不能改变宇宙中那些普遍适用的基本法则，但是你能逐渐理解这些法则，遵循这些法则。理解这些法则的好处就是：你可以有意识地调整自己，以适应无所不能的宇宙法则。你与无所不能的宇宙法则的协调程度决定了你的成功程度。

当然，焦虑、恐惧等消极思想也遵循同样的法则：你的思想和它们越一致，你的人生就会越失败。正所谓："种瓜得瓜，种豆得豆。"

另外，还有一些会迷信所谓的超自然力量，这是精神世界里最危险的漩涡。这些人似乎没有意识到，相信所谓的超自然力量自会使他们变得消极、被动，并大大降低思想的免疫力——这将耗尽他们所有的积极力量，使他们的思想振荡不安。

还有些相信所谓的"心灵感应"或"思想转移"。"心灵感应"或"思想转移"虽然也要求注意力高度集中，但是它要求接受方处于消极的精神状态。在操作时，操作者通过"倾听"和"注视"传递思想，这种行为将思想的原则本末倒置，极其有害。

催眠术也具有同样的危害——这种危害对于催眠者和被催眠者都是同样的。任何一个了解精神世界法则的人都不会试图控制别人的意志，因为这样做将导致他自己的力量将逐渐减弱。有关这一点，是确定无疑的。

由于上述行为具有极强的迷惑力，所以往往能暂时满足某些人不正常的心理需要。但是，这些行为都是对思想力量的曲解和滥用。如果真正理解内心世界的力量——这是一种在实践中增长的力量——我们就会发现，它具有一种更强烈的、无限的魅力。这种魅力不是昙花一现，它将永远绽放；它不仅能够有效修正我们所犯的错误，而且还能帮助我们预防一切可能出现的危险。总之，这是一种创造性的力量，它可以帮助我们重塑自己的世界。

思考的内容必然与思考的对象相互关联，精神世界的思想与物质世界的物质一一对应，这是恒久不变的法则。我们绝对有必要知道，每一种思想都有其出处与萌芽所在。

赋予思想以动力，使之与外在物质产生联系，并帮助人类摆脱生活中所有困境的原则就是"吸引力法则"，人们又称之为"爱的法则"。这是一个永恒的、基本的原则——它存在于万物之中，生死相伴；它体现于每个哲学、宗教和科学体系之中，统治一切；它是一种可以赋予思想以生命力和活力的情感。情感就是渴望，渴望就是爱。当思想与爱相结合，人生将战无不胜。

对于思想的力量，人类可能会有多种理解方式。不过我们应该明白，真理是不会改变的。真理不仅仅是智慧，而且还能转化成物质。真理通过吸引力法则使电子结合在一起形成原子，原子又以同样的方式形成分子。

吸引力法则具有神奇的力量，以至于从古至今，人们一直相信冥冥之中一定有一个"人"——这个人在倾听人类的心声，操纵万物，以满足人类的愿望。

所有的自然法则都是不可抗拒的，万有引力定律、电的法则和其他法则的运行都严格符合数学的精确性原则。这里没有小概率事件，只有可能尚不完善的对法则的理解。假如一座桥塌陷，我们不能将塌陷的原因归之于万有引力定律的突然变化；假如一个灯坏了，我们不能认为电的法则是错误的；自然，假如一个缺少经验或知识的人对吸引力法则的使用效果不是很好，我们也不能说吸引力法则不起作用。一个人解不开一个复杂的数学难题，原因只能在于他缺少知识或经验，而并非数学公式有错；所以，我们不断要加深对吸引力法则的认识和理解。

只有训练有素的思想才能很好地使用吸引力法则。很多东西都是首先在我们的精神或灵魂中出现，然后才通过行动或其他事件向外界展示出来。所以，我们可以通过控制思想力量，促使一些事物在现实中出现，这些事物将逐渐形成我们未来的生活。

一般情况下，在我们的大脑产生一个相应的、接受某全新思想的共振细胞之前，我们很难理解这种思想。这就解释了为什么有时我们很难接受或理解一个新思想——因为我们的脑细胞不接受它，所以我们怀疑它。

因此，如果你还没有深刻理解吸引力法则和有关它的运用方法，如果你还没有意识到用吸引力法则所能带来的无限力量，那么，从现在开始，你就要培养必要的脑细胞。只要集中精力，你就能做到。

只要你的意志坚定，就能够集中精力，力量也会悄然降临。只要集中精力，你完全可以拥有深邃的思想、睿智的言谈，所有高级的潜能都将被发掘出来。

## 精神潜能训练

　　这一周，我们还要待在同一个房间，坐在同一张椅子上，保持同样的姿势进行练习。一定要在精神上和身体上都放松。一直保持这样的状态，不去想任何能给你带来精神压力的事情，这时候你的神经和肌肉都放松了，你会感觉非常舒服。现在，你意识到你和无所不能的宇宙精神已经融为一体，你就是无所不能的宇宙精神了。你要逐渐感受这种力量，深刻而生动地理解、评价及认识这样一个事实：思考的能力就是对宇宙精神产生影响，并体现宇宙精神的能力。你还要认识到，宇宙精神会满足你所有合理的需要，你拥有任何其他个体都拥有的潜能，因为每个个体只是整个宇宙的一个表达或一个体现，他们在种类和性质上毫无差别——区别只在于对宇宙精神的认知程度不同罢了。

## 十三　做有益的精神付出

自然科学创造我们这个年代的发明奇迹，而精神科学正在开创一条人类无法预知的道路。

过去，精神科学就像橄榄球运动，人们对其一无所知，觉得它是"异端"学说，充满神秘感。但是今天人们只关心其明确的工作方法和揭示的事实真相。

我们已经逐渐认识到思考是一个精神过程，先在头脑中形成幻想和想象，随后相应的行为和事情发生。梦想者的时代已经到来！赫伯特·考夫曼的一段话就非常形象地说明了想象和行动之间的关系。

"他们是伟大的建筑师，灵魂的目光穿透怀疑的烟雾，突破蒙昧时代的高墙。装甲车轮、钢铁轨迹和螺旋搅拌器就是他们编织'魔术之锦'所用'织布机'上的'梭子'。帝国的创造者已经进入一场比保卫王权更重要的战争。你的家园就坐落在梦想者开拓的地方，它墙上的图画来自于梦想者灵魂的想象。

"他们是推选出的精英，是道路的指引者。高墙推倒，帝国崩溃，潮汐席卷大海，撕碎礁石上的堡垒，腐朽的国家从时代的大树脱落，只有梦想者的杰作仍在世间传承。"

第十三课将告诉你为什么梦想者的梦想能够成真。这一课将解释因果关系法则，按照这一法则，许多梦想者、发明家、作家和金融家实现了理想；另外还会阐述一个将精神意象变成现实的规律。

当前科学界出现一种趋势，可能已得到证实，这个趋势就是：科学越来越有必要归纳总结那些罕见的、异常的现象，从而对日常现象做出解释。因此，我们知道火山爆发证明了地球内部的热能在不断运动，从而塑造出千姿百态的地貌特征。

我们也由此了解到一些事实：闪电展示出一种微妙的力量，这种力量频繁地改变无机世界；有一些语言，它们曾经在一些国家通用，现在已经罕为人知；还有西伯利亚发现的巨大牙齿，或者某个来自地球深处的化石，这些证据不仅记录了历史演变，还向我们解释了我们居住的山脉、峡谷的成因。

因此，对于那些罕见的、奇怪的和异常自然现象的归纳推理就像一根磁针，指引所有归纳科学领域的探索发现。

这个方法以推理和经验为基础，打破迷信和陈规旧例。

大约300年前，洛德·培根就提出了这个研究方法。这个方法对今天文明国家的知识进步和经济繁荣起着不可估量的作用。这些具体的理论消除了狭隘偏见，远比尖刻的讽刺更有实际价值。即便是揭示人们的无知的最有力实证，也不能比那些令人惊异的实验更能成功地让人类的注意力从天堂转到地面。整天谈论发现人类精神的内在规律，还不如那些公开的、有价值的探索前景更能激发人们的发明天赋。

培根的方法抓住了古希腊哲学理论的本质和精髓，而在另一个世纪，这一方法通过先进的观察手段发挥了作用。一些令人惊异的知识领域逐渐展示在人类面前，例如，天文学的无限空间、胚胎学的微观卵子结构、地质学上的混沌时代，还有凭亚里士多德的逻辑学永远不会揭示出来的脉冲规律及对先前未知元素的物质组合分解——哲学家的任何辩证法都不能让这些组合分解。

因此，它延长了人类的生命，减轻了人类的痛苦，消灭了许多疾病，提高了农业生产力，水手不再为航行时的安全而担心，我们的祖辈未曾见过的大桥已横越宽阔的大河。它让我们能够利用自然界的雷电，能使夜晚亮如白昼。它扩展人类的想象，增强人类肌肉的力量，促进运动发展，消除距离，方便交流、通信、人际和贸易往来，使人类能遨游在海底，飞翔在蓝天，安全地进入危险的地球深处。

那么，这就是归纳法的真正性质和应用范畴。人类在归纳科学领域取得成就越大，先驱们的整个指导和示范过程对我们就越有影响力，使我们认识到有必要利用置于人类掌握之中的资源和工具，仔细、耐心、准确地观察个别现象，随后大胆揭示一个普遍法则。

为了查明不同情况下电力机械中火花的意义，我们会勇敢地与富兰克林一起寻找答案，用一只风筝，向乌云探求闪电的性质；我们要有胆量和伽利略共同进行自由落体实验；我们也会与牛顿一起，向月亮提出关于万有引力的问题。

简而言之，正是由于我们建立在真理基础之上的价值观，以及我们对实现稳定和普遍发展的期望，我们才不允许任何人用任意的偏见来忽视或诋毁他们所谓的"不受欢迎"的科学事实，而是通过将我们的全部注意力集中到那些最明显而又最常见的现象，为建立科学大厦奠定坚实而不可撼动的根基。

通过观察可以不断地增加研究素材，但积累的事实对解释自然界的意义就更为重要，我们一般极其注重那些罕见的人类优秀品质；自然哲学也是一样，它对事实进行深入剖析，并对那些通过日常观察手段无法解释的突出现象加以高度重视。

那么，当我们发现某些人似乎拥有不寻常的力量时，我们将得出什么结论？首先，我们可能会说，这不是事实。但这只不过说明我们孤陋寡闻，因为每个诚实的调查者都会承认，世界上经常出现许多奇怪的和当时无法解释的现象。而那些具有思想创造力的人不会再认为上述现象无法解释，他们会努力探究结果。

其次，我们可能说这些现象是超自然力量介入的结果，但对自然法则的科学理解使我们相信，根本不存在超自然。每个现象都是确定原因的结果，每个原因都是一个以"不变应万变"的、精确运行的、被有意无意运用的法则或原则。

最后，我们可能会说自己正处在"禁地"之中，有一些事物我们不应该知道。但是，在历史上，人类科学的每个进步都曾受到这种阻碍。每一个提出新思想的人，例如哥伦布、达尔文、伽利略、富尔顿和爱默生，都曾受到过嘲笑和迫害，所以大可不必在意"禁地"这个说法。相反，我们应该认真思考我们注意到的每个事实，这样就更容易确定它们的基础法则。

你将发现思想的创造力能体现每个可能的条件或体验，无论是物质的、精神的还是灵魂的。

思想将带来与我们支配性的精神态度相一致的条件。例如，如果我们害怕灾难，就一定会遇到灾难。这是因为，恐惧同样是一种能动的精神形式，它会将我们的想法体现在外部世界。正是由于这种不利的思考形式，人们通过多年努力得来的一切经常化为泡影。

当我们想要获得某种物质财富时，通过专注力，脑海中就会形成关于这种财富的清晰的精神意象，精神意象里的一切细节就是实现愿望的必要条件，然后经过一定努力，最终这些条件会体现在客观世界，从而带来必要的人际关系和物质条件，以支持我们实现愿望。我们经常发现，苦苦追求的东西一经到手，就对它们失去兴趣，也就是说，实现愿望所带来的满足感只是暂时的，或者很可能与我们所期待的结果背道而驰。

那么这一过程的正确方法是什么？我们应该如何思考才能确定自己真正的愿望？你和我希望获得什么？所有人都希望获得什么？是快乐和和谐。如果我们能够真正地快乐，我们就会产生力量，获得人类有权得到的一切。如果我们自己快乐，就能使他人也快乐。

但除非我们拥有健康、力量、知心好友、舒适的环境、充足的资源，拥有生活的必需品，还能担负得起那些我们有权享受的豪华和舒适，我们才能快乐。

传统的思考方式就是"虫"式思考，误导我们满足于自身拥有的任何东西。而现代思维则需要了解以下事实：我们有权最大限度地利用和享受一切，宇宙精神和"我"本为一体。

现在，我们承认这是绝对的真理，它已经被讲述了2000年，它是每个哲学和宗教体系的本质所在。那么，我们如何将它实际应用于我们的生活中？我们如何在世界各处实现实际而有形的结果？

首先，我们必须将知识付诸实践，否则，我们无法取得任何成就。一个运动员可能一辈子都在学习关于身体训练的书本知识和课堂知识，但是如果他不能通过实际运动来发挥力量，就不会获得任何力量。因此，他最后得到的，恰好是他付出的，但前提是付出。同样，我们得到的也正是我们付出的，但我们必须先付出，然后才会获得数倍的回报。付出只是个精神过程，因为思想是"因"，条件是"果"，通过思考勇气、灵感、健康或服务等内容，我们就开动了原因，最终必然带来理想的结果。

思想是一种精神活动，因而具有创造性，如果不付诸实践，则其本身的错与对就没有意义，同样，如果思想不能得到有意识的、系统的和建设性的指导，也不会创造任何事物，即"无用思考"——它只是在耗费你的精力，而建设性思考意味着将在客观实践中产生无限成就，这就是二者之间的区别。

我们已经发现自身所拥有的一切都是通过吸引力法则而获得的。快乐的思想不能存在于不快乐的意识之中，因此必须改变意识，随着意识的改变，相应的条件也会逐渐地发生变化，从而满足新要求。

通过认识宇宙精神无限的力量和无限的智慧，我们就能最大限度地维护自身利益。这样，每个个体就变成一个通路，通过这些通路，无限的宇宙精神帮助我们实现愿望。这个法则告诉我们：一旦认识宇宙精神，你就能实现个人愿望。因此，在本周的练习中，你要利用该原则，并认识这样一个事实：你是整体的一部分，而部分在性质和质量上一定与整体相同；如果有不同的地方，那一定是在程度上不同。

## 精神潜能训练

当你逐渐理解这个重要事实,并认真考虑这样一件事:你不仅是你的身体,还是你的"自我",也就是精神上的"我"和"思考的灵魂"——是宇宙精神这一伟大整体中的一个完整部分。所以说,你与宇宙精神在物质、性质和类型上完全一样,因为造物主不能创造任何与它不一致的事物,也就是说,造物主和你本为一体,这时,你将开始理解宇宙的壮美与庄严,还有你手中得天独厚的机遇。

## 十四　保护你的思想领地

在以前的研究中,你已经发现思想是一种精神活动,因此它具有创造力,这并不是说只有部分思想具有创造力,而是说所有思想都具有创造力,即使一些消极思想也是如此,只不过是通过否定的过程来体现。

意识和潜意识只是行动与精神联系的两个阶段。潜意识与意识的关系就像风标和大气之间的关系,最小的大气压力也能使风标转动,意识接收的最细微思想也能引起潜意识的活动,思想特征越鲜明,感觉越强烈,潜意识的活动也就越明显。

由此可见,如果你不想接受一个环境,就要将思想的创造力从中抽回,将这些创造力连根斩断,使之彻底枯萎。

每一种物质必然受生长法则支配。因此拒绝不满意的环境不会立即带来表面变化。一棵植物在根部被砍断后仍然会存活一段时间,但是它将逐渐枯萎,最终死去。所以,一旦将你的思想从对不满意环境的关注中抽回,就会逐渐地,而且是必然地消除这些环境。

你将看到这个过程和我们倾向接受的过程刚好相反,因此,它将产生一种截然相反的效果。大多数人总是对现状不满,这种思想会给现有环境带来一定能量和生命力,足以让这些不利环境以更疯狂的方式恶化。

所有运动、光、热和色彩在宇宙能量中都有其本源,宇宙能量并不受其产生的许多结果局限,它凌驾于它们之上。宇宙物质是所有力量、智慧和智能之源。

认知这种智能的方法就是理解精神"无所不知"的性质，以此为基础，进一步认识宇宙物质，并将其应用在建立与周围环境的和谐关系上。

最博学的自然科学教师也不曾思考此事，他们对这个领域一无所知。他们似乎不了解，与力量和物质一样，智慧也是无处不在的。

一些人可能会问："如果真像你说的那样，为什么我们感觉不到智慧？"既然我们承认基本原理正确，为什么我们得不到智慧？我们能！只要理解智慧规律，并认识到我们能合理地应用它，我们就能得到它。得到多少取决于我们的认知程度。举个例子，在科学家向我们阐述电的法则并指导我们如何应用之前，电的法则对我们没有任何用处。

这个法则有规律的连续性，能够很自然地改变我们的精神态度，使我们与环境建立一种全新的关系，勇于创造一个从前梦想不到的新世界。

精神具有创造力。这个法则的基础原理合理、可靠，是万物的固有本质。但是这种创造力不是来自个体，而是来自宇宙，因为宇宙是所有能量和物质的来源，而个体只是宇宙能量的分配渠道。通过个体，宇宙产生不同组合，形成不同结构的物质和现象。

我们知道科学家已经将物质细化成无数个分子，这些分子又细化成原子，原子又细化成电子。科学家在高真空玻璃管里发现了电子，并由此得出结论：电子充满所有空间，无处不在。到处都有电子的踪迹，它就是万物之源——宇宙物质。

身体内的细胞就像电子一样，它们拥有协调一致的能力，足以履行人体各项功能。细胞构成人体，其中一些独立运行，另一些组成不同的群体运行：有的形成人体组织，有的产生不同的必要分泌物，有的运载体内物质，有的修复损伤，有的清扫垃圾，还有的抵抗有害细菌及其他外来入侵。

所有这些细胞的运行都为了一个共同使命，每个细胞不仅是一个生命组织，而且要具备足够的智能，以履行必要职责及储存能量，从而维持自身生命，因此必须及时补充营养。同时人们还发现，细胞有选择地吸收营养。

细胞不断产生、繁殖、死亡和吸收，要维持自身的健康和活力，必须不断产生新细胞。

我们认为，人身体内的每个原子是如此的协调互补，其原因在于它们都是充满"精神能力"的，这个"精神"是消极的精神。由于人类能够思考，因而能产生积极动力以控制上述这种消极的精神。

这个消极的"精神"，存在于身体内的每个细胞，它就是潜意识，因为它完全是无意识地运行。我们已经知道，潜意识对所有意识的意志都会做出反应。

精神科学和自然科学一样，需要实验揭示真理或验证事实，每个发现都使人类向他们的潜在目标更进一步。每个人都是他从前接受的思想的映射，这种思想印在他的脸、状态、性格和人际关系上。

"因"与"果"自有对应性，而决定这种对应性的，就是我们阐述的上述创造性原则。这方面的证据非常完备，人们已经逐渐接受这个事实。

客观世界受一种无形的，因而无法解释的力量控制。人类将这个力量人格化，称之为"上帝"。但是，我们将它视为万物的普遍本质或原则——"无限"，或"宇宙精神"。

宇宙精神无穷无尽、无所不能，在它的命令下，能产生无限能量。它同时也无所不在。因而，我们得出结论：人类一定是宇宙精神的一种表达或一种体现。

如果你认识并理解了潜意识资源，你就会明白，潜意识和宇宙之间唯一的区别在于程度不同，就像一滴水和大海的区别一样。它们除了程度不同，在种类和性质上完全一样。

那么，你是否认识到了这个重要事实的价值？你是否认识到，一旦承认这个惊人事实，你就与无所不能的宇宙精神产生了联系？潜意识是宇宙精神和意识的一个连接纽带。意识提出的思想可能在潜意识里早已有之，并准备付诸行动。由于潜意识与宇宙相连，所以它的活动不受任何限制。

正确理解这个原则，就能解释为什么有时候依靠祈祷的力量就能实现愿望。这不是"上帝"在保佑你，而是一个完美的自然法则的运行结果。这个原则不存在任何宗教或神秘色彩。

即使这种心理训练是正确思考的必要条件，即使人人都知道错误的思想会导致失败，但是仍有许多人不愿意接受它。

思想是唯一的存在，环境只是它的外部体现。若思想改变，外部物质环境也会随之改变，以和创造它们的思想相一致。

但是思想必须清晰、稳定、明确。你不能走一步退两步，更不能在你有限的生命中，让长期的消极思想造就一个灰色的周围环境。除非偶尔消极片刻，旋即抛开。

这种心理训练会使你的生活发生巨大变化，一旦你开始训练，必须从容不迫，对事情进行全面、仔细的思考，任何人也不能干涉你的决定。

这种心理训练，这种思想改变，这种精神态度，不仅会带给你实现理想所必需的物质条件，而且还会带给你健康与和谐的周围环境。

如果你希望生活环境和谐，你必须养成一种和谐的精神态度。

你的外部世界是你内心世界的映射。

## 精神潜能训练

在本周的练习中,你要专注"和谐"。我所说的"专注",就是全神贯注。你要深切、真诚地将精神集中于"和谐"上。记住,要在实践中学习。单凭阅读毫无益处,实践才是价值所在。

## 十五　成为有足够智慧的人

植物体内寄生虫实验证明，即使最低级的生命也会利用自然法则。这个实验是由洛克菲勒研究所的雅克·罗博士进行的。

"为了获得实验素材，将盆栽玫瑰丛放在室内窗前。如果让植物枯萎，上面没有翅膀的蚜虫（寄生虫）就会变成有翅膀的昆虫。变形之后，昆虫离开植物，飞向窗口，然后爬到玻璃上。"

很明显，这种小昆虫发现，赖以生存的植物即将死去，它们无法再从这个食物来源上获得任何东西，免于饿死的唯一方式就是长出临时翅膀飞走，于是它们就飞走了。

这类实验说明，无所不知和无所不能的宇宙精神是无所不在的，即使最卑微的生命也能在危急时刻利用这一法则。

第十五课将告诉你更多关于统治我们生活的法则。这一课将说明这些法则的运行为我们带来许多好处，未来的所有人生际遇都对我们有益。付出的辛苦越多，获得的力量也越多。通过有意识地与自然法则合作，每个人都能得到最大快乐。

统治生活的法则对我们只有益处。这些法则非常稳定，任何人都不能凌驾于它们之上。

所有伟大、永恒的力量都在庄严地默默运行，为了使人类与它们和谐相处，以创造更加平静快乐的生活，它们隐藏在我们的力量之中。

之所以会产生困难、混乱和障碍，是因为我们拒绝放弃不需要的东西，或者拒绝接受我们需要的东西。

生长就是获得，把旧的换成新的，把好的换成更好的。它是一种有条件的或互惠的行为。每个人都是一个完整的思想主体，这种完整性使我们只有付出才能获得。

如果不能放弃拥有的，就不能得到需要的。当我们逐渐意识到索取的目的，就能有意识地控制条件，从每一种体验中只选择发展需要的能量与资源。这种抉择能力取决于我们获得和谐或快乐的程度。

我们的精神越来越高尚，视野越来越宽阔，获得发展条件的能力也在不断增长。我们对自身的需求越了解，就越能肯定地知道如何达到目标。除了未来发展的必要条件之外，什么都不能影响我们奔赴前程。

所有环境和人生际遇都对我们有益。困难和障碍还会不断出现，但我们能从中汲取经验和教训，获得推动未来发展的知识和力量。

付出与收获总是成正比。为了克服困难，我们付出多大努力，就会得到多大实力，并且，这种实力永远伴随我们。

为了发展，我们必须满足许多苛刻条件，这要求我们最大限度地发挥人格魅力以获得需要的人脉及其他资源。想得到最理想的生活，就必须理解自然法则，并有意识地与之合作。

为了获得活力，心里必须充满爱。爱是一种情感，所以用理智和判断力控制和引导情感极其重要。

爱向思想传递活力，以使思想发展。吸引力法则就是爱的法则，它为思想带来必要物质以促进思想的发展、成熟。

思想采取的第一个形式就是语言，这决定每个词语的重要性。这是思想的第一个体现形式——语言是思想的载体。语言吸收灵气，以声音的形式表达思想。

思想能引导任何一种行为，但是无论什么行为，都只是思想试图表达自己的一种外在形式。因此，如果我们希望得到有利条件，就要抛除杂念，只留下有益思想。

由此，我们得出一个必然结论：如果想过一种理想生活，就只能围绕这种生活思考。既然语言是思想的唯一载体，我们必须非常小心地使用建设性的、和谐的语言。当语言明确地转化成客观形式时，形势必然会朝对我们有利的方向发展。

当我们的语言充满仇恨、消极或其他不和谐因素时，精神里就会不断闪现各种画面，这种错误概念的画面和我们语言表达的情绪一模一样。

当我们的思想清晰、明确、进入更高层次时，对生活的体验也更加丰富；当我们使用清楚、准确、积极的语言时，这种体验就更加细腻完美。

我们用语言表达思想；我们要想利用更高形式的真理，就只能使用为此目的而精心选择的语言素材。

使用语言包装思想，这一神奇力量是人类和其他动物的区别。而通过文字，人类的目光能够穿透岁月，看到那些激动人心的历史画面。因为这些历史，人类才得到了手中的精神和物质遗产。

通过文字，人类能与历史上最伟大的作家和思想家交流。因为人类精神体现宇宙思想，我们今天看到的这些翔实、全面的记录就是宇宙思想的表达。

我们知道，宇宙思想的目标是创造形式，我们也知道，个体思想同样一直试图在形式上表达它自己，我们还知道，语言是一种思想形式，句子是思想形式的一种组合，因此，如果我们希望思想美好、强大，我们就必须确保那些用于最终表达该思想的词语准确、组合精美。词语与句子结构的准确性是文明社会结构体系的最高形式，是通往成功的护照。

语言就是思想，虽然没有形体，但是它的力量无可比拟，它必然会根据人类需要体现在现实世界。

语言能成为矗立千古的精神宫殿，也能变成一阵风就能吹走的木屋。

它能悦人耳目，也能传达所有知识。它连通过去与未来，是充满活力的信使，告诉我们历史上每个人与神的故事。

语言之美即思想之美，语言之力量即思想之力量，思想之力量存在于其生命力。那么，我们如何识别一个有生命力的思想？这种思想的特征是什么？这中间一定有规律可循，可是，我们又如何识别这个规律呢？

这是严谨准确的数学规律，这是没有疾病的健康规律，这是破除虚伪的真理规律，这是没有黑暗的光明规律，这是消灭贫穷的富足规律。

我们如何得知这一真相？众所周知：正确应用数学规律，就会得出准确结果；充满健康活力的地方，肯定没有疾病存在；掌握真理，就不会被蒙蔽；身处光明，就不会害怕黑暗；只要内心富足，自然不怕贫穷的困扰。

这些事实显而易见，但最重要的是，服从法则的思想具有生命力，它孕育生命，必然会生根发芽，最终代替消极思想。那些消极思想没有生命力，我们常常忽略它的存在。

这是一个事实，认清它会使你消除所有混乱、短缺和局限。

毫无疑问，那些理解这一事实的智者会欣然得知，原来思想创造力就是他们手中的无形之剑，因此他们能掌握命运，所向无敌。

物质世界有一个"补偿法则"：一个地方得到的能量等于其他地方消失的能量。所以，我们只能得到我们失去的能量。如果我们确定开始某一行动，就必须准备承担对该行动加以发展的责任。潜意识没有推理能力，它只能听从我们的意志。今日之"果"是昨日之"因"，因此，我们必须对自己的行为负责；昨日之事不可更改，昨日的思想和行为决定了今天的事态如何发展。

因此，必须具有洞察力，确保我们接受的思想不会给精神、道德和身体带来潜在伤害。

洞察力是精神的一个功能，通过它，我们能充分检查事实真相，它是人类的望远镜，使我们能在任何一项事业中认识困难与机会。

洞察力能使我们预知前方的障碍，提前做好准备。

洞察力能使我们在制订计划时认准一个有利方向，使我们的思想与注意力对准目标，而不至于走错道路，无法回头。

因此，洞察力是取得任何一种伟大成就的必要条件。凭借它，我们能了解、进入和占据任何领域。

洞察力是内心世界的产物，它在寂静中发展，通过精神专注实现。

## 精神潜能训练

你本周的练习就是培养洞察力。保持你平常的状态，集中精神考虑一件事：了解思想的创造力并不意味着已经掌握思考技巧。还要思考这样一个事实：知识本身不能自动应用，我们的行为不受知识支配，而受风俗习惯、陈规旧例的影响。我们如果希望将知识应用于实践中，唯一途径就是坚定而有意识地努力。注意这样一个事实：我们学过但是从未应用过的知识已经基本都忘记了，而知识的价值就在于对其原理的应用。沿着这条线索思考，你就能够获得足够的洞察力，以制订一个明确的计划和应用上述原则解决你的特定问题。

## 十六　心灵印记和精神图景

宇宙的振荡活动具有周期规律，每个生命体都有出生、生长、成熟和衰落的周期，这些周期符合"七之法则"。

七之法则决定了每周有七天，它还决定月相、声、光、热、电、磁和原子结构的和谐，它控制个人和民族的生命，并操纵商业活动。

生命就是生长，生长就是变化。我们每七年进入一个新的周期。第一个七年是幼年时期；第二个七年是儿童时期，代表个人责任的开始；接下来的七年是青少年时期；第四个七年标志着已经长大成人；第五个七年是一个建设性时期，人们开始获取财富、成家立业；从35岁到42岁这个周期是一个回报与变化的时期；然后进入一个重建、调整和恢复时期。而后在50岁那一年，又迈入一个新周期。

那些深刻理解这些周期的人，当事情似乎出现差错时，他们不会被困扰，而是充满信心地应用本书阐述的原则：高级法则必然统治低级法则。通过认识和有意识地应用这些法则，我们能扭转困局。

财富是劳动的产物。资本是结果，不是原因；是仆人，不是主人；是途径，不是目的。

绝大多数人理解的"财富"定义是：财富是一切有用的和喜欢的，并且有交换价值的事物。具有交换价值是财富的主要特征。

当我们考虑到增加一点点财富就会给所有者带来快乐时，我们发现，财富的真正价值不在于实用，而在于交换。

这种交换价值使财富成为一个媒介，人们通过它获得真正有价值的事物，以实现愿望。

那么，人们就不应该把获得财富作为目的，而只是作为达到目的的一个途径，因为成功并不仅仅是财富的积累，它取决于一个更高的理想。一个人若想取得这种成功，就必须树立一个愿意为之奋斗的理想。

心里有这样一个理想，就会找到方法和途径，但是一定不能犯这种错误：以目的代替途径。必须有一个明确的、坚定的目标——理想。

普伦提斯·穆福特说过："成功人士具有最强的精神理解力，每笔巨大财富都来自卓越的、真正的精神力量。"遗憾的是，许多人没有认识到这种精神力量，他们忘记了：安德鲁·卡内基一家刚到美国时，他母亲不得不外出工作以维持家用；哈里曼的父亲是个穷牧师，每年只有200美元的薪水；托马斯·利普顿以25美分起家。这些人没有其他力量可以依靠，但是他们越战越勇。

创造力完全取决于精神力量。获得精神力量需要三个步骤：理想化、视觉化和具体化。每个行业领袖都依赖这种独特的力量。《每个人》杂志刊登了一篇文章，文章中，标准石油公司的亿万富翁亨利·M.弗拉格勒承认他的成功秘密就是他能完整地想象一件事物。以下是他和记者的会话，这篇访谈显示了他在理想化、精神专注、视觉化和其他方面的能力：

"你竟然能想象整件事？我的意思是，你真的能清楚地'看见'铁轨？'看见'火车在跑？'听见'汽笛在响？你能做到这些？""是的！""多清楚？""非常清楚！"

这里，我们对这个法则进行想象。我们想象原因和结果，想象思想是行动的必要条件和决定因素。如果我们足够聪明，就会逐渐认识这样一个惊人的事实：没有前因与后果的任意条件不可能存在，人类的所有体验都是规则的、和谐的因果关系的结果。

成功的人通常是理想主义者，他们永远追求更高标准。由此看来，正是思想的微妙力量构成了我们的生活动力。它在我们的日常情绪中体现出来。

思想具有可塑性，用以塑造生活中日益发展的概念的影像。使用决定思想的存在。像所有其他事情一样，正确认识和使用思想是达到愿望的必要条件。

通过非合理渠道得到的财富只不过是羞辱和灾难的预兆，因为我们无法长期占有不应得到或未经努力得来的财富。

我们在外部世界接触的条件与我们在内心世界发现的条件相一致。那么，我们应该怎样确定内心世界接受的思想内容呢？

任何通过感官或客观精神产生的体验都会对我们的精神产生影响，从而导致精神意象，这种精神意象将为我们创造现实生活提供范本。这些体验中很大一部分是环境、机遇、过去思想和其他形式的消极思想的结果，必须经过仔细分析才被人们接受。另一方面，不管其他思想、外部条件和环境如何，通过自己内在的思想过程，我们就能形成精神意象。通过对这一力量的练习，我们能控制自己的命运、身体、思想和灵魂。

当我们有意识地认识一种条件，通过这种力量的练习，我们就能在生活中最终实现这个条件，所以，凭借该途径，我们能掌握自己的命运，有意识地为自己创造期望的人生体验。显而易见，最终结论就是：思想是生活中最重要的"原因"。

所以，控制思想就是控制形势、条件、环境和命运。

那么，我们如何控制思想？过程是什么？我们要这样思考：我们要创造一个思想，这一思想产生的结果取决于其形式、性质和生命力。

思想的形式由它所源于的精神意象决定，其形式取决于对事物印象的深度、个人想法的强度、构想的清晰度、想象的大胆程度。

思想的性质由它的素材决定，而其素材的性质则取决于组成精神的素材性质。如果组成精神的素材来自活力、力量、勇气和决心，思想自然也会具备这些性质。

总之，思想的生命力由灌输其中的感觉决定。如果思想具有建设性，它就具有生命力；它将存活、生长、发展、延伸，将具有创造力；它将为自己最充分的发展吸引一切必要条件。

如果思想具有破坏力，它会在其内部产生自我分解的因素；它将死去，但是会经历一个走向死亡的过程，它将带来不适、疾病或其他任何不和谐状况。

我们说这种思想是"邪恶的"，当我们感染上它时，我们中的一些人更倾向于将由此带来的困难归咎于一个"至高的神"，但我们"至高的神"只不过是处于平衡状态的精神罢了。

事实上，我们不能说这些思想是善还是恶，它们只是客观存在而已。

我们在形式上区别它们的能力才是我们体现善与恶的能力。

因此，"善"与"恶"不是实体，它们只是我们用以表示行动结果的词语，这些行动又取决于我们思想的特性。

如果我们的思想具有建设性，是和谐的，我们就体现"善"；如果我们的思想具有破坏性，不和谐，我们就体现"恶"。

如果你想看到一个不同的环境，过程很简单，首先将理想的环境深植于心，直到你的愿望形成精神意向。绝对不要考虑人物、地点和事情，理想的环境会具备一切必要条件，你将拥有天时、地利、人和。

有时人们不明白，为什么通过"可视化"这一过程，人类就能控制性格、能力、造诣、成就和命运？但这的确是一个科学事实。

你将欣然接受这样一个事实：我们的思想决定精神的性质，精神的性质又决定我们的客观能力和精神容纳能力。同时你也能很容易地了解到：一旦能力提高，我们自然能取得更多成就，更好地控制周围环境。

由此，人们会看到，自然法则以一种极其自然、极其和谐的方式发生作用，每一件事都似乎"刚好发生"。如果你想了解这个事实的依据，只要比较一下当你的行为受到高尚理想的激励时和当你的精神里隐藏着自私及阴暗的动机时，你的努力结果有什么不同就行了。你不需要更多证据。如果你希望实现任何愿望，首先有意识地想象你的具体愿望，并在精神中形成一个描绘"成功"的图像。形成精神意象之后，你将使用科学方法，将理想中的场景体现在生活中，这样，你就造就了自己的成功。

我们只能看见客观世界已存在的事物。可是，如果我们想象中的事物已经存在于精神世界，只要坚持理想，"视觉化"产生的一切终有一天会在客观世界实现。理由很简单，"视觉化"是想象的一种形式，这个思考过程形成精神印象，而这些印象又形成概念和理想，之后，这些概念和理想变成"主建筑师"对未来的规划。

心理学家总结出：世界上只有一种感觉——"感情"的感觉，所有其他感觉都只是它的变体。这个结论是正确的。这样，我们就知道为什么感情是力量的真正源头；为什么情绪非常容易压倒理智；为什么如果我们想要达到目标，会在思想里融入感情。思想和感情联手，将无敌于天下！

当然，"视觉化"这一过程必须由意志引导。我们要将我们的需要通过"视觉化"准确地展示出来，一定注意不要让想象中的事物产生混乱。想象力是个好仆人，但不是一个好主人，除非对其加以控制，否则很容易引导我们得出各种各样的、没有事实根据或基础的推测或结论。如果不经过任何分析检验，任何似是而非的观点都容易被接受，必然会导致精神上的混乱。

因此，我们只能创造科学的、可靠的精神意象，对每个想法都进行透彻地分析，不可接受任何不科学的想法。当你这样做的时候，你尝试的只是你知道你能做到的事，经过努力，你就会取得成功。这就是商人所说的"远见"。它和洞察力一样，是在所有伟大事业中取得成功的重要秘诀。

## 精神潜能训练

在本周的练习中,你要试着认识一个重要事实:和谐和快乐是潜意识的状态,与财富无关。财富只是一个结果,获得财富是正确的精神状态引导的结果。所以,如果我们渴望拥有某种物质财富,最重要的是获得支持我们达成愿望的相应的精神态度。只有认识我们的精神性质,确信我们与创造万物的宇宙精神是统一的整体,才能形成这种精神态度。这种认识将带来能使我们充分享受的所有必要条件。这是科学的,或者说正确的观点。一旦我们成功地树立这种精神态度,就能很容易地把我们的愿望想象成一个已经完成的事实。当我们能做到这一点时,我们就会发现一个真理,这个真理将使我们摆脱任何短缺或局限。

## 十七　渴望中诞生希望

人们有意无意地崇拜的"神"的类型显示了他们的智力水平。

问印第安人"神"的形象，他会将"神"描述为一个强有力的显赫部族首领的形象。问一个异教徒，他会向你描述一个"火神"、一个"水神"及各种各样的"神"的形象。

问犹太人，他会告诉你"摩西神"的故事，摩西认为用强制手段统治人民是有效的，因此，有了《摩西十诫》。或者他告诉你的是约书亚的故事，他领导犹太人投入战争，没收敌人财产，杀害战俘，并且毁损敌人的城市。

所谓的"多神教信仰者"创造了他们心目中"神"的不可磨灭形象，他们惯于崇拜多个偶像，但是他们却是最聪明的人，至少，他们的偶像只是些看得见的精神支点，通过这些支点，他们能够专注于在生活中实现那些他们所渴望的品质与理想。

我们这些21世纪的人从理论上崇拜"爱之神"，但是实际上，我们对财富、权力、时尚、风俗习惯和陈规旧例念念不忘。我们对它们顶礼膜拜，十分重视，从而让它们出现在我们的客观生活中。

掌握第十七课内容的学习者将正确理解现实的象征；他将专注于原因，而不是结果；他将专注于生活现实，因而结果不会令他失望。

我们知道人类"统治万物"，这种统治通过精神实现。思想是一种控制其范畴内所有原则的活动。通过推理它的高级本质和性质，最高原则必然对与它发生联系的每件事情的周围环境、状况和关系起决定作用。

精神力量的振荡是最美好的，因而也是最强有力的存在。对于那些感知到精神力量的本质和超然性的人来说，所有物质力量对他们再也没有价值。

我们习惯于通过五种感觉的"透镜"来看待宇宙，从这些体验中，我们产生了一个概念：神人同形同性论。但是，只有通过精神洞察力，才能获得真正的概念。需要加快精神振荡，让精神持续集中于一个特定方向，才能获得这种精神洞察力。

持续地精神集中意味着思想连贯地、完整地流动，这是一个耐心的、稳固的、坚定的和有规则的体系。

重大发现都是长时间连续观察的结果。数学科学需要多年集中精力去掌握，而揭示最伟大的科学——精神科学——只需要集中精力即可。

"专注"被严重地误解，当刚好相反的意见也有必要时，人们似乎总是认为它一定是要付出什么努力及进行什么活动。一个演员的伟大之处在于这样一个事实：当他扮演角色时，他忘记了自己，整个人已融入打动观众的真实的表演。那么，你现在应该对什么是真正的"专注"有了一个清楚的认识了。你要专注于你的思想，让它占据你的全部主观意识，以至于没有其他意识存在。这种专注力使你能凭直觉感知并迅速洞察所专注目标的本质。

所有认知都是这种专注力的结果。宇宙的秘密曾经被人类错误地认识；现在，人类的精神已经变成一块磁石，求知的欲望汲取并无可抗拒地吸引着知识，最后，知识就会成为你的财富。

大部分愿望都是潜意识的。当你在意识中给自己制定一个高远的目标时，其实你很难做到，而潜意识里隐藏的愿望却能激发精神的潜在能力，支持你实现这个目标，所以，难题似乎也能不解自开。

通过高度地专注，我们可以激发潜意识，将其转化为任何一种行动，让它服务于我们的任何目的。要高度专注，我们则需要控制身体、精神和肉体存在，所有意识模式，无论是身体层面、感知层面还是精神层面的，都必须在控制之中。这个精神原理就是你的利器，它使你能突破局限，将思想模式转化成意识特征。

精神专注并不意味着一味思考，还要将思想转化成实际价值。一般人并不了解精神专注的意义。人们总是想拥有财富或其他事物，却从来没想过应该成为什么样的人，他们不理解为什么做到后者是拥有前者的必要条件，也不理解为什么进入"精神王国"之前，他们不能获得更多的财富。因为，"三分钟热度"毫无价值，只有极其自信才能达到目标。

也许我们对未来期望过高，结果由于没有找到正确的目标而失败；也许我们想用稚嫩的翅膀一飞冲天，结果却落在地面上，可是无论如何，我们都应该从头再来。

软弱是精神境界提高的唯一障碍，你的软弱性格是由于在物质上受到局限或精神上不稳定的结果，但是你要继续努力，只有不断重复才能达到轻松完美。

天文学家专心关注茫茫宇宙中的星星，因此能告诉我们关于那些星星的秘密；地质学家专心研究地球结构，从而建立了完善的地质学；世界上的其他真理也都是这样发现的。在今天庞大完整的社会体系中，人类集中精力解决生活中的问题，取得了明显的效果。

精神方面的所有发现和成就都是理想和精神专注的结果。理想是最有力的精神活动，你对理想越执着，你的发现就越有价值。所以说，只要做到理想和精神专注，你就能揭示自然界的所有秘密。

当你在了解崇高的思想时，当你对这种思想产生感情上的共鸣时，你的精神就会升华，体验到更崇高的价值。

如果你想成为什么样的人，或者想得到什么东西，短时间最热切的专注和强烈的渴望比多年懒散地、不情愿地工作更容易产生效果；这样能使你摆脱怀疑、软弱、无能和自卑的感觉，你将开始感受战胜自我的欢乐。

要培养主动性和独创性，你必须在精神上坚持不懈，长期努力。在商业活动中，人们认识到专注力具有极大价值，而果断的性格也同样具有优势，同时还需要发展实际洞察力和快速归纳能力。总之，在一切商业活动中，精神因素是主导性的控制因素，而愿望则是一种支配力量，所有的商业关系都是愿望在客观环境中的具体体现。

在商业实践中，人们形成许多真正的和实质性的美德。当情绪稳定、目标明确时，精神效率就会提高。要想在商场上立于不败之地，最重要的就是不断强化意志，这样就会克服本能的精神分散和任意冲动，从而让精神层次较高的"自我"战胜层次较低的"自我"。

我们每个人都是一台发电机，但是发电机本身毫无用处，必须用精神启动发电机，这样，发电机就会产生价值，它的能量就会被明确集中使用。而我们的精神则是能产生巨大动力的发动机，是客观世界所有物质形式的支配者和创造者，思想则是无所不能的力量。与无所不能的思想相比，物质能量简直不算什么，因为思想使人类能控制所有的自然力量。

精神振荡是思想活动，当振荡产生，就会吸引实现愿望与理想所需的必要物质条件。思想的力量一点都不神秘，精神专注只不过意味着意识聚焦于一点，与其专注的目标合为一体。就好像身体吸收营养，精神吸收其专注的目标，赋予其生命，使其存在。

如果你专注于重要事物，直觉的力量就开始发挥作用，它会使意志了解一些信息，这些信息能帮助你成功地解决或完成你正在思考的事情。

不需要经验或记忆的帮助，人们通常凭直觉就能形成结论。通过直觉，人们常常能解决一些通过推理手段无法解决的问题。直觉总是突然出现，令人惊异。我们苦思而不得解的问题，它能轻松地发现真相，而且过程非常简捷，如有"神"助。直觉能够通过培养而形成，但是为了做到这一点，我们首先要认识并重视它。如果我们尊重它的判断，给它"皇家礼遇"，那么，其他重要时刻，它还会再次现身。我们对它越重视，它会出现得越频繁，但是，如果我们忽略或忽视它的重要性，它将和我们越来越疏远，直至不再登门。

直觉通常在寂静中到来，伟大的精神总是寻求孤独。生活中所有较重要的问题都是在寂静中找到答案的，因此，每个企业家只要有条件，都会设一间不受干扰的私人办公室。如果你没有这种条件，至少可以找一个每天能独处几分钟的地方，训练你的思考能力，这种思考能使你获得一种无可抗拒的力量，以实现你的雄心与抱负。

记住：从根本上说，潜意识是无所不能的，当给予潜意识行动的权力时，什么事情都可能发生。你的成功程度取决于你的愿望的性质，如果这个性质与自然法则和宇宙精神相和谐，它将逐渐解放你的精神，给你超越一切的勇气。

每当解决一个难题或取得一定成就时，你就会对自己的力量产生更多自信，并获得更多能力以赢取未来的成功。你的精神态度决定你的实力，如果你的精神态度具有取得成功的潜质，如果你持之以恒地追求一个明确的目标，你就能从无形的宇宙精神中吸引一切你默默追求的外部条件。你要将思想深植于心，它会慢慢变成现实。如果你心里有一个明确的奋斗目标，你就在精神上启动了实现它的动力之源，然后你自然会为实现这个目标寻找所需的物质条件。

你可能正在追求力量的表征，而不是力量本身；你可能正在追求名声，而不是荣誉；你可能正在追求财富，而不是幸福；你可能正在追求地位，而不是权力。无论是哪种情况，你都将发现，你追求的一切会很快化为灰烬，仿佛是你毁灭了它们。

凭借投机得来的财富和通过捷径取得的地位都不会持久，因为它们不是通过正当方式得来的。我们只能得到我们付出的，因此，那些试图不劳而获的人发现补偿法则总是无情地带来与他们付出的努力相称的结果。

世人常常为金钱钩心斗角，为虚名尔虞我诈，但是，只要理解真正的力量之源，我们就不会把这些虚名看得那么重要，有大笔银行存款的人也会发现金钱不是越多越好。同样，当一个人发现真正的力量之源，他就不会再重视那些虚假的东西。

通常情况下，思想总是倾向于向外部发展，但是它也能转向内心世界，因为内心世界掌握着事物的实质、精神和基本原则。当你接触到事物的实质时，你就能比较容易地理解和指挥它们。

这是因为一件事物的精神就是事物本身，是它的关键部分，是真正的物质，事物的形态只是这种精神活动的外部体现。

## 精神潜能训练

在本周的练习中，你要尽量按照本书介绍的方法专注思考，身体完全放松，不要担心结果。记住：力量在静止中到来，让思想停留在你的目标上，最后，你的思想会完全接受它，除了这个目标，全无杂念。

如果你希望消除恐惧，请专注于勇气。

如果你希望消除精神或物质上的短缺状态，请专注于富足。

如果你希望消除疾病，请专注于健康。

你要一直专注于你的理想，仿佛它已经实现一样。它就是"受精卵"，然后生命规律自然会发挥作用，从而"启动"理想之源，这些源泉将指引、指导和带来实现理想的必要条件，这些条件最终都将在外部世界中体现。

## 十八　互惠行为

试想一下：如果一个男人在社会中的角色既不是丈夫，又不是父亲或兄弟，那么他是什么？如果他既不关心社会、经济、政治，也不关心宗教，那他又是什么？他只是一个抽象的、理论上的"自我"，除此之外，什么都不是。因此，任何一个人的存在只能是由他与整体之间的关系、与其他人之间的关系、与社会之间的关系来决定，这些关系构成他的生存环境。除此之外，别无他途。

因此显然个体不能脱离整体，个体只是宇宙精神的分化，而这个宇宙精神"照亮每一个来到世界的人"。个体所谓的"个性"与"人格"只是他与整体之间的联系方式。

为了生长，我们必须获得生长所必需的条件。这种"获得"通过吸引力法则实现——通过吸引力法则从上述"个体的周围环境"中获得。关于这个重要法则，我们要在下文，也就是第十八课向你详细讲述。

一切都在变，不变的只有变化本身。世界上正在发生一种思想变化。它静静地出现在我们中间。这是自从异教衰落之后，世界上经历的最为重大的思想变革。

无论黑人还是白人，无论穷人还是富人，无论天主教徒还是基督教徒，也无论是最上层、最有教养的人群还是社会的最底层群众，都在经历着这个变革，只不过有人明察秋毫，有人却麻木不仁。

许多科学的新发现产生了，它们揭示了资源的无限性，揭示了大量的可能性和确定无疑的力量，以至于那些遵循科学原理的人越来越不会轻易地将某些理论当作确定无疑和无可辩驳的理论，或将某些理论轻易视为蠢话或不可能实现的理论而加以否定。

这样，一个新的文明就产生了。习惯、教义和残暴正在退出历史舞台，取而代之的是信念、忠诚和服务。传统的束缚正在被人性所融化。随着那些思想糟粕的消亡，思想正得到解放，真理正呈现在全球民众的面前。

整个世界正在迎接一种新的意识、一种新的力量和一种新的、实现梦想的可能，它们来自于我们内心。

物理学已经将物质分解为分子，分子分解为原子，原子分解为能量，弗莱明先生在皇家学院的一次演讲中，将该能量分解为精神。他说："本质上说，能量可能不为我们所理解，除非我们将其作为那些被称为'精神'或'意志'之物直接运行的表现形式。"

这个精神是内在的，也是最基本的。它不仅是灵魂的固有之物，也是物质的固有之物，它是持续提供能量、无所不在的宇宙灵魂。

每一个生命体都必须依靠这种无所不能的智能维持生命。我们发现，个体的区别在很大程度上取决于其体现的这种智能的等级。具有更高级智能的动物与植物相比处于更高等级，人类的等级又比动物要高。我们还发现，个体在控制行为方式并有意识地调整与周围环境之间关系方面的力量，再一次体现了他所具有的这种最高层次的智能。

对自然法则的认知使我们征服了时间与空间，能在蓝天上飞翔和制造钢铁轮船遨游大海。智能等级越高，我们就能越深刻、全面地认识自然法则，从而拥有更多力量。

思想具有创造性。但是，这一创造性力量不是来自于我们个体，而是来自宇宙；宇宙是所有能量与物质的来源与基础，个体只是这种能量的分配渠道。

个体只是宇宙产生不同组合物的途径，这些组合物带来许多现象，而正是通过振荡法则完成这一过程。在此法则作用下，原始物质中不同速度的运动，在符合某个精确的数学比率后，能够创造新物质。

思想是个体与宇宙、有限与无限、有形与无形之间看不见的沟通纽带，思想具有一种魔力，它将人类变成一种具有思考、认识、感觉与行动能力的生物。

适当的仪器能使肉眼看见几百万英里外的外部世界，所以，适当的理解力也能使人类与所有力量之源——宇宙精神进行沟通。

普通理解力的价值就像没有录像带的录像机一样，实际上，它通常只是一个没有任何意义的"信仰"。食人岛上的野人也有信仰，但是，毫无意义。

唯一对人类有价值的信仰是这样一种信仰：它经过验证，并作为事实体现；因此，它不再是一个信仰，它已经变成一个活生生的信念或真理。

这个真理经过无数人验证，人们对它的发现完全与他们使用的"仪器"效率成正比。

没有非常有效的望远镜，就无法定位数亿英里外的恒星，因此，科学家一直在制造体积更大、观测效果更好的望远镜，而这些新探知的天体知识又不断地给予他们回报。这和理解力一样。人类正在不断改进用来与宇宙精神及其无限可能性沟通的方式。

宇宙精神通过目标体现自己，它贯穿了"每个原子对其他任何原子具有吸引力"这一原则，具有无限强度。通过这种组合和吸引原则，事物相互聚合。这个原则具有普遍应用价值，它是实现存在目的的唯一途径。

通过这个宇宙原则，万物成长得以按最美妙的方式体现。

为了成长，我们必须获得必要条件。由于我们每个人始终是一个完整的思想主体，这种完整性使我们"只有付出，才能收获"成为可能。因此，成长是一种有条件的互惠行为，我们发现，在精神层次上同性相吸，精神上的共鸣反应只能达到它们振荡和谐的程度。

显而易见，丰富的思想只对相似的思想产生反应。人们看到，个体的财富实际上就是他与生俱来的东西。人们也认识到，内心富足是吸引外部"富足"的秘密。创造能力就是个体财富的真正来源，因此，用心工作的人必将取得巨大成功。他将付出，不断地付出；付出越多，收获越多。

华尔街有影响的金融家、行业领袖、政治家、大律师、发明家、内科医生和作家们，他们对人类幸福的贡献，从本质上说只是思想方面的力量。

思想是支持吸引力法则运行的能量，这一能量最终将充分体现。

宇宙精神是处于平衡状态的静态精神或物质，通过人类思考的力量被分化成具体形式。思想是精神的动态阶段。

力量取决于力量意识，除非我们使用它，否则我们就会失去它，除非我们意识到它，否则就不能使用它。

使用这种力量必须注意力集中。精神集中的程度决定了我们获得知识的能力，知识是力量的另一名称。

人们曾经认为注意力集中是天才的显著特点。培养注意力必须依靠实践。

兴趣是注意力集中的动机。兴趣越浓厚，注意力越集中；注意力越集中，兴趣就越浓厚；二者是作用力与反作用力的关系。你从一开始就集中注意力，不久就会产生兴趣；这种兴趣会吸引更多注意力，而注意力反过来又会产生更多兴趣，以此类推。这种实践会帮助你培养注意力。

## 精神潜能训练

在本周的练习中，你要专注于你的创造力，发掘洞察力和理解力，努力探求你信仰的逻辑基础。先考虑这样一个事实：物质世界中，人们在空气中生活、行动及存在，由于空气是所有有机生命的支持者，所以人们必须呼吸空气以维持生命。然后你再让思想转移到另外一个事实：精神世界中，人们同样生活、行动及存在，但是处于一种更微妙的能量之中，出于生存目的，人们必须依赖这种能量。你再思考这样一件事：在最初的一粒种子落下之前，物质世界中没有任何生命迹象，没有比母体更高级的果实产生，因此，在精神世界中，如果不撒下种子，什么都不会产生。果实必须依赖于种子的性质，由于因果关系是人类意识的最高发展，所以你的成就取决于你对因果关系这一法则的理解能力。

## 十九　知识战胜恐惧

恐惧是一种有力的思想形式。它使神经中枢麻痹，影响血液循环，后者又会导致肌肉系统瘫痪，所以恐惧从物质、精神和肌肉三方面影响整个生命、身体、大脑及神经。

当然，克服恐惧的方法就是对力量产生意识。我们称之为"力量"的这种神秘的生命力究竟是什么？我们不知道，不过我们也不知道"电"是什么。但是我们确实知道，只要遵守电的法则，它就能成为我们顺从的仆人，就能照亮我们的家、我们的城市，开动我们的机器，在许多方面服务我们。

对于力量也是如此。虽然我们不知道它是什么，也许永远也不知道，不过我们确实知道，它是通过生命体展现的一种重要的"力"，只要服从支配它的法则和原则，我们就能"打开"自己，让这种生命能量更充分地流入，从而能最大限度地体现精神、道德和灵魂的效能。

这一部分谈到一个非常简单的、发展这种生命力的方法。如果你将本文所述的内容付诸实践，你将迅速加深这种"力量感"，它曾经被当成是天才的显著特征。

探索真理不再是一个没有规划的事业，而是一个系统的过程，它的运行符合一定逻辑，它的选择受我们所有经验的影响。

为了追求真理，我们一直在寻找最根本的原因。我们知道，每个人类体验都是一个结果；如果我们能确定原因，如果能认识到我们能有意识地控制这个"原因"，我们就能控制结果或我们的人生体验。

那么人类体验将不再是被命运操纵的"足球"，那么人们将不再是金钱的崇拜者，而是命运的宠儿。人们将轻松控制命运和财富，就像船长控制他的船，火车司机控制他的火车。

万物最终都会分解成相同元素，因此，它们能够转移，从一种形式到另外一种形式。所以它们之间必然永远存在联系，而且一种物质绝对不能与另外一种物质对抗。

物质世界有无数反差，为了方便，人们给它们起了不同名称。万物都有不同的尺寸、颜色、形状和范围。有北极与南极、内部与外部、有形与无形，但是这样的表达只适用于完全相反的事物。

它们是一个总量的两个不同部分的命名。两个极端存在关系，它们不是单独的实体，而是整体的两个部分或两个方面。

同样法则也存在于精神世界。有时，我们谈到"有知"和"无知"，但是"无知"只是缺少知识，因此人们发现它不过是一个词语，用以表示知识量不足，这个词语本身没什么"本义"。

在道德世界，我们也发现了同样法则。有时，我们谈到"善"与"恶"，但是，"善"是现实，是有形之物，而"恶"只是消极的条件，是"善"的缺失。有时，"恶"会被认为是一种真实条件，但是它没有原则，没有活力，没有生命，我们知道这些，是因为"恶"必然会被"善"击败，正如真理摧毁谬误，光明驱逐黑暗，所以，当"善"出现，"恶"就会消失。因此，在道德世界只有一种原则。

当然，我们在精神世界也刚好发现同样法则。我们往往将"精神"和"物质"说成两个单独的实体，但是如果具有更清晰的洞察力，就会清楚地看到这里只有一种有效的法则——精神法则。

精神是真实永恒的，物质是永远变化的。我们知道，在漫长的历史长河中，一百年就像一天一样短暂。如果我们身处任何一个大城市，让目光停留在无数高大宏伟的建筑物、壮观的车流、手机、电灯及其他一切现代文明的便利之物上，我们就会想到，一个世纪以前，这些东西一样也没有出现；如果我们有幸站在百年后的同一地点，极有可能基本看不到这些东西了。

在动物王国里，我们发现同样的变化规律。无数动物生死变迁，很多动物的寿命往往只有几年。在植物世界，这种变化更加迅速，许多植物的生命周期只有一年。于是我们来到无机世界，以为能发现一些更真实的存在：我们凝视坚固的大陆，人们说，它来自海洋；我们仰望高山，却得知那里曾经是个湖泊；我们无限敬畏地面对约塞米蒂大峡谷的巨大悬崖，却很容易地发现冰河的痕迹——出现峡谷之前，冰河是这里的全部。

我们处在不断地变化之中，我们知道这种变化只是宇宙精神的演化，是万物不断被重新创造的壮观过程，我们开始认识到物质只是精神的载体，因此只是一个条件。

因而，我们开始认识到，精神法则通行于物质世界、精神世界、道德世界和人们的心灵世界，是唯一真正发挥决定作用的法则。

我们同时认识到，这个精神是静态的，是静止的精神。个体思考的能力是他对宇宙精神发挥作用，并将其转化成动态精神或运动精神的能力。

为了做到这一点，必须补充"燃料"，也就是食物，因为人类不能只思考，不吃东西。所以我们发现，如果脱离物质，即使像思考一类的精神活动也无法产生快乐或利益。

电需要一些能量才能产生，并转化成动力；植物需要阳光提供必要能量才能维持生命；而个体需要食物这种"能量"才能思考，从而对宇宙精神发挥作用。

你可能知道，思想在不断地、永恒地创造着具体形态，它一直在寻求表达自己；但是也许你不知道这样一个事实：如果你的思想是有力的、建设性的和积极的，它将直接显示在你的健康状态、你的事业和你的周围环境上。如果你的思想整体上是虚弱的、危险的、破坏性的和消极的，它将以恐惧、焦虑、神经质的形式体现在你的身体中，以缺乏和局限的形式体现在你的财务状况上，以不和谐状态体现在你的周围环境里。

所有财富都是力量的产物，财富只有传递力量才有价值。事件只有对力量产生影响才具有意义，万物都体现了力量的某种形式和等级。

蒸汽、电力、化学亲和力和地心引力等法则体现出人们对因果关系的认知，这种认知使人类能大胆规划、勇敢行动。这些法则被称为自然法则，因为它们统治物质世界，但是，并不是所有力量都是物质力量，也有精神、道德和灵魂力量。

我们学习知识的中小学，乃至大学，都只是我们精神能量的"精神发电站"——是用来开发我们精神力量的地方。除此之外，它们并没有其他的价值。

许多大型发电站为那些笨重的机器提供动力，因此，原材料被集中，并且转化成生活必需品和其他便利条件；而"精神发电站"也同样收集"原材料"，然后经过处理，发展成动力，这种力量比所有自然力量都优越得多，即使自然力量可能非常强大。

这种"原材料"被收集在全世界数千座"精神发电站"，然后转化成一种能轻易控制其他所有力量的动力。那么，这种"原材料"到底是什么？它的静态形式，就是精神；它的动态形式，就是思想。

这种力量非常优越，因为它处于一个较高层次，使人类能够发现一个法则，通过这个法则，人类能控制神奇的自然力量，并使其服务社会；它还使人类发现征服时间与空间及克服地心引力的法则。

思想就是生命力，或者说思想是能量。半个世纪以来，人类的思想得到了极大发展，产生了如此惊人的力量，从而创造了一个50年前或25年前的人无法想象的新世界。如果说，这50年里，这些"精神发电站"的运转能产生这么了不起的成就，那么未来的 50 年，你有什么不敢想象呢？

用以创造万物的物质，在数量上是无穷无尽的。我们知道光速是每秒钟 186300 英里，也知道恒星非常遥远，有的恒星的光到达地球需要 2000 年时间。我们还知道，天空中遍布这样的恒星，多如恒河流沙。我们也知道，恒星的光进入光波中，光波在大气中传输，如果大气不是连续的，光就不能到达地球。那么，唯一的结论就是：这个物质，或大气，或原材料，是普遍存在的。

那么，它如何体现自己？在电学上，只要连接锌和铜的正负两极，电流从一端传导到另外一端，从而产生电能，一块电池就形成了。同样的过程在其他极性中也会产生。由于所有形式的物质都取决于原子之间的振荡速率和顺向关系，所以如果我们需要改变体现它的形式，就必须改变极性，这就是因果关系的规律。

## 精神潜能训练

在本周的练习中,你要集中注意力。当我说到"集中"这个词时,我的意思就是让你全神贯注。一旦你对思考目标全神贯注,头脑中就没有一切杂念。你每天都要坚持几分钟做这个练习。为了给身体补充营养,你每天都要花时间吃饭;那么,为什么不能花点时间吸收精神"食粮"?

思考这些似非而是的事实:地球不是扁的,也不是静止的;蓝天不是一个穹隆;日升日落,不是太阳在动,而是我们居住的地球在动;星星不是很小的光点;我们曾认为静止不动的物质其实一直在运动。

要认识这样一个事实:这一天即将到来——它的黎明马上出现,到那时,我们必须按照迅速积累的、对永恒规律运行的认知来调整自己的思想和行为模式。

## 二十　思想主导一切

很久以来，人们对"邪恶"的起源众说纷纭，神学家告诉我们，"神"就是"爱"，"神"无所不能。如果情况确实是这样，"神"必然无所不在。那么，"邪恶""撒旦"和"地狱"来自哪里？让我们看看下文：

精神是宇宙的创造性原则。

因此，人类是精神上的生物。

精神的唯一创造性就是思考的能力。

所以，思考是一个创造性过程。

所有形态都是思考的结果。

对形态的破坏也是思考的结果。

形态的虚假存在是思想创造力的结果，例如"催眠"。

形态的表面存在也是思想创造力的结果，例如"招灵"。

所有发明、组织和创造性的工作都是思想创造力的结果，例如"集中精神"。

当思想的创造力服务于人类利益时，我们称结果为"善"。

当思想的创造力以破坏性的或邪恶的方式体现时，我们称结果为"恶"。

这表明了"善"与"恶"的本源，它们只是简单的字眼，创造它们是为了指出"思考"这一创造性过程的结果的性质。

思想引导并决定行动，行动引导并决定客观条件。

第二十课将更详细地阐述这一重要主题。

一个物体的精神就是这个物体本身；这一精神必然确定不变，永恒存在。你的精神就是你——没有精神，你什么都不是。通过你对精神及其可能性的认知，它由静止变得积极活跃。

也许你富甲天下，但是除非你了解你的财富并使用它，否则它对你毫无用处。你的精神财富也是这样的，除非你认识它并使用它，否则它对你没有一点价值。精神转化为力量的一个前提条件，也是唯一的条件——使用或认知。

所有伟大的事情都来自认知，力量的"王杖"是潜意识，思想是它的信使，这个信使不断地将对无形世界的认知塑造成客观世界的条件与环境。

思想是人生真正的要事，力量就是思想的结果。你一直在与思想和潜意识的神奇力量打交道。如果你仍然无视这一天赋力量，还能指望得到什么结果？

如果你无视这一力量，你将被表面条件所限，像一头负重的动物，为一些人所轻视，而这些人勤于思考，并认识到他们自己的力量。他们同时能认识到：除非我们愿意思考，否则我们将不得不辛苦劳作，而且思考得越少，就必须干得越多，而从工作中得到的报酬就越少。

获得力量的秘密就是对事物规律、各种作用力、方法和精神"化合物"的完美认知和对人类与宇宙精神之间关系的准确理解。切记：上述规律不可改变。否则，它就不是"规律"——因为所有规律都是稳定不变的。

规律的稳定性就是你的机会。你是它的活跃属性和活动渠道。宇宙只有通过个体才能运行。

当你开始察觉宇宙的精髓就在你的内心——就是你——于是你开始着手事业，开始感受到自己的力量。这力量就是燃料，它点燃想象的空间，点燃灵感的火把，赋予思想以活力，使你与宇宙无形的力量建立联系。这种力量使你能对事业大胆规划、策略执行。

只有在寂静环境中，才能产生洞察力。洞察力是实现所有伟大目标的必要条件。在制订计划的时候，你就是一个正在想象的实体，想象力是你的车间，你的想法在这里展示。

由于完美地理解这种力量的性质是体现它的重要条件，所以要在想象中一遍又一遍地重现整个方法，从而达到得心应手地使用的目的。这个方法是获得无限智慧的前提条件，通过它，任何时候，一有需要，我们就能受到无所不能的宇宙精神的启迪。

我们无法认识宇宙的内在世界，因此将它从意识中排斥出去，但是它仍然是世上万物的存在基础。当我们试着认识自己的内在世界，还有其他所有人、事物和环境的内在世界，就会发现一个"天堂国度"，它就在我们的内心深处。

我们的失败也是宇宙的基础规律精确运行的结果；规律是无法改变的，它运行精确，没有丝毫偏差。如果我们的思想充斥着短缺、局限或混乱，我们就会落入同样的现实环境。如果我们整天想着贫穷、痛苦或疾病，思想的信使必然也会带来同样的现实。如果我们畏惧灾难，现实就会像约伯所说的："我担心的事情到底发生了。"如果我们的思想刻薄无情或浅薄无知，我们必然会收获无知的苦果。

如果能充分认识并正确应用，思想的力量就是我们所能想到的最伟大的"节约劳动力的设备"；但是假如不能理解或者不能正确应用，结果极可能是灾难性的，就像我们在生活中经常看到的那样。通过思想的力量，你将充满自信地完成那些似乎不可能完成的使命，因为这种力量是所有灵感与天才的秘密。

不走寻常路，才能成就非凡事业；为了得到灵感，必须摆脱陈规旧例。当我们逐渐认识到万物是一个统一的整体，而所有力量都来自内心时，我们就能开发这灵感之源。

灵感是自我实现的艺术，是调整个体精神的艺术，是吸收宇宙思想的艺术，是连接适当的"机制"与所有力量之源的艺术，是将"无形"转变为"有形"的艺术，是成为无限智慧流通渠道的艺术，是完美想象的艺术，是认识无所不在、无所不能的宇宙精神的艺术。

宇宙精神的力量是无所不在的，它不受空间限制，能居于"芥子"之所，也能充满"须弥"之处。认识和理解这个事实，我们就能吸收这种力量的精华。并且，这种力量是精神上的力量，因而是不可分割的。这种进一步的认识将使我们理解，为什么同一时间它能在所有空间发挥作用。

首先在理智上，然后在情感上理解这些事实，这将使我们从这无限的力量之海中吸取力量。仅仅在理智上理解这些事实没有任何意义，还必须触发相应的情感。没有情感的思想是冷酷的，思想和情感必须联合行动。

灵感来自内心。你需要一个寂静的环境，使感觉平静下来，放松肌肉，逐渐静止。然后，你就会慢慢形成一种平衡感和力量感，那到时，你就已经做好准备，随时接收那些必要的信息、灵感或智慧，以发展和完善你的目标。

千万别把这些方法和那些所谓"通灵透视者"们的方法混淆，它们之间没有共性。获得灵感实际上就是"接收"灵感的艺术，这些灵感能创造生活中最精彩的事物。你的第一生活要务就是认识和控制这些无形的力量，而不是任它们指挥和控制你。拥有力量意味着有能力为他人服务，获得灵感意味着你能从中产生力量，所以，一旦你能理解和正确应用获得灵感的方法，你就会成为"超人"。

每次呼吸都能使我们活得更长一些——假设我们有意识地带着这个目的呼吸。在这个例子中，"假设"是个非常重要的条件，因为目的支配注意力，如果没有注意力，你只能和其他人得到同样的结果，也就是你对生命无所求，自然就得不到更多的生命力。

为了获得更多供应，你必须增加相应需求；当你有意识地增加需求时，你得到的供应也会增加。这样，你将发现，你的生活越来越丰富，精力越来越充沛，生命力越来越旺盛。

这个原因不难理解，但是它的确是另一个重大的、似乎还没有被普遍理解的生命奥秘。如果你能让它为你所用，你将发现，它就是生活中最伟大的事实。

我们知道，"我们依靠他而存留"，这个"他"就是精神，也就是"爱"，所以，每次我们呼吸的都是生命、爱和精神。这就是"愈合能量"，或"愈合大气"。如果没有精神，我们一刻都无法生存。精神就是宇宙能量，是腹腔神经丛的生命。

每次呼吸，空气充满肺叶，与此同时，"愈合大气"赋予我们身体活力，所以我们能有意识地与所有生命、智能和物质产生联系。

认识你与这个统治宇宙的原则之间的关系及统一性，并理解这个通过意识将你和宇宙融为一体的简单方法，会使你从科学角度上理解上面这个法则，通过它，你能免于任何疾病、短缺或局限的困扰。事实上，它能使"生命气息"进入你的体内。

这个"生命气息"是一个超意识的现实。它是"我"的本质，是纯粹的生命，也就是宇宙物质。只要我们有意识地融入"生命气息"，就能使它为我们停留，从而使用这种创造性能量的力量。

思想是一种创造性的振荡。我们只能体现自己拥有的力量，所以，我们创造的客观条件的性质取决于我们思想的性质。还有，做一件事情之前，必须先拥有相应能力。我们只能做自己有能力做到的事情，因而，我们"做什么"取决于我们"是什么"，而后者又取决于我们"想什么"。当你每次思考的时候，都会导致一连串的因果关系，从而产生与最初的思想性质完全一样的客观条件：与宇宙精神和谐统一的思想将产生相应和谐的客观条件，具有破坏性或不和谐的思想也会产生相应的结果。所以说，无论思想的性质如何，永恒的法则都会回报相应的结果。因此，你能随心所欲使用思想奇迹般的创造力,但是必须承担后果。

这种危险来自我们所说的"意志力"。一些人似乎这么认为:不管思想性质如何,使用意志力就能支配法则,并且能达到任何目的。也许他们不了解这一事实:通过个人力量,迫使结果服从愿望是一个本末倒置的概念,也许能够得逞一时,但是注定最终会失败,因为这样做,就是与真正的力量对抗,而个人又想利用这个力量。所以,他们绝对无法用意志力支配思想,因为思想这一创造力的基础原则存在于无所不能的宇宙之中。

他们这样做,就是个体试图支配宇宙,以有限的个人力量对抗无限的宇宙精神。因而,只有有意识地与不断向前运动的"伟大整体"合作,才能保证我们的最大幸福。

## 精神潜能训练

在本周的练习中，进入寂静环境，专注于这个事实："我们依靠他而存留。"这句话无论从字面意义上说，还是从科学意义上说，都何其正确！你的存在正是由于"他"的存在。如果"他"无所不在，则"他"一定在你的身上；如果"他"是全部的全部，你一定在"他"之中！"他"就是"宇宙精神"，你不过是"他"的化身和表象。你与宇宙精神唯一不同之处只在于程度，这是因为部分在种类和性质上必须与整体一致。当你清楚地认识了这一点，你就已经发现了思想创造力的秘密，发现了"善"与"恶"的本源，发现了神奇的专注力的奥妙；你将找到一把钥匙，它能为你解决无论身体、财务，还是人际关系方面的任何问题！

## 二十一　改变人格彻底改变环境

在这里有幸向你展开第二十一课。本课第 7 段将告诉你一个成功的奥秘，一条走向胜利的大道，一个善于谋划的人的特点——思考重大问题。

在第 8 段中你将发现，意识中的每件事情无论存留多长时间，都会给潜意识留下印象，所以这件事就成为一个图样，由创造性能量"织"进我们的生活和环境。这就是神奇的祈祷力的秘密。

我们知道，宇宙法则无处不在，有"果"必有"因"，同样的"因"在同样的条件下，必然产生同样的"果"。因此，如果祈祷者的心愿曾经得到回应，如果条件合理，他将永远有求必应。情况必然是这样，否则，宇宙就会陷入混乱，无法保持秩序和谐。因此，宇宙对祈祷者的回应都与法则相一致，这个法则和地心引力、电的法则一样，明确、严谨、科学。

遗憾的是，只有很少的人知道上述道理。人们知道有电、数学和化学方面的法则，但是，由于某种无法解释的原因，他们似乎从未想过世界上还存在着精神法则，而且这些法则同样明确、严谨、科学，永恒而精确地运行。

力量的真正的秘密就是力量意识。宇宙精神是无保留的，因此，我们对自身与宇宙精神的统一性的意识越多，我们对条件和限制的意识就越少。由于我们开始脱离环境束缚，于是逐渐认识了"毫无保留"的宇宙精神。现在，我们已经得到自由！

一旦我们认识到内心世界取之不尽、用之不竭的力量，我们就开始吸收这个力量、应用这个力量，并开发出更多潜力，我们的洞察力已经认识到这些潜力，因为我们意识到的任何事物都必然体现在客观世界中，并得到切实的表达。

无限的宇宙精神是万物起源，因为它是一个无形的统一体，所以每个个体都是体现"永恒能量"的渠道。我们思考的能力就是我们对宇宙物质发挥作用的能力，我们思考的内容就产生或创造了客观世界的事物。

这一发现的结果简直是奇迹，它意味着思想具有非凡的性质、无限的数量和无穷无尽的可能性。为了具有力量意识，就要成为一根"导线"，这样做的效果就像一根普通金属丝和一根通电的电线连接。宇宙就是"导线"，它传输充分的力量以应对每个个体生活中可能出现的局势。当个体精神与宇宙精神接触，将接收所有需要的力量。这就是内心世界，所有科学都承认这个世界存在，所有力量都取决于我们对这个力量的认知。

扭转不利条件的能力取决于精神活动，精神活动取决于力量意识，因此，我们对自身与所有力量之源的统一性具有越多意识，控制和掌握所有条件的力量就越强大。

重要的思想总是能消除所有比较普通的想法，所以，心中有一个足以消除和摧毁平凡想法的重要思想非常有用，这样，无数卑微和讨厌的念头将远离你的人生道路，同时，你会意识到一个更宽阔的思想世界，因而，你的精神容纳能力将持续增加，从而不断地成就一些有价值的事业。

这是一个成功的奥秘，一个走向胜利的大道，一个善于谋划的人的特点——思考重大事情。因为人们发现，无论考虑大事小事，精神的创造性能量的作用是一样的。

当我们认识到这些有关精神的事实，就能理解为什么只要我们在意识中创造任何一种条件，就会在外界产生相应的条件，这是因为，任何事情无论在意识中存留多久，最终都会对潜意识施加影响，所以事情本身就成为一个图样，由创造性能量织进我们的生活和环境。

这就是创造"条件"的方法，因而我们知道，我们的生活只是我们支配性的思想及精神态度的映射；而后，我们又了解到，关于正确思考的研究是一门科学，它涵盖了所有其他学科。

从这门科学中，我们领会到，每种思想在脑海中都会创造一个相应的印象，这些印象创造精神趋势，精神趋势塑造性格、能力和目的，而这些条件又组合成为行为特征，同时，我们的能力与目的决定了我们的人生体验。

通过吸引力法则，我们获得这些人生体验。因为法则对我们施加作用，所以外部世界的体验与我们的内心世界相符合。

这个法则决定了"同类相吸"，而支配性的思想和精神态度就像磁石一样，因此，精神态度必然吸引符合它的性质的条件。

这种精神态度就是我们的人格，由我们头脑中的思想构成。因此，如果我们希望改变条件，要做的只是改变我们的思想。这种思想上的改变又带来了精神态度上的改变，继而又改变我们的个性，个性的改变又带来新的人际关系、事物和条件，即人生体验。

但是，改变精神态度可不是一件容易的事情，必须要经过坚持不懈的努力才能做到。精神态度由我们脑海中"拍摄"的精神图片产生，如果你不喜欢这些图片，就将"底片"销毁，重新创造新图片，这就是"视觉化"的艺术。

一旦你做到这些，你将开始吸引新事物，这个新事物符合你精神里的新图片。为了达到目标，用一张你渴望在外部实现的、完美的图片对你的精神施加影响，然后，将这张图片保留在内心深处，直到有一天它成为现实。

如果实现这个愿望需要决心、能力、才干、勇气、动力或其他精神上的力量，那么这些条件必须成为你的精神图片中的要素，你要将它们放进去，而且它们是图片的关键部分。它们是与思想结合的激情，将产生不可抗拒的磁力以吸引你渴望的事物。它们将给予你精神图片以生命，生命意味着发展，一旦这种理想的生活开始发展，它必然相应地体现在现实生活中。

无论从事任何工作，千万不要犹豫，直接将目标锁定在你可能实现的最高成就上，因为精神力量总是青睐这样一种人：他们目的明确，即使历尽艰辛也要将最高理想转化为行动、成就和结果。我们形成的所有习惯都会对这些力量产生暗示，促使其发挥作用。如果我们反复做一件事情，就会越来越容易，最后，就几乎成为机械式的动作。同样规律也适用于破除任何一种坏习惯。如果我们努力避免做一件事情，有一天就会将它完全抛在脑后。因为这个规律绝对有效，它是我们成功的保证，所以，即使偶尔失败，我们也绝不能失望，要有信心开始奋斗或继续努力，终有一天会取得成功。

这个法则对你具有无限帮助，要勇敢地坚持你的信念，记住自然法则会受到你的理想的影响。在思想里，要把你的理想当作一个已经实现的事实。

生活中真正的战争是思想之战。少数思想和多数思想一决胜负。一方是建设性的和创造性的思想，另一方是破坏性的和消极的思想，理想支配创造性思想，表象操纵消极思想。无论是科学家、文人或普通人，世上所有人都在进行这种思想之战。

在创造性思想这一方，是那些在实验室日夜工作的人，或者是那些使用显微镜和望远镜观察微观与宏观世界的人，他们与主宰商界、政界和科学界的人并肩作战；在消极思想那一方，是这样一些人：有的人整天研究法则和陈规旧例，有的人错误理解宗教理论，还有一些政客误将强权看作正义，还有无数人似乎对进步不感兴趣，他们更喜欢因循守旧，他们总是追忆过去，只能看到外部世界，却对内心世界一无所知。

结论是：只有两种类别，所有人都必须参与这场思想之战；他们或者站在这一边，或者站在那一边，或者前进，或者后退，因为在一个运动的世界中，没有谁能够原地不动。试图原地不动，就是支持专制的、不公平的法则。

处处是动荡与不安，这显示我们正处于一个过渡时期。人类的抱怨就好像来自天堂的隆隆雷声，以低沉而充满威胁的警告开始，声音逐渐变响，直到穿透层层乌云，闪电劈开天空，撕裂大地。

那些在工业、政治和宗教领域最前沿巡逻的"哨兵"们正紧张地互相喊话，"午夜的情况怎么样？"随着时间推移，他们所在或试图占领的阵地越来越危险不安。新时代的黎明必然预示着，现存的世界秩序不会持续太久。

新旧政权之间的分歧、社会问题的症结，这些完全是人类精神中对于宇宙性质的信心问题。一旦他们认识到宇宙精神的超凡力量存在于每个人的内心，制定法律时，就很可能会考虑到大多数人的自由与权利，而不是少数人的特权。

一旦人类将宇宙力量看作"非人类"的力量，或者认为它背离人性，那些早已做准备的特权阶级就会不顾全社会反对，轻易地执掌这些神授权力。因此，民主政治的真正利益在于推崇、解放和认识人类精神的神圣性，并理解所有权利都来自内心，除了那些放弃权利的人之外，人生而平等。旧的政体想使我们相信，法律凌驾于立法者，这是一些社会罪行（例如各种形式的特权及不平等），以及将所谓"神的拣选"的宿命论学说制度化的法律依据。

所有人在宇宙精神面前地位平等，无一例外。它的运行从不任性、多变，也不受生气、嫉妒或愤怒情绪的影响，更不会因人类的怜悯或祈求而被迎合、哄骗、感动，从而满足他们的某些要求，即使人类认为这些要求对于他们的幸福甚至生存都非常必要。宇宙精神对所有人一视同仁，但是，当个体理解或认识到他与宇宙规则的统一性，似乎就会受到这一精神的偏爱，因为那时，他已经发现了所有健康、财富和力量的来源。

## 精神潜能训练

在本周的练习中，专注于一个真理。要努力理解这个真理能使你自由，一旦你开始应用科学的、正确的思想方法和原则，什么都不能阻止你获取最大成功；认识你是你内在灵魂力量在外部环境中的体现；认识"寂静"中蕴涵着几乎是无限的、随时能够发掘的、唤醒至高真理的机会；努力理解无所不能的宇宙精神本身就是绝对的"寂静"，而其他一切都在变化、活动、受到局限。因此，在寂静的环境中让思想专注，这是抵达、唤醒和表达内心世界的精彩潜能的真正途径。

## 二十二　健康是过去思维方式的结果

从这一课中，你将发现思想是一颗精神的种子，当它落在潜意识思想中，就很可能会发芽、生长，遗憾的是，果实经常不尽如人意。

一般来说，炎症、瘫痪、神经过敏和其他疾病都是恐惧、焦虑、担心、紧张、嫉妒、仇恨及其他类似思想的外部体现。

维持生命过程的两种方式截然相反：一种方式是吸收和利用必要的营养物质构建细胞，另一种方式是分解并排泄废物。

所有生命的存在都基于这些建设性和破坏性的活动，例如食物、水和空气是构建细胞最合适的、必要的物质，这样看来，无限延长生命似乎不是一件特别困难的事情。

然而，奇怪的是，第二种方式，也就是那个破坏性的活动，竟然是所有疾病的起因，而且鲜有例外！原因是这样的：废物越积越多，充满组织，最后导致自体中毒。自体中毒又分为局部中毒和整体中毒，局部中毒只是打乱身体局部平衡，而整体中毒却影响整个生命系统。

为了恢复身体健康，必须增加生命能量在整个系统内的流动和分配。要做到这一点，只有通过消除恐惧、焦虑、担心、紧张、嫉妒、仇恨及所有其他破坏性思想，因为这些思想很可能破坏、摧毁神经组织和专门控制排泄及消除有毒、废弃物质的腺组织。

营养食品和保健滋补品不能给予你生命，因为这些只不过是生命的次要形式，在这一课中，我有幸向你解释生命的主要形式，以及你如何与它建立联系。

知识是无价的，通过应用知识，我们能创造理想的未来。当认识到我们目前的性格、人际关系、能力和身体状况都是过去思考方式的结果时，我们就应该开始对知识的价值产生一些概念。

如果我们的健康状况特别糟糕，先检查一下自己的思考方式。我们知道，任何思想都会在精神上产生一个印象。每个印象都是一粒种子，它深入潜意识，就形成一种趋势，这一趋势又吸引其他类似思想，直到有一天，我们会突然发现这一思想结出累累硕果。

如果这些思想里有疾病的"种子"，我们收获的将是疾病、衰退、软弱和失败。关键问题是：我们在想什么？我们在创造什么？我们将收获什么？

如果你想改善身体状况，不妨试一下"可视化"的法则。先创造一个身体非常健康的精神意象，将它植入你的精神，直到成为你的主观意识。通过这个方法，几周之内，很多人就消除了一些慢性疾病，而数千人只用几天时间就改善或治愈了各种常见的体内平衡失调，有的人甚至只用几分钟时间就做到了这一切。

通过振荡法则，在精神上训练这种对全身的控制能力。我们知道，每一种精神活动都是一种振荡，所有的精神活动形式只是一种运动模式、一种振荡速率。因此，任何特定的振荡都会立即改变体内的每一个原子，影响每一个生命细胞，在每个细胞群里都会产生彻底的化学变化。

宇宙万物都要依靠它的振荡速率，改变振荡速率就是改变物体的本质、性质和形式。自然界的景色不停地变换，无论是有形还是无形，通过简单地改变振荡速率，就会不断地改变这些风景。思想也是一种振荡形式，我们能通过练习培养这种力量。通过改变这种振荡，从而进入健康的身体状态。

我们每一分钟都在使用这种力量，问题在于，大多数人都是无意识地使用它，因此常常导致不理想的结果。那么，难题就是如何理智地使用它，从而产生理想的结果。这应该不难，因为我们有足够的经验来认识体内产生快乐振荡的器官，同时也知道产生痛苦及不快乐情绪的原因。

我们所要做的就是请教我们的经验。当我们情绪高涨，或充满进步的、建设性的、勇敢的、高贵的或仁慈的思想时，我们就设定了一种振荡运动形式，这种形式将产生确定的结果；当我们的思想充斥着羡慕、仇恨、嫉妒、指责或其他任何一种不和谐时，我们也设定了一种振荡运动形式，这种振荡形式将产生一种不同性质的结果。如果要维持这些振荡速率，就要将思想付诸现实。在第一种情况下，产生的结果是精神上、道德上和身体上的健康；在第二种情况下，产生的结果是混乱、不和谐和疾病。

这样，我们就理解了这些精神所拥有的、能够控制肉体的力量。

我们很容易就能认识到客观世界对身体具有一定影响。有时，你会被一些人讲的笑话打动，大笑不止，可能一直笑到全身颤抖，这意味着这个思想已经控制你的身体肌肉；或者，别人讲的某件事激起你的同情，你的眼里充满泪水，这表示这个思想已经控制你身体里的泪腺；或者，某个人的语言激起你的愤怒，你感觉到血液冲上脸颊，这表示这个思想已经控制你的血液循环。但是，这些体验都是你的客观精神对你全身产生作用的结果。这些结果具有暂时性，它们一闪而过，你很快又恢复到从前的状态。

让我们看看潜意识对身体产生的作用有什么不一样。当你受伤时，数千个细胞立即开始治疗工作；这个工作也许要几天，也许几周才能完成。也可能你身体里某根骨骼断裂，在这个世界上，没有一个外科医生能凭一己之力将断骨重接（这里不包括使用杆状嵌入物或其他加固及替代骨骼的装置），医生可能会把断骨连在一起，你的主观精神将立即开始接骨工作，用不了多长时间，这根受伤的骨头就会结实如初。也可能你服用了有毒物质，主观精神会迅速察觉危险，激烈地抗争以消除你的危险。也可能你感染了危险的病菌，主观意志将立即在感染区附近筑起防护墙，将感染源吸收进白细胞，然后将之杀灭（这是白细胞的功能）。

通常情况下，不需要我们的认知和指导，潜意识的这些过程自动进行。只要我们不加以干预，它们就会圆满完成工作。但是，由于这些数量庞大的修复细胞具有智能，会对我们的思想做出反应，一旦我们产生恐惧、怀疑或紧张情绪，它们就常常瘫痪，失去功能。它们就像一支工作大军，随时准备开始一个重要的工作环节，但是，如果每次当它们开始工作时，过程都被打断，或者计划产生变更，那么，最终它们将失去勇气，放弃工作。

科学家告诉我们，任何物质的存在模式都是一种不同频率的振动或运动。健康之路也存在于上述这种振荡法则，这个法则是所有科学的基础，它通过精神，也就是内心世界来发挥作用。内心是我们的力量世界。如果我们足够明智，就不会浪费时间和精力以试图接受或摆脱外部世界的影响，因为外部世界只是内心世界的外部反射。

我们应该在内心世界寻找原因，通过改变原因，从而改变结果。

你身体里的每个细胞都具有智能，能对你的命令做出反应。它们全都是创造者，根据你赋予它们的特征繁殖完全相同的细胞。

因此，当主观精神产生完美的意象时，所带来的创造性能量就会塑造一个完美的身体。

脑细胞以同样方式产生。大脑的性质取决于思想状态或精神态度，所以，当令人不快的精神态度传递到主观精神时，就会被顺次传递到身体。因此，我们很容易地认识到，如果我们希望身体健康、强壮、生气勃勃，那么，我们支配性的思想必须也要具备同样性质。

于是，我们知道，人体的每个组成部分都是振荡速率的结果。

我们还知道，精神活动也是一种振荡速率。

我们还知道，较高的振荡速率能支配、修改、控制、改变或摧毁较低的振荡速率。

我们也知道，振荡速率受脑细胞的性质支配。

因此，我们知道如何产生我们想要的任何身体变化，通过对精神力量产生一种有意义的认知,我们已经逐渐了解:实质上,我们与无所不能的自然法则和谐共处的能力是无限的。

精神对身体的影响和控制已经越来越为人所知。现在,许多医生非常关注这一现象。艾伯特·T.绍费尔德博士就这一主题写了一些重要的著作,他说:"在医疗工作中,精神疗法仍然被普遍忽视;我们的生理学没有涉及'精神'这个维持身体健康的力量控制中心,很少有人提及支配身体的精神力量。"

我们毫不怀疑许多内科医生在治疗功能性神经疾病方面方法得当、效果很好。但是我们要说的是,他们应用的知识不是来自学校,也不是来自课本,而是凭直觉和经验。

情况不应如此。精神疗法的力量应该作为一个专门学科,翔实地、科学地教授给医学院的学生。我们在教授该学科时,可能会侧重精神疗法的滥用情况,或用其治疗的必要性,并进一步详述由于一些疏忽的治疗个案所导致的惨痛后果,即便如此,这一疗法也会引起别人的非议。

毋庸置疑,很少有患者意识到他们能为自己的健康做多少事。患者究竟能为自己的健康做什么,他能在运动中发挥多少力量,这些仍然无人知道。我们愿意相信,这些力量的伟大之处远远超过我们最充分的想象,并且无疑会得到越来越多的应用。精神疗法有以下几种方式:患者自己平息处于兴奋状态之中的精神,唤醒高兴、希望、信念和爱的感情,暗示努力的动机,有规律的精神工作,将思想从疾病中转移。

在本周的练习中,你要仔细思考坦尼森的动人诗句:"对他诉说吧,你呀,因为他在倾听,精神与精神能够碰撞,他比呼吸更加贴近,比手足还要亲密。"然后,你要努力认识到,当你"对他诉说"时,你是在与无所不能的宇宙精神交流。

这种对无所不在的宇宙精神力量的理解和认知将迅速摧毁任何疾病和痛苦,代之以和谐和完美。你要思考这样一件事:一些人似乎认为,疾病和痛苦是"神"所赐。如果情况是这样,所有内科医生、外科医生和红十字会的护士都违背了"神"的意志,医院和疗养所就成为对"神"的反抗之地,而不是一个仁慈的场所了。现在,你已经看到这个简单的推理已得出一个荒谬的结论,可是仍有许多人坚持他们的看法。

然后,再思考一件事:直到最近,神学一直在向人们宣扬一个不可能存在的"创造者",这个"创造者"创造了可能会犯罪的人类,然后又让人类为自己的罪行永世受罚。我们都知道,这种极度无知必然会给人们带来恐惧,而不是爱。

## 精神潜能训练

现在，我想你会更容易理解"理想化"的人，它们是宇宙精神的化身和表象；你也能更愿意接受那些"万物之源"的精神，这种精神形成、支持、维持、发明并创造了现在世界上的一切。"万物不过是伟大整体中的一部分。"总之，机遇跟随感知，灵感引导行动，知识带动发展，进步使人崇高。无论从事任何事业，精神永远处在第一位，然后一步一步地转化为无穷领域、无限数量的成就。

## 二十三　将成功发展到极致

在这里有幸为你展开第二十三课，在这一课你将发现金钱是我们整个真实存在的一部分；成功的法则就是服务；我们得到的，就是我们付出的，因此，我们应该把"付出"看作是一项重要权利。

我们已经发现，思想是一种创造性活动，每个发展中的企业都蒙受它的恩惠，因此说，我们的思想具有无限的应用价值。

创造性的思想需要精神集中，正如我们所知，精神集中的力量是那些"超人"的武器。精神集中产生专注力，专注力又发展了精神力量，而精神力量是这个世界上最强大的力量。

"精神"这门科学涵盖了所有学科，它是凌驾于其他艺术之上的艺术，与人类生活息息相关。一旦掌握这门科学、这门艺术，你就会拥有无限的发展前景。当然，这里所说的完美不可能在六天之内获得，甚至六周、六个月也不可能，因为完美不是一朝一夕的事，需要长期的努力，如果你不能前进，就会后退。

具有积极的、建设性的、无私的思想必然会对你的周围环境产生广泛的、有益的影响，补偿性是宇宙的"基调"，造物主经常试图保持一种平衡。我们在哪里付出，就会在哪里得到；否则一切将不复存在，形成真空。通过遵守这个法则，并确保自身的努力符合这个规律，你一定会从中受益。

金钱意识是一种精神态度，一种善于接纳的精神态度，是通往商业动脉的敞开的大门。欲望是吸引货币流入的力量，而恐惧则是巨大的障碍，它阻止货币流通，甚至使货币向完全相反的方向流动，远离我们。

恐惧就是贫穷意识，是金钱意识的对立面。由于法则永远不变，我们得到的恰好是我们付出的，因此，如果我们恐惧，我们得到的就是我们恐惧的事物。金钱是我们整个真实存在的一部分，只有具备最崇高勇敢的精神、最开放明智的思想才能得到它的青睐。

当我们积累了广泛的人际关系，因为彼此真诚相待，他们一定愿意尽其所能，在事业上帮助我们，因此，我们就获得一些商业机会；在经济宽裕、事业发达之后，我们还要向身边有困难的人伸出援手，为他人提供服务，从而又扩大了关系圈，这些关系又为我们带来新的机会。因此，成功的第一法则就是服务，这服务建立于我们为人的诚实与公正的基础之上。如果一个人居心不良，那他简直就是无知，因为他违背了交换的基础法则，他绝不可能成功，注定是个失败者。他可能不懂其中的道理，反而沾沾自喜，以为占了莫大便宜，但是最终必将损失惨重。因为他无法欺骗无限的宇宙精神，补偿法则要求"以眼还眼，以牙还牙"。

生活的力量是不稳定的，这些力量包括我们的思想和理想，思想和理想又以具体形态体现在客观世界。我们要做的就是要保持一种开放的精神，不断地接触新事物，认识新机会；我们要重视过程，而不是目标，因为追求的快乐远胜于拥有的快乐。

你可以为自己找到一条绝妙的生财之路，但是上路之前你要先思考一件事：你怎样做才能帮助别人也赚到钱。如果你具有远见卓识，能够感知和利用机遇及有利条件，并且认识到它们的价值，你就能利用它们成就事业，但是，只有当你有能力去帮助他人时，你才能取得人生的最大成就。所以说，个人利益取决于整体利益。

慷慨的思想充满力量与生命，自私的思想埋藏着衰败的种子，它终将崩溃，消亡。伟大的金融家也只是分配财富的一个渠道；巨额财富来而复去，但是一旦停止支出，就像停止收入一样，极其危险，因此，财富通道的两端都要敞开。只有认识到"予"与"取"同样重要，我们才能取得人生最大成就。

一旦认识到无所不能的力量就是所有供给之源，我们将调整对这种"供给"的认知，将会认识到：这种"供给"不断地吸引所有必要条件；并且我们付出的越慷慨，得到的就越丰富。付出在这里意味着服务，银行家付出货币，商人付出商品，作家付出思想，工人付出技能，这个世界上所有人都在付出，付出越多，得到越多，得到越多，就有能力付出更多。

金融家财源滚滚，但是付出的也特别多。他独立思考，遇到事情一般都自己分析、决策。当他想知道如何获得结果时，你必须详细讲给他听，如果你能做到这一点，他将为你指出一条道路，而千百人可能因这条道路而受益，他的成就和这些人的成功密不可分。以摩根、洛克菲勒、卡内基以及其他一些人为例，他们在创业之初，并没有赚到多少钱，这是因为他们拿出金钱为他人服务；正是因为他们用金钱为他人服务，他们才成为了世界上最富有的人。

大多数人似乎非常愿意让一小部分人代表他们的意志行事，这种软弱的态度使许多国家的少数人篡夺所有权力，将群众玩弄于股掌之上。当我们知道公众观点原来是这样形成的，就明白了这是怎么一回事，因为普通人完全缺乏深刻的思想，所以他们接受并重复别人的想法，就好像鹦鹉学舌一样。而创造性的思考需要精神集中。

精神集中的力量就是专注力。这种力量听从意志指挥，因此，除了理想或愿望，我们绝对不能注意或思考其他事情。许多人总是想着痛苦、损失和其他令人不快的事情，由于思想具有创造性，这种专注方向必然带来更多损失、痛苦和不快，否则还能怎样？另一方面，一旦我们获得成功、财富或其他有利条件，就会很自然地专注于这些事物带来的影响，因而创造更多有利条件，就像滚雪球一样。

我的一位同事的一席话，清楚地说明怎样在商业实践中运用这个规律。

"精神，不管怎么说，它肯定是意识的本质、宇宙精神的实质、思想的现实基础。所有想法都是意识、精神或思想活动的不同阶段，所以，在精神中，并且只有在精神中，我们才能发现最终的事实，也就是事情真相，或真实想法。"

这正在为世人所承认，对精神及其表现规律的真正理解关系到一个实际的人期望发现的最实际的事情，这难道没有道理吗？如果那些实际的人能够认识到上述事实，他们就会心存感激，因为这个认识会将他们引领到一种境界——真正理解和获得关于精神和法则知识的境界，这难道不是确定无疑的吗？这些人可不是傻子，他们只需掌握这个基本的事实，就能够沿着通往一切成就的方向前行。

给你举个具体的例子。我在芝加哥认识一个人，我曾经认为他非常现实。他在生活上取得了一些成功，当然也经历了一些挫折。我最后一次同他谈话时，他实际上已经穷困潦倒了——当然，这是和他从前的生活相比。看起来他似乎已经山穷水尽了，因为他当时早已人过中年，和从前相比，思维不再那么敏捷，也没有那么多新点子了。

他对我说过："我知道商场上的一切不过都是思想的结果，任何傻瓜都明白这一点。我现在好像想不出什么好主意、好点子了。不过，要是这个'精神是全知全能的'说法有道理的话，一个人就有可能和无限的宇宙精神直接联系，我想，所有的好主意肯定都在这个'无限的精神'里，要是像我这样有勇气、有经验的人得到这些主意，然后应用在商业实践中，肯定会成功。这好像对我有点用处，我研究研究怎么回事。"

这已经是几年前的事了，有一天我又听说他的近况。我当时正和一个朋友谈话，我说："我们的老朋友 X 怎么样了？是不是时来运转了？"朋友惊讶地看着我说："什么？难道你没听说 X 的那些光辉事迹吗？他现在是某个公司的大人物了！他给这个公司做了许多重要策划。嘿！他现在算是半个百万富翁了，马上就会成为一个真正的百万富翁！瞧瞧！只用18个月！"在过去的18个月中，这个公司的名字确实轰动一时，铺天盖地的广告，使它的名气传遍全国，甚至全世界。我的头脑里从来没有将这个人和上面提到的公司联系到一起，尽管我对这个公司的巨大成功产生过疑问。后来的调查显示，这个故事千真万确，那个朋友的话一点都没有夸张。

现在，你对这件事情怎么看？对我而言，这件事情意味着这个人已经认识了无限的宇宙精神，而且和这个"精神"建立了直接联系，并使之发挥作用，支持他在商业上的发展。

这个想法听起来是不是有些"突兀"？我希望没有，我的意思也不是这样。在"无限"这个概念中，除去"人格"因素或者夸大的"人性"之外，这个"无限存在"的力量，也就是意识（实际上最终就是精神）的本质还能剩下什么？上文说到的这个人，人们必然把他看作是宇宙精神的体现。那么，他——也就是人类的精神——应该和他的"本源"及"来源"和谐一致，这样他就能证明精神的力量，至少较低层次的力量。我认为这个想法里没有一点"突兀"的成分。当我们在创造性思想的指引下使用我们的精神时，或多或少，我们都和这个人使用同样的方式。但是，这个人做得更多一些，他以一种充满激情而又比较实际的方法行事。

我没有请教过他的具体操作方法，虽然我一有机会就想问这件事情。显然，他不仅利用"无限的供给"为思想提供引领事业成功的、必要的灵感，而且他还使用思想的创造性力量为自己绘制了一个理想主义的图样——他希望这个图样以物质形式体现在外部世界。然后，他又偶尔添加、改变、改善细节，一切都先从总体轮廓开始，直到完成最终的细节。我认为这些就是本案例的事实，这不仅仅是由于几年前的那次谈话，而且还因为我发现其他杰出人物也有同样经历，他们也体现了类似的创造性的思想。

那些不敢在实际工作中利用"无限"的力量的人应该明白，如果"无限"对人类这种做法有一丝一毫的反对，那些杰出人物的故事就不会发生。

因为"无限"非常清楚如何保护自己,如果它不想被人类利用,谁也不能利用它。

　　精神的性质具有非常实用的价值。它使我们认识到,精神是真正的、完整的事物,物质只是一种具有可塑性的东西,由精神根据意志来创造和操纵。所以说,精神的性质是世界上最实用的东西,是唯一同时具有真实性、绝对性和实用性的东西!

**精神潜能训练**

在本周的练习中，你要专注于这样一个事实：人类不是充满精神的一个躯体，而是以躯体体现的一个精神。因此，人类不会长久满意于任何一种非精神的事物。所以说，金钱除了带给人们渴望的条件（当然，这些条件一定要符合宇宙精神）之外，没有任何实际价值。而充足的"供给"是实现和谐的必要条件。所以，如果看到他人缺少生活必要条件，或者需要帮助，你就要认识到，金钱的理念和灵魂就是服务，一旦形成这种想法，就打开了"供给"的渠道，你就会满足于这些非常实用的精神方法带来的结果。

## 二十四　一切皆在你心中

现在你将开始研究第二十四课，也就是本书的结尾。

如果你一直按照本书的建议，坚持每天用几分钟进行练习，你就会发现，将你的渴望投入到生活中，你就能够从生活中收获它。因此，你很可能支持一位学者的看法："思想简直无法抗拒！它如此博大精深、清晰合理，它的作用太明显了，随时都能应用。"

认识思想，我们就能得到神的礼物——真理。神总是将这礼物送给那些认识什么是思想的人。真理使人们不仅免于所有短缺和局限，而且免于痛苦、焦虑和担心——认识到这个法则对人类一视同仁，难道不是很令人惊异吗？这个法则丝毫不受你的思想习惯影响，它为你铺好了道路。

如果你倾向于信奉宗教，世界上人所共知的最伟大的"宗教导师"已经铺出一条平坦大道，让众生跟随；如果你对自然科学具有精神偏好，这个法则运行像数学一样准确；如果你偏向哲学，就拜柏拉图和爱默生为师。只要你做到一点，你就可拥有一种不可抗拒的力量。

对这个规律的认知就是古代炼金术士寻而未得的秘密，因为它解释了精神里的金子如何转变成心里和手中的金子。

当科学家首次发现太阳是太阳系的中心，而地球则围绕太阳公转时，立即引起一片轰动，整个世界惊慌失措。人们认为这一套思想错得离谱，没有什么比太阳穿过天空运动更真实的了，任何人都能看到它东升西落，沉入大海；学者愤怒，科学家拒绝，认为这套理论简直荒唐，但是，科学证据最终说服了全世界。

我们谈到铃铛，只是把它当成一个"会响的玩意儿"。然而我们知道，铃铛发声就是在空气里产生振荡，当振荡频率为每秒钟60次时，我们的精神就能听见声音，当振荡频率每秒钟达到38000次时，精神仍有可能听到声音，如果频率继续增加，一切重归于寂静。所以，声音不是来自铃铛，而是来自我们的精神。

我们总是说太阳在"发光"，大多数人也确实这样认为。但是，我们现在知道，它只是散发能量，能量在大气中产生频率为每秒钟4000亿次的振荡，导致我们所说的"光波"，所以，我们说光只是能量的一种形式，是波动在精神上产生的感觉。当频率增加时，光会改变颜色，当振荡变短，频率增高，色彩就不断变化。我们经常说玫瑰是红色的，草是绿色的，天空是蓝色的，其实颜色只是存在于我们的精神之中，我们的感觉体验只是光波振荡的结果。当振荡频率低于每秒钟4000亿次时，我们就感觉不到光，但是能感觉到热。显而易见，我们对事物真相的认识不能依靠感觉，否则，我们就会认为：太阳在运动；地球不是圆的，而是平的；恒星不是一个个"巨大的太阳"，而是一群小光点。

任何一种形而上学体系，它的理论与实践的全部范畴都存在于对自身与外部世界真相的认知，并存在于这个基本事实：为了表达和谐，你必须思考和谐；为了表达健康，你必须思考健康；为了表达富足，你必须思考富足。为了做到这些，你必须颠覆感觉。

一旦了解到无论任何疾病、不适、短缺和局限都只是错误思考的结果，你就已经开始认识能赋予你自由的真理。你将看到高山如何被移走。因为，如果这些高山由怀疑、恐惧或其他挫折构成，它们就没有一点真实性，你不仅要将它们移走，还要把它们"扔进大海"。

充分理解前文所述真理，是你的真正任务。一旦成功做到这一点，你就会毫无阻碍地思索真理。正如我们看到的，真理具有生命力，它会证明自己。

那些通过精神方法治愈疾病的人已经逐渐认识到这个真理，他们将真理运用在自己和他人的生活中。他们知道，生活、健康和富足无所不在，充满所有空间。而那些身患疾病或经济拮据的人还没有认识这个伟大的法则。

由于所有客观条件都是思想的创造物，因此，它们都是精神上的条件。疾病和短缺只是由于没有认识到真理而导致的精神状况。一旦错误消除，条件随之改变。

消除错误的方法就是进入寂静环境，探究真理。因为所有精神都是一个精神，所以你既能为自己，也能为他人寻找真理。如果你已经知道怎样创造理想的精神意象，你就已经找到最容易、最迅速的实现愿望的方法。否则，只能通过论据推导结果，也就是透彻分析你的思想观点的真实性。

记住，这是最难掌握，也是最有价值的观点：在使用精神疗法治疗疾病的过程中，无论遇到什么困难，无论困难出在哪里，无论生病的人是谁，你要坚信没有真正的疾病，你只要认识到病人必然恢复健康就行了。

这是一个符合所有现存的形而上学体系的准确的科学观点。使用其他任何方式都不能获得稳定的结果。

精神意象、思想辩论和自我暗示都需要精神专注才能产生，而这些专注形式只是认识真理的方式。

如果你想帮助他人，想改变一些短缺、局限或错误的状况，正确的方式就是：不要总想着这个你要帮助的人，因为你想帮助他的意愿已经足够了，这种意愿已经使你在精神上和他建立联系，然后，将一切短缺、局限、疾病、危险、困难和任何麻烦的想法驱逐出你的脑海，一旦你成功地做到这一点，你就达到目的了，这个人就得救了！

但是，还要记住，思想具有创造力，因此，每次当你想起一些不称心的情况时，你必须认识到，这种情况只是表象，它们并不真实存在，只有精神是唯一的、永远完美的存在。

所有思想都是一种能量形式，都是一种振荡速率，真理是最高的振荡速率，因此它能击败一切谬误，就像光明划破黑暗。一旦真理出现，一切谬误将消失于无形，所以，你在精神上的全部任务就是认识真理。这种认知将使你摆脱所有短缺、局限和疾病。

真理并不存在于外部世界，它只和内在世界相关。真理是绝对的，因此，我们必须在内心世界寻找它。

让精神认识真理的过程就是通过它表达真实世界的过程，我们实现上述目的的能力将成为我们在此方面突飞猛进发展的标志。

绝对的真理，即"我"完美而且完整；真正的"我"是精神上的，因此永远完美；"我"绝不会有任何短缺、局限和疾病；"灵光乍现"并非源自大脑中的分子运动，它由"自我"启迪激发。"自我"即精神上的"我"，与宇宙精神和谐统一；我们认识这个"统一体"的能力就是所有灵感和天赋的源泉。这些真理影响广泛，意义深远，它们就像烈焰之柱，指示着无数人前进的道路。

真理并不是逻辑推理、实验甚至观察的结果，它是意识发展到一定阶段的产物。真理在恺撒体内，体现在他的举止、生活和行为之中，体现在他对社会形态和社会进步的影响之中。你的生活、行为和你对世界的影响取决于你能感知的真理的等级，因为真理从不依靠信条证明自己，而是通过行为向世人展现。

真理体现在性格上，一个人的性格能说明他的信仰，也就是他相信的事情，信仰又反过来证明他的性格。如果一个人抱怨命运飘忽不定，他对待自己就是不公平的，因为他在否认一个合乎情理、显而易见、无法辩驳的事实。

我们的生活环境、人际关系和人生际遇早已存在于我们的潜意识人格中，而根据吸引力法则，潜意识人格吸引与其性质相同的精神物质和自然物质，所以，我们今天的奋斗决定我们明天的命运。一旦个人生活的某一方面或某一阶段特别不顺利，我们必须从内心寻找原因，在精神上努力发现导致不利环境的因素。

这个真理能使你得到自由，有意识地认识它将使你克服所有困难。

你在外部世界的人生际遇必然是你内心世界存在的条件的结果。因此，在精神中珍藏一个完美的理想，你就能在外部世界中实现它，这是科学、准确的观点。

如果你眼中只有不完整的、不完美的、受局限的和相对的条件，这些条件将体现在你的现实生活中。但是，一旦你经过训练，认识到精神上的"自我"永远完美、完整而和谐，你就会获得健康、幸福的生活。

由于思想具有创造力，因此真理就是最高级、最完美、向所有人开放的思想。相信真理的目的在于创造真实的东西，这是不言而喻的；一旦真理形成，错误就会退出，这也是显而易见的。

宇宙精神就是所有存在的精神的总和。精神具有智能。

你必须克服如下困难：你要认识精神不是单独存在的，它是无所不在的。它充斥所有空间，换句话说，到处都是它的踪迹。因此，它是普遍存在的。

迄今为止，人们一直使用"神"这个字眼，以表示一个无处不在的创造性的事物。但是人们对它的看法是错误的，大多数人认为"神"在他们身外，他们恰好弄反了，"神"就在他们体内。这就是我们真实的生命：我们终将离去，不复存在。到那时，精神离开肉体，一切归于无形。因此，精神确实是我们的全部。

现在，精神唯一的活动就是思考。因此，思想一定具有创造力，因为精神具有创造力。创造力不受个人感情影响，思考的能力就是控制和利用这种创造力为自己和他人谋利的能力。

如果你能认识、理解并重视这个观点，你就已经拥有这把"万能钥匙"了，不过切记：必须具有认识真理的能力、接受事实的胸怀、坚持自我的信念、付出一切的坚忍，才能进入这座精神宝库，分享成功的欢喜。

## 精神潜能训练

在本周的练习中，你要努力认识我们居住的世界确实精彩无限，而你的存在就是一个奇迹；你还要了解，许多人正在被真理唤醒，当他们睁开眼睛，就迅速了解了那些"为他们预备好的一切"，同时也认识到"眼睛未曾见过，耳朵未曾听过，人心也未曾想到的"的事物如此辉煌壮美，只为那些发现自己居于乐土的人存留于世。那些人已经跨越判断之河，到达真与伪的分界之处，他们突然明白，曾经的所有追逐、所有梦想，只不过是繁华世界中一个模糊影像。

# 后　记

　　本书向读者呈现的，是三位西方作者作品的合集。我们之所以"合三为一"，是因为这三部作品都涉及一个核心概念——吸引力法则。通俗地讲，吸引力法则似乎可以理解为"你想什么就更容易得到什么"，当然这个理解并不准确，更无法凸显出其背后所隐含的复杂而独特的西方文化与观念。要做准确的剖析，显然不是这样一篇短文能胜任的。仁者见仁，智者见智，我们相信每个读者读完这本书，都会有自己的理解和判断。

　　吸引力法则作为一种在西方流传甚久、令无数人从中获益的潜能开发系统，我们不怀疑它存在的真实性，也不怀疑它的有效性。但需要指出的是，吸引力法则有着深深的西方文化和西方观念的烙印，撮其大要，主要是精神本源论（通常的说法就是唯心主义）和源于《圣经》的基督神学思想。其中有不少理念、观点、概念和原理，与我们的意识形态和科学认知是有冲突的；作为东方人，我们也很难理解作者的一些提法和逻辑推演，也许，这些在他们的文化背景中是习以为常的。这三部作品都成书于20世纪初，那正是一个自然科学和社会科学突飞猛进的时代，作者不可能不对此做出回应，以将这些科学发展的最新成果为己所用。不得不说，作者对那个时代最新科学成果的解释，有不少地方与我们的理解也是相去甚远的。其中不少内容是不符合现代科学理论的，我们忠于原著的表述，未做修改，读者可自行辨别。

　　那么，我们为什么还要编译这三部著作，并以合集的方式呈现给读者呢？

　　人的潜能开发是世界上不同文化普遍关注的问题。潜能开发的理论和手段可以说是形形色色、各有千秋，西方的如本书所介绍的吸引力法则，印度的如苦修和瑜伽，中国的如中医养生，等等，不一而足。这其中会存在着一些谬误和糟粕，但也一定会存在着某些合理成分和科学精华，存在着某些今天我们还无法揭示和认识的规律和知识。我们既不可人云亦云、盲目迷信，又不可一概排斥、全盘否定，兼容并包、广泛吸纳，或可冀攻玉之效。

性格决定命运。那么，人的性格是可以塑造和改变的吗？是的，心态就是矫正和重塑性格的重要因素。保持一种健康的、良好的心态，正是这本书要告诉读者的重要内容。中国有句成语："心想事成。"如果我们淡化掉文化与观念的内涵，那么它与"你想什么就更容易得到什么"的吸引力法则，不是有着不谋而合的共通之处呢？也许你无法同意作者提出的"宇宙精神"，但总会同意我们常说的"人同此心，心同此理"的道理。也许你无法同意作者对竞争和竞争思维的过度贬损，但总会同意在把蛋糕做大基础上实现双赢的道理。总之，从积极的意义上去认识和理解吸引力法则，它会成为一道滋养人生的心灵鸡汤。

这本书，尤其是它的卷三，还为读者提供了许多具有操作性的心灵训练方法。这些方法简便易行，其中不乏现代心理学知识的具体应用。在工作节奏日益加快、生存竞争日趋激烈的当下，它们不啻为有利于人们潜质发掘乃至身心健康的医方良药。

这是我们把本书呈现给读者的主要理由。

编译过程中，我们在不损害作品原意的前提下，尽量淡化了作品的精神本原论色彩和基督神学色彩。但吸引力法则体现出西方文化的整体性，有些地方是无法做出技术性处理的。凡此，我们则基本保留了作品的原貌，只能留待读者自己去批判地借鉴了。

编译者